古代歷史文化 研究輯刊

二七編

王明蓀 主編

第11冊

道教辟穀文化研究

薛中華 著

國家圖書館出版品預行編目資料

道教辟穀文化研究／薛中華 著 -- 初版 -- 新北市：花木蘭文
化事業有限公司，2022〔民 111〕
目 4+204 面；19×26 公分
（古代歷史文化研究輯刊 二七編；第 11 冊）
ISBN 978-986-518-779-8（精裝）
1.CST：養生 2.CST：道教修鍊
618   110022111

ISBN-978-986-518-779-8

9 789865 187798

古代歷史文化研究輯刊
二七編　第十一冊　　　　　　　　ISBN：978-986-518-779-8

道教辟穀文化研究

作　　者　薛中華
主　　編　王明蓀
總 編 輯　杜潔祥
副總編輯　楊嘉樂
編輯主任　許郁翎
編　　輯　張雅淋、潘玟靜、劉子瑄　美術編輯　陳逸婷
出　　版　花木蘭文化事業有限公司
發 行 人　高小娟
聯絡地址　235 新北市中和區中安街七二號十三樓
　　　　　電話：02-2923-1455／傳真：02-2923-1452
網　　址　http://www.huamulan.tw 信箱 service@huamulans.com
印　　刷　普羅文化出版廣告事業
初　　版　2022 年 3 月
定　　價　二七編 13 冊（精裝）台幣 38,000 元　　版權所有・請勿翻印

道教辟穀文化研究

薛中華　著

作者簡介

薛中華，男，漢族，1983 年 6 月生，山東煙臺人，西南大學物理學學士、教育學碩士、哲學博士，近年主要研究方向為中華傳統養生文化的現代轉化與創新發展；任重慶國學院養生文化研究所及西南大學養生養老養病文化研究所兼職研究員、重慶市傳統醫藥類非物質文化遺產老氏靜臥養生法研究會特邀研究員、西南大學《養生學》課程主講教師；現為老子道學文化研究會理事，中國醫學氣功學會會員、重慶國學學會會員、重慶市非遺康養專委會委員、重慶市健康管理研究會會員等。

提　　要

　　道教辟穀文化是道教文化的重要組成部分。本書以「總─分」的結構展開對道教辟穀文化的解析。首先，總體上把握道教辟穀文化的內涵，並給出其在道教文化中的清晰定位，通過系統的分析和梳理，說明其在道教的地位和作用。其次對道教辟穀文化進行分維度論述，從縱、橫兩個維度對道教辟穀文化展開系統的梳理和討論。縱向維度研究道教辟穀文化的起源和歷史發展，結合道教文化發展的歷史對道教辟穀文化的歷史發展做出清晰的分段，並就各分段關於辟穀的記載做全面系統的考察和研究，通過對大量的歷史文獻、道教典籍、歷代方志等資料的搜集和整理，闡明道教辟穀文化發展的基本脈絡、基本形式、歷代的主要代表人物，審視道教辟穀發展的動力和歷史必然。橫向的維度，主要研究道教辟穀文化的理論和實踐兩個方面，以把握道教辟穀文化的主要形態，解析道教辟穀的思想理論與方法。通過搜集整理大量的相關文獻，逐條理出道教辟穀文化的主要思想理論及對應的辟穀方法。在整理思想理論與方法的時候，本書依據道教辟穀文化的主要分段，將其劃分為早期道教內丹興起前的辟穀和內丹興起之後的內丹辟穀兩個大的部分來分章節。

2020 年重慶市社會科學規劃博士項目成果
項目編號：2020BS17

目

次

第一章 緒 論

1.1 研究的意義

　　隨著社會經濟的發展，人民生活水平不斷提高，國人從原來的吃不好、吃不飽，到現在能夠吃得好、吃得飽，甚至因為吃的太多引發出來很多健康問題。加之環境污染和生活壓力等因素，諸多慢性病等健康問題也越來越突出，人們也越來越關注健康保健問題。除了借助醫療來解決疾病問題外，國人也越來越意識到傳統養生文化的重要意義和價值。時代進步使養生越來越受到國人的追捧，特別是進入 21 世紀，這種熱潮更是此起彼伏、方興未艾。國家也因勢利導提出健康中國戰略，大力倡導健康中國建設，開展健康中國行動，明確提出由以治病為中心轉向以健康為中心。

　　在健康養生的眾多熱點中，辟穀養生是比較受人關注的熱點之一。各種辟穀養生班、辟穀養生活動層出不窮，一方面受到社會各界部分人士的青睞，另一方面因為辟穀原理方法等基本問題不明確而備受質疑。像今天社會上各種養生活動一樣，各種辟穀班確實也存在不少的亂象，如果不能解決這些亂象，將嚴重影響包括辟穀在內的傳統優秀養生文化的傳承和弘揚。造成社會關於辟穀的諸多亂象一個重要原因就是對辟穀存在片面理解，缺乏全面而理性的認識。目前，關於辟穀的一系列基本問題，如辟穀的概念界定問題，辟穀的起源和歷史發展演變問題，辟穀的原理問題，辟穀的程序方法問題，當代社會應該如何來傳承弘揚辟穀文化的問題等，都沒有得到很好的解答。如果不解決這些問題，傳統的辟穀養生文化就不可能得到很好的傳承，更不可

能在今天得到科學的運用，使它在健康中國建設中發揮應有的作用。

　　從辟穀養生學術研究的角度來看，目前確實存在這一系列的問題。總體而言，目前學術界對這方面的研究則顯得相當不夠。本書正是因應當今社會的這一需要，對傳統辟穀文化的核心內容——道教辟穀文化進行系統的考察研究和梳理，內容主要涉及道教辟穀文化的起源和發展演變，道教辟穀的思想理論，道教辟穀方法。文章將考察梳理道教辟穀文化發展的起源、早期發展、成熟發展三個基本的階段；對道教辟穀的各種早期思想進行考察梳理，並闡釋作為道教辟穀理論成熟標誌的內丹辟穀思想；對道教辟穀的各種早期方法進行考察梳理，進而闡述道教辟穀成熟的內丹辟穀方法，希望能提供一個完整系統的對道教辟穀歷史發展演變及道教辟穀的思想和方法的認識和理解，以彌補在道教辟穀研究的有關歷史、理論及方法上的不足。本書對辟穀的研究不僅具有重要的歷史和史料價值，而且具有重要的理論價值和實踐運用價值。

1.2　國內外研究綜述

1.2.1　國內研究

1.2.1.1　國內辟穀研究概況

　　道教養生在道教兩千多年的傳承中形成了完整系統的基礎理論、原理理論與一系列的養生方法。道教養生的主要方法有十幾種。[註1] 辟穀是道教養生方法的一種。本書的研究對象：道教辟穀文化，是道教養生文化的一個重要部分。

　　辟穀作為道教養生的一個重要的方法，也是近年來養生的一個熱點。雖然道教辟穀是辟穀最基本最核心的內容，但也還有道教之外的辟穀，不過人們並沒有做出嚴格的區分，在研究上也是如此。辟穀研究是近年來養生研究的一個熱點，有一系列的研究著作和論文發表，本書就從概念界定、理論研究和方法研究做一個簡要的綜述。

　　中國學術界對辟穀進行專門研究的文獻隨著社會養生熱潮而幾經起伏。20 世紀的氣功熱潮、21 世紀的養生熱潮都帶來大量的關於辟穀的研究。近年

〔註1〕楊玉輝著，道教養生學〔M〕，北京：宗教文化出版社，2006.12：15～20。

來，隨著養生熱的興起和優秀傳統文化的復興，健身氣功、醫療氣功、體育氣功等逐漸得到社會的再度認可，關於辟穀的研究也隨著潮流逐漸有所升溫。目前大陸學術界尚無研究道教辟穀的專門學術著作正式出版，但很多涉及道教文化的著作裏面提到辟穀或將辟穀列為其中一個專題。例如，胡孚琛教授的《丹道法訣十二講》有辟穀胎息第五講、黃永鋒教授《道教服食技術研究》有第 2 章第 3 節《道教辟穀技術規程》等。以上是將辟穀作為一種方法或類別，單列一個單獨的專題或章節加以討論，主要涉及到辟穀的概念簡介、關於辟穀的相關理論或原理、辟穀的相關操作方法或技術規程介紹等。這些研究為後學提供了重要參考，而從對辟穀思想方法的研究的系統性和全面性角度來看還是略顯不足。

在中國國家數字圖書館當中搜索「辟穀」關鍵詞，有 10 餘部著作。如果搜索「斷食」關鍵詞，則可以查到共有 100 餘部與斷食相關的著作和書籍。以辟穀為主題，意在推廣和普及辟穀養生相關理論和功法的著作有不少，在此不做詳細介紹。較為深入的闡述辟穀相關文獻並做出相關理論分析和實踐活動的著作主要有段木干、張榮堂合著的《絕食療法與氣功辟穀》、徐傑河著《東方辟穀養生》、施仁潮的《輕身辟穀術》、黃平的《辟穀養生術與斷食療法》、郭善儒的《氣功抗寒與服氣辟穀》、石來動的《科學解讀辟穀》等等。這些著作一方面挖掘了傳統文獻中關於辟穀的相關資料，並進行了分類和匯總，具有一定的參考價值；另一方面展示了其作者本身或者作者調研收集的辟穀實踐相關報告。

與辟穀有密切聯繫的斷食療法推廣應用方面的書籍有李興傑、張吉星編著的《斷食綜合療法》、臺灣蘇燕謀編譯《奇蹟的斷食療法》、李曉涵、劉雪卿編譯的《斷食·少食健康法》、林海峰的《斷食排毒養生法》、林燕的《辟穀斷食》、宋侑璸著《中國人就要這樣輕斷食》等。這些關於辟穀和斷食的著作或者從教授辟穀功法的角度進行撰寫，或者從辟穀學習著體驗者的角度展開，對辟穀的社會推廣起到了重要作用，掀起了辟穀養生的熱潮，但從學術研究的視角來看，章節體例過於零散，都缺乏對辟穀的系統整體的把握和研究。

通過檢索，本書發現近年來我國與辟穀相關的發明專利就有：《一種辟穀代餐粉及其製備方法》、《一種辟穀與營養調節實現科學減肥的方法》、《一種辟穀用便於定位置藥的腰帶》、《一種用於代替氣功辟穀的藥功辟穀領結》、《一種調控辟穀期應激狀態的藥食同源組合物及其製備方法》、《一種新型用於辟

穀瘦腰的縮型豐胸香薰貼穴衣》、《一種辟穀減肥保護營養餐》、《辟穀丹及其製備方法》、《一種減輕禁食或節食副反應的中藥及其製備方法》、《辟穀養生藥貼及其使用方法》、《一種配合現代斷食療法的藥物組合物及其製備方法》、《一種服氣辟穀防治 2 型糖尿病的方法》、《一種辟穀養殖方法》、《一種辟穀營養液》、《一種辟穀抗饑渴養生長壽食品的配方及其製作工藝》、《養元辟穀丸》等 20 餘項。可見當今社會人士對辟穀技術的重視與商業開發的積極性。

關於辟穀的相對系統的研究成果，主要是研究辟穀的碩博論文。以辟穀為題的博士論文目前僅有：四川大學康德恒《道教辟穀及其現代應用研究》（2016 年）。康德恒博士的論文對道教辟穀做了較為細緻的研究和討論，並著重現代應用部分進行了實地考查和研究。該文的主要章節安排為：第 1 章道教辟穀概論、第 2 章道教辟穀中的服氣和服藥、第 3 章道教辟穀中的若干有爭議問題、第 4 章辟穀原理的現代解釋、第 5 章辟穀現代應用價值分析、第 6 章辟穀技術的現代實踐。其正文部分的前三章對道教辟穀進行了文獻梳理和基本概念、基本理論的闡述和分析，後三章嘗試用現代科學理論對道教辟穀進行詮釋。文章還對涉及辟穀的一些較大的爭議問題進行了辨析，如：道教辟穀理論中「三尸」概念所指的含義等問題。其文章對辟穀現代應用價值分析指出，如果人們對古老的道教辟穀技術加以現代開發應用，其對於當今社會的影響將會是多方面、全方位的。文中詳實列舉了其本人以及現代辟穀的幾個典型案例，並認為辟穀技術的現代應用既是「文化產業」又是「健康產業」，其發展前途充滿光明與希望。總體而言，康德恒博士的論文提出了一些有見地的觀點和方法，為後學的研究提供了重要的參考。然而其整篇文章就辟穀的概念、辟穀的歷史、辟穀的理論和辟穀的方法等問題，尚缺乏全面系統的研究和闡述。

目前與辟穀相關的碩士學位論文有：上海中醫藥大學沈曉東《辟穀食餌術和隔日禁食法對實驗小鼠生理生化的影響》（2006 年）、上海中醫藥大學任傑《辟穀食餌與針刺結合對營養性肥胖大鼠的療效觀察及代謝研究》（2010 年）、中山大學柯斌《新型中醫禁食辟穀法安全性的實驗及臨床研究》（2009 年）、上海中醫藥大學邵靜《電針與辟穀食餌結合對單純性肥胖及瘦素等相關性研究》（2009 年），上海中醫藥大學黃蕾蕾《濟饑辟穀方膳食替代對實驗小鼠部分生理生化指標的影響》（2010 年）等。以上碩士學位論文，多數內容屬於辟穀在動物實驗與人體中醫臨床中的實踐，具有實驗實證的科學價值，為

辟穀的系統研究提供了科學數據的參考和支撐。關於柔性辟穀的研究，是最近幾年的熱點。有幾篇柔性辟穀碩士論文引發了一些關注，分別是 2016 年安徽醫科大學黃清健的碩士論文《柔性辟穀技術在體重控制的初步應用與相關研究》，2017 年中國人民解放軍軍事醫學科學院鞏文靜的碩士論文《柔性辟穀技術用於改善體重的臨床觀察研究》，2018 年軍事科學院蘇玉順的碩士論文《柔性辟穀技術對強制隔離戒毒人員毒品心理成癮改善作用的研究》。這三篇論文作者的導師都是軍事科學院軍事醫學研究院張成崗教授。

本書擬定的主要的研究問題是道教辟穀文化的內涵及其定位，道教辟穀文化的歷史發展，道教辟穀文化的思想理論，道教辟穀文化的實踐方法等，所以文獻綜述圍繞本書的主要研究問題做了一個梳理。

1.2.1.2 關於道教辟穀文化的歷史發展的研究

關於道教辟穀文化的歷史發展的研究，學界關注並不是很多，專門研究成果更少。目前集中探討道教辟穀的歷史發展的文章僅見孫祿在《中國道教》發表的《道教辟穀術的理論與方法發展略析》一文。他認為漢末時期道教辟穀術的產生，兩晉南北朝南北朝時期道教辟穀術理論與實踐的蓬勃發展，唐五代時期道教辟穀術的轉型，宋朝及以後道教辟穀術成熟。〔註2〕這篇文章對道教辟穀文化的歷史發展做了初步的梳理，以產生、發展、轉型、成熟做了分段，很有意義。然而該文並沒有對道教辟穀文化的起源做出應有的探討，同時對道教辟穀發展的分段的標準也不是很明確。

另外，孫嘉鴻在《道教辟穀食氣術初探》一文中，對食氣辟穀的起源和發展做了初步的研究和討論。在食氣辟穀的歷史發展中談到了辟穀食氣的遠源，認為辟穀食氣為中國古代方士求仙養生之術。其文還對辟穀食氣術在後世的發展做了簡單梳理，認為東漢後期，道教興起之後，吸收神仙、方士之術，並結合三尸信仰，進一步把斷穀作為長生之法的基礎。自從六朝以後，辟穀食氣的方法，逐漸增多。文章對辟穀食氣術的評價中指出，道教辟穀術中蘊涵了有現代意義的斷食療法思想。〔註3〕

此外也有相關的論文提到了道教辟穀發展的歷史，但是其表述都相對簡

〔註2〕孫祿，道教辟穀術的理論與方法發展略析〔J〕，中國道教，2018（01）：65～69。

〔註3〕孫嘉鴻，道教辟穀食氣術初探〔J〕，嘉南學報（人文類），2007，（33）：310～325。

略而不系統，有些是一筆帶過。應該說系統的梳理道教辟穀文化發展的歷史，理清楚發展的脈絡，整理出每一個發展階段的重要代表人物及其對辟穀養生文化的貢獻，是一個十分有意義的課題。

1.2.1.3 關於道教辟穀的思想理論的研究

關於道教辟穀的思想理論的研究主要包括探討辟穀的概念和定義的研究以及辟穀的思想理論方面的研究。目前國內沒有直接以道教辟穀文化為題的研究，相關研究主要圍繞著辟穀或者道教辟穀展開。國內學術界對辟穀的**概念**，主要有以下觀點：胡孚琛教授在《丹道辟穀與胎息功漫談》中認為：丹家確定丹道修煉以絕粒為宗，絕粒就是辟穀。丹道修煉要從根本上改變人的體質，最有效的辦法是先修煉辟穀。辟穀是丹道中最安全有效的入手法門。〔註4〕胡孚琛教授在《辟穀是對身體的淨化》一文指出，「辟穀，靠呼吸和思想啟動光合作用，直接通過空氣吸收大自然中的營養和能量。辟穀狀態是人類本身具有的一種生理潛能，任何人都可以被開發出來。辟穀期間，身體生理潛能得到開發，對人體健康是有利的，在丹道中，辟穀是對身體的淨化。胎息之要害，在於神氣相注，神凝氣定而常住於形體之中，使神氣形相融為一。」〔註5〕黃永鋒教授在《關於道教辟穀養生術的綜合考察》指出：不食者不死而神，這裡的「不食」即辟穀，不食五穀。〔註6〕此處指出辟穀的核心要義，不吃普通的穀物。蓋建民教授在《爛腸之食的藥方——辟穀術》一文中認為：辟穀術是道教的一種養生方法。辟穀也稱斷穀、休糧、絕粒，指在修煉的某一階段內不食五穀類食物，而身體仍可以維持「不饑」、「不餓」的狀態。〔註7〕這個定義除了不吃穀物之外，還明確辟穀期間的身體狀態，不能處於飢餓疲乏狀態，而是沒有強烈的飢餓感。宮哲兵教授在《辟穀的方法與體驗》一文中指出：辟穀，是一種古代道家創造的在特定的時間內禁食而只喝水的修煉方法。〔註8〕這個定義是從操作層面講了一種方法，即只攝取水份，禁止其他食物的攝入。劉海榮在《辟穀——激發生命深處的潛能》一

〔註4〕胡孚琛，丹道辟穀與胎息功漫談〔J〕，宗教學研究，2010（S1）：102～106。

〔註5〕胡孚琛，辟穀是對身體的淨化〔J〕，中醫健康養生，2015（04）：12～14。

〔註6〕黃永鋒，關於道教辟穀養生術的綜合考察〔J〕，世界宗教研究，2010（03）：106～114。

〔註7〕蓋建民，爛腸之食的藥方——辟穀術〔J〕，世界宗教文化，1999（04）：15～17。

〔註8〕宮哲兵，辟穀的方法與體驗〔J〕，中國道教，2014（01）：32～34。

文中指出：辟穀是人體功能態，辟穀是每個人都具有的潛在功能，不是人為的不進食，是在不吃不餓，有精神、有力氣，精力充沛的良好狀態下進行的。〔註9〕此定義明確辟穀是人體的潛在的功能狀態，可以說人皆有之的潛能狀態，一旦進入此功能態，一定時期內即使不吃食物，身體一樣的有良好的，甚至比平時更好的狀態。沈曉東在《辟穀食餌養生術的探析》一文中指出：辟穀食餌養生術是一種祖國傳統養生術，指服食具有減少食欲、節制飲食作用的食餌（藥餌）及組方以替代正常飲食，在保證必需營養的前提下，達到避免或減少穀類與肉類主食的攝入，起祛疾延年、瘦身增智作用的全身性保健康復的技術和方法。〔註10〕此定義為食餌辟穀，指出服食藥餌代替正常飲食，保證身體營養供應，修養身心。這裡的重點是替代之法，即藥餌替代正常飲食。郭建紅在《辟穀現象及其理論探討》一文指出：辟穀即通過氣功練習或服食辟穀藥物使體內元氣充足，從而達到不饑不食或不饑、少食五穀雜糧的目的，是中國傳統養生術的一種。〔註11〕此定義，突出了通過氣功行氣或服餌達到元氣充足，是對辟穀的原理性的探討。孫嘉鴻在《道教辟穀食氣術初探》中認為辟穀，是避食五穀之意。食氣，是以氣為食，不再食用人間的五穀，進而吸食天地日月之精氣。〔註12〕此定義從食氣辟穀的角度解析，食天地宇宙精氣以代替五穀。李德杏在《道教醫學辟穀養生術淺析》中認為：辟穀是歷代高道大醫經常採用的一種修煉養生之術，又稱「斷穀」、「絕粒」、「休糧」、「卻穀」等，即不食五穀雜糧。意指避免或減少穀類、肉類等食物的攝取，實際上是一種改善飲食結構的方法。〔註13〕此定義明確辟穀的定位，修煉方術的一種，核心要旨是通過少食甚至禁食改善飲食結構，促進身心修養。

〔註9〕 劉海榮，辟穀——激發生命深處的潛能〔J〕，中國氣功科學，2000（11）：38～39。

〔註10〕沈曉東，華衛國，辟穀食餌養生術的探析〔J〕，中醫文獻雜誌，2005（04）：25～27。

〔註11〕郭建紅，辟穀現象及其理論探討〔A〕，中國醫學氣功學會，中國醫學氣功學會第五屆會員代表大會暨2014年學術年會論文集〔C〕，中國醫學氣功學會，2014：5。

〔註12〕孫嘉鴻，道教辟穀食氣術初探〔J〕，嘉南學報（人文類），2007，（33）：310～325。

〔註13〕李德杏，道教醫學辟穀養生術淺析〔J〕，中華中醫藥雜誌，2012，27（05）：1230～1232。

溫茂興在《論道教服食辟穀術的科學內涵及養生意義》中認為服食辟穀術是道門中人追求延年益壽的一種重要的煉養方術。服食側重於對食物的合理選擇，辟穀則強調了節食對於長壽的意義。〔註14〕此定義解析服食辟穀，突出食物精選，少量攝入對養生修煉的意義。劉峰在《辟穀本義》一文中認為「辟穀其修煉涵義的核心是「服氣」，服氣達到一定水平，可以伴隨「辟穀」現象；辟穀是為達到或者促進修煉境界而設，也可以成為修煉境界層次的一個或然的客觀標準。因而辟穀是「服氣辟穀」的簡稱，服氣技術屬於中醫氣功範疇。」〔註15〕此為服氣辟穀的定義解析，辟穀即服氣修煉過程中出現的一種境界。劉長喜在《辟穀的內涵解析與修煉要訣》一文中認為，辟穀是指在沒有任何「營養物質」供給的情況下，僅以服氣（食氣）、吞津、導引等一系列功法的習練和服餌（食餌、藥餌等）方法誘發機體潛能和先天特異素質，使機體獲得能量，排除體內堆積的脂肪、毒素、宿便等五穀之濁氣，進入新的平衡狀態，達到養生保健、袪病延年目的之生態自然療法，是一整套綜合、全面、系統的導引吐納術。〔註16〕此定義綜合了操作方法和目的等要素，指出辟穀是綜合的自然療法，導引吐納術。

對辟穀養生的理論或思想以及歷史著述或人物進行宏觀介紹和簡單探討，有一些論文發表。如胡孚琛教授《丹道辟穀與胎息功漫談》和《辟穀是對身體的淨化》、溫茂興《論道教服食辟穀術的科學內涵及養生意義》和《論道教服食辟穀術對中醫「飲食有節」養生思想的影響》趙彬的《三國時期辟穀者郗儉考析》、何愛華《略談孫思邈與服石辟穀》、馬芳芳等《辟穀非平人養生法考辨》、錢俊時的《劉海榮和她的信息辟穀》、邵靈相《釋宏青辟穀現象機理初探》、熊玉鑫，梁潤英的《辟穀療法近二十年研究概況》等多篇文章都提到了道教辟穀養生文化的理論層面，具有一定的參考意義。但是綜合來看，其對理論的梳理往往只限定於一兩個道教辟穀的理論，並沒有展開系統而全面的梳理。應該說道教辟穀養生文化的思想理論是一個逐漸豐富和發展的體系，需要對諸多的文獻進行整體把握並提煉出思想理論的脈絡。在辟穀養生理論方面的重要文章，主要有胡孚琛教授在《丹道辟穀與胎息功漫談》

〔註14〕溫茂興，論道教服食辟穀術的科學內涵及養生意義〔J〕，貴陽中醫學院學報，2007（03）：6～7。

〔註15〕劉峰，趙勇，李巧林，陳全福，辟穀本義〔J〕，中華中醫藥雜誌，2018，33（02）：641～644。

〔註16〕劉長喜，辟穀的內涵解析與修煉要訣〔N〕，中國中醫藥報，2017-06-15（004）。

一文中認為：丹家的《內經圖》是認為人體布滿很多機關消息，丹家謂之關竅，一旦發動起來，它會自動運轉。要進入辟穀狀態，則以「齋戒為先」，即靠調整心靈信息啟動辟穀程序。綜合來看，關於辟穀的原理學界討論的較少並且都是從自身經驗和典籍記載的一兩個片段稍加展開進行論述，缺乏系統的全面的梳理，尤其是哲學原理、基本原理和方法原理的探討，還有很大的空間。

1.2.1.4　關於道教辟穀及一般辟穀方法的研究

在道教辟穀文化的實踐運用，即辟穀方法的研究方面，學界有些探討，但沒有引起廣泛興趣。主要文章有蓋建民《爛腸之食的藥方——辟穀術》、黃永鋒《關於道教辟穀養生術的綜合考察》、沈曉東《辟穀食餌養生術的探析》、李德杏《道教醫學辟穀養生術淺析》、孫嘉鴻《道教辟穀食氣術初探》、周高德《食素、少食、辟穀——道教徒的飲食習俗》、梁潤英《〈千金翼方〉辟穀養生方藥探析》等等。黃永鋒老師在《關於道教辟穀養生術的綜合考察》認為道教辟穀養生術實踐運用主要類型有服藥（餌）辟穀、服氣辟穀、服（符）水辟穀、服石辟穀等，各有一套操作規程。這個分類應該來說是對辟穀最重要的分類，為後學的研究提供了重要依據。這個實踐運用分類方法主要來源於《抱朴子內篇》，尚不能涵蓋各類辟穀修煉養生術，同時對辟穀分類的標準也只有一種，即服食的東西來分。黃永鋒老師《道教服食技術研究》一書對道教辟穀和服氣的技術規程做了很好的梳理，指出道教服氣技術，主要可以分為服外氣和服內氣兩類，在早期道教以服外氣為主，到隋唐之後，服氣技術以服內氣為主流，並歸於內丹術。其研究明確指出了在內丹興起之後，辟穀被歸入內丹術之中的發展方向。辟穀的實踐運用可以有很多的分類標準，如何制定全面的分類標準，按照科學合理的分類標準對辟穀進行分類，學界目前鮮有人涉足。

胡孚琛教授的《丹道法訣十二講》第五講辟穀胎息，講解了很好的可操作的經驗和體會，並引用《中山玉櫃服氣經》所述而指出，要修丹道，先修辟穀，要修辟穀則以齋戒為先。文中還陳述了與現代心理學暗示相似的靠調整心靈信息啟動辟穀程序的方法。對從現代科學和現代心理學來理解辟穀的啟動和運行提供來重要的參考。宮哲兵教授發表在《中國道教》雜誌的文章《辟穀的方法與體驗》介紹了自己實際操作辟穀的方法與體驗，很有借鑒意義。

用一般辟穀的相關方法，以實驗研究的手段來觀察辟穀對人體以及動物

的保健或治病效果的研究報告有不少，如王瓊仙等《四種辟穀方法減肥療效的研究》、王崗等《從道教辟穀術論治糖尿病及其併發症》、燕曉雯等《6名辟穀受試者體質量、血壓、血糖觀察及辟穀養生技術分析》、儲維忠，許鋒等《辟穀食餌療法對小鼠生化代謝等影響的研究》、曠秋和《辟穀療法治療慢性胃炎28例》、戴閩星，張榮堂等《辟穀氣功62例體外模擬血栓指標的觀察》、劉曉瑞等《服餌辟穀養生術防治2型糖尿病的理論初探》、燕曉雯，郭建紅等《辟穀對8例血壓正常高值受試者干預效果觀察》、戴居雲《針灸結合辟穀減肥的方法與思考》、樓錦新《辟穀前後血液生化指標變化及人群試驗觀察》、王瓊仙等《四種辟穀方法減肥療效的研究》、任青河，張成崗等《柔性辟穀技術改善高血壓的初步研究》、高大文，張成崗等《柔性辟穀技術對早期糖尿病患者高血糖改善作用的初步研究》、劉曉可等《服氣辟穀術防治消渴病上消之管見》、鞏文靜《柔性辟穀技術用於改善體重的臨床觀察研究》、黃清健，張成崗等《災害救援中柔性辟穀提高救援效率的應急方案》、張蕊《規範發展，辟穀養生才能走得更遠》、張旭《用科學精神研究傳統導引吐納術辟穀》、張成崗，鞏文靜《柔性辟穀：一種可改善肥胖及相關慢性病的新技術》等。

1.2.2　國外相關研究

　　國外目前鮮見道教辟穀文化的直接相關研究。國外的道教研究學者，也有些在關注與辟穀相關的研究課題。如國內學者曾維加教授翻譯了法國國家科學院穆瑞明研究員從佛教道教比較研究的視角撰寫的一篇文章：《佛教和道教的「廚經」研究》，文章比較了佛道兩教的「廚經」，闡釋了「天廚思想」的內涵，並就佛道廚經的異同點和佛道兩教的廚經的具體方法做了詳細的分析。〔註17〕國外雖無辟穀的叫法，卻有類似辟穀的實踐，叫做斷食療法或者禁食療法。英美日本等國家近年來出版了不少關於斷食的研究著作。國外的研究主要圍繞斷食療法進行理論和實踐研究，其做法與辟穀有相似之處，要從理論上和操作上辨析斷食和辟穀的區別和聯繫，真正闡明兩者的異同，學界尚無權威說法。日本的斷食療法極其盛行，相關的專著有甲田光雄的《奇特的斷食療法》、《半日斷食的神奇療效》和《甲田式斷食法》、大澤剛的《斷食一身輕》、石原結實的《斷食法》、友永淳子的《斷食

〔註17〕穆瑞明，曾維加，佛教和道教的「廚經」研究〔J〕，宗教學研究，2017（02）：91～100。

瑜伽》、西勝造的《西式斷食療法》、大田芳夫的《7 日間斷食健康法》、遠藤功的《IT 斷食》、三津田哲夫的《斷食療法》、藤本憲幸的《24 小時斷食的秘密》和《日本瑜伽斷食法》、梅田薰的《心身改造靈的斷食療法》、鶴見隆史《周末酵素輕斷食》、笹田信五的《絕食療法》、今村基雄的《今村式絕食療法》、船瀨俊介的《空腹奇蹟》等。歐美的斷食療法書籍也非常多，主要有：德國赫爾姆特·呂茨納的《斷食療法獲新生》、《新版斷食療法》，英國麥克爾的《輕斷食：正在橫掃全球的瘦身革命》、美國瑪麗·海爾文的《斷食，讓身體更有機》、意大利米夏爾·凡納的《21 天超覺斷食》、英國凱特·哈里森的《奇效 5：2 輕斷食》、法國弗恩·格林的《輕斷食代餐果昔》、德國阿諾·埃雷特《合理的斷食》、英國麥克爾·莫斯利的《輕斷食——戒糖篇》、英國阿曼達·漢密爾頓的《輕斷食減肥計劃》等。影響力較大的斷食書籍為數不少，如傑森·馮（Jason Fung），吉米·摩爾（Jimmy Moore）的《斷食全書》介紹了透過間歇性斷食、隔天斷食、長時間斷食，讓身體獲得療愈的方法，引發了國際範圍的廣泛關注。美國布勒（Bouhlel）的專著《禁食和飲食限制期間的身體表現》圍繞身體健康營養方面，從生理方面，宗教禁食和運動員運動醫學角度探討了禁食期間和飲食限制期間的身體表現。美國馬修斯（Mathews）的《基督教禁食》從宗教的角度介紹了基督教聖經上關於禁食問題的相關教言。韓國慶美妮等也出版了《Hello，輕斷食》等書籍推廣斷食療法，在韓國也引發關注的熱潮。

國外的科技雜誌上發表了非常多的限食和斷食療法的文章和研究報告，但是絕大多少報告還處於動物研究的階段，涉及人體研究的不多。關於人體的斷食療法最新研究的相關論文主要有：Cohen HY 等在《科學》雜誌發表論文稱：熱量限制通過誘導 SIRT1 脫乙醯酶促進哺乳動物細胞存活。〔註 18〕科學迪尼科蘭託尼·詹姆斯 J 和麥卡蒂·馬克在《Open heart》發表論文稱：通過間歇性禁食實現的自噬誘導的 Notch1 降解可能促進 β 細胞新生，這對對逆轉 2 型糖尿病有重大意義。〔註 19〕穆凱·里薩等在《美國心臟協會雜誌》發

〔註 18〕 Cohen HY, Miller C, Bitterman KJ, et al. Calorie restriction promotes mammalian cell survival by inducing the SIRT1 deacetylase. Science, 2004, 305(5682): 390~2.

〔註 19〕 DiNicolantonio James J, McCarty Mark. Autophagy-induced degradation of Notch1, achieved through intermittent fasting, may promote beta cell neogenesis: implications for reversal of type 2 diabetes. [J]. Open heart, 2019, 6(1).

表研究成果稱：間歇性禁食可以逆轉晚期心肌病。〔註20〕馬丁內斯‧洛佩斯‧努里亞等在《細胞代謝》雜誌發表研究成果稱：通過斷食激發的細胞自噬會在整個機體的各個系統帶來好處。〔註21〕拉傑什‧喬杜里等在《肥胖研究臨床實踐》雜誌發表論文稱：間歇性禁食對人和小鼠肌肉自噬的影響，對減肥有重要意義。〔註22〕孫鵬飛、王慧慧等，在《腫瘤靶》雜誌發表研究成果稱：禁食通過減少腫瘤相關巨噬細胞的M2極化可以抑制結直腸癌的生長。〔註23〕周兵等在《美國國家科學院院刊》發表研究成果稱：飲食干預是影響壽命的有效方法。通過檢測不同飲食條件下的基因表達，能夠確定調節衰老過程的基因和途徑。〔註24〕

現代科技的進步，越來越多的證明了古老的辟穀養生命題的真實性。現代科學家們通過大量調查和科學實驗發現，從低等生物真菌、果蠅到哺乳動物的小鼠和犬類，通過採取限制能量攝入（節食）的方式，其均能起到延長生物壽命的效果，即少吃的動物不但活得更久，並且活得更健康。國內的很多專家也在關注國際學界對斷食和節食的研究的最新進展。例如中國科學院王丹、韓敬東撰文總結和綜述了節食對衰老調控的國際前沿研究進展並得出結論：節食是迄今為止科學實驗證實的唯一一種能夠通過改變外界環境來改變衰老進程的手段。科學的節食的前提是不造成營養不良，通過攝入正常飲食量的 60%～80%或者減少飲食中的高熱量成分以實現攝入總熱量的降低。

〔註20〕 Mukai Risa, Zablocki Daniela, Sadoshima Junichi. Intermittent Fasting Reverses an Advanced Form of Cardiomyopathy. [J]. Journal of the American Heart Association, 2019, 8(4).

〔註21〕 Martinez-Lopez Nuria, Tarabra Elena, Toledo Miriam,Garcia-Macia Marina, Sahu Srabani, Coletto Luisa, Batista-Gonzalez Ana, Barzilai Nir, Pessin Jeffrey E, Schwartz Gary J, Kersten Sander, Singh Rajat. System-wide Benefits of Intermeal Fasting by Autophagy.[J]. Cell metabolism, 2017, 26(6).

〔註22〕 Rajesh Chaudhary, Bo Liu, Tim Sargeant, Amanda Page, Gary A. Wittert, Amy T. Hutchison, Leonie Heilbronn. Effect of intermittent fasting on autophagy in human and C57BL/6 mouse muscle[J]. Obesity Research & Clinical Practice, 2019, 13(3).

〔註23〕 Sun Pengfei, Wang Huihui, He Zhiyong, Chen Xiangyuan, Wu Qichao, Chen Wankun, Sun Zhirong, Weng Meilin, Zhu Minmin, Ma Duan, Miao Changhong. Fasting inhibits colorectal cancer growth by reducing M2 polarization of tumor-associated macrophages. [J]. ONCOTARGET, 2017, 8(43).

〔註24〕 Zhou Bing, Yang Liu, Li Shoufeng, Huang Jialiang, Chen Haiyang, Hou Lei, Wang Jinbo, Green Christopher D, Yan Zhen,Huang Xun,Kaeberlein Matt, Zhu Li, Xiao Huasheng, Liu Yong,Han Jing-Dong J. Midlife gene expressions identify modulators of aging through dietary interventions. [J]. Proceedings of the National Academy of Sciences of the United States of America, 2012, 109(19).

諸多科學實驗已經證實，節食不僅能延長動物壽命，還能有效降低衰老相關疾病的發生率，進而延長動物健康壽命。節食延長壽命的分子機理在線蟲、果蠅和小鼠中都得到了很好的闡釋。〔註25〕這些規範嚴謹的科學研究作為道教辟穀文化研究的旁證資料顯的十分有意義。

1.3　研究方法與研究的思路

1.3.1　研究方法

1.3.1.1　文獻綜合分析法

文獻綜合分析法是指通過搜集、鑒別、整理不同文獻，對某一問題進行綜合性闡釋的研究方法。本書運用這種方法，堅持從文獻中找體系、以文獻論證體系、以文獻充實體系的材料綜合法，努力做到系統條例而又言之有據。

1.3.1.2　歷史研究法

歷史研究法也稱為縱向研究法，是運用歷史資料，按照歷史發展的順序對過去的人物事件進行研究的方法。本書運用歷代關於辟穀的歷史文獻資料，參照道教史的順序，按照歷史發展的順序對辟穀文化的流傳演變進行縱向研究，通過對大量的歷史文獻、道教典籍、歷代方志等資料的搜集和整理，闡明道教辟穀文化發展的基本脈絡、基本形式、歷代的主要代表人物，審視道教辟穀發展的動力和歷史必然。

1.3.1.3　系統分析法

系統分析法是指要把解決的問題作為一個系統，對其內在的構成要素進行全面的分析，找出解決問題的整體最優方案的研究方法。道教辟穀文化是一個完整的系統，首先總體把握其核心含義，然後用縱向和橫向兩個視角來進行研究和分析，縱向研究其歷史發展，橫向研究其文化形態。道教辟穀文化的形態又作為一個系統，可以分為思想理論系統和方法系統。

〔註25〕王丹，韓敬東，節食延緩衰老的分子生物學機理〔J〕，生命科學，2015，27（03）：280～288。

1.3.2 研究思路

要對道教辟穀養生文化做出系統的梳理和分析研究，必須依靠科學的思路確定研究內容。本書以「總—分」的結構展開對道教辟穀文化的解析。首先，總體上把握道教辟穀文化的內涵，並給出其在道教文化中的清晰定位，通過系統的分析和梳理，說明其在道教的地位和作用。其次對道教辟穀文化進行分維度論述，從縱、橫兩個維度對道教辟穀文化展開系統的梳理和討論。縱向維度研究道教辟穀文化的起源和歷史發展，結合道教文化發展的歷史對道教辟穀文化的歷史發展做出清晰的分段，並就各分段關於辟穀的記載做全面系統的考察和研究，通過對大量的歷史文獻、道教典籍、歷代方志等資料的搜集和整理，闡明道教辟穀文化發展的基本脈絡、基本形式、歷代的主要代表人物，審視道教辟穀發展的動力和歷史必然。橫向的維度，主要研究道教辟穀文化的理論和實踐兩個方面，以把握道教辟穀文化的主要形態，解析道教辟穀的思想理論與方法。通過搜集整理大量的相關文獻，逐條理出道教辟穀文化的主要思想理論及對應的辟穀方法。在整理思想理論與方法的時候，本書依據道教辟穀文化的主要分段，將其劃分為早期道教辟穀和內丹興起之後的內丹辟穀兩個大的部分來分章節。

整個的研究主要圍繞四個大的問題進行：

第一個問題是辨析辟穀的概念，總體把握道教辟穀的內涵並解析其在道教中的地位作用。回答以下幾個基本問題：辟穀是什麼？道教辟穀是什麼？道教辟穀文化是什麼？道教辟穀文化在道教文化中的地位和作用是什麼？

第二個問題是把握道教辟穀文化的歷史發展。首先，對道教辟穀文化的起源進行探討，然後結合道教文化發展歷史，對道教辟穀文化的發展歷史進行階段性把握，明確劃分道教辟穀歷史發展的三個階段，即起源階段、早期發展階段、成熟發展階段，並對每一個發展階段的主要辟穀事蹟的文獻記載，對重要代表人物及道派的貢獻做出闡釋。

第三個問題是把握道教辟穀的思想理論，回答道教辟穀有哪些思想，應如何去理解把握。本書將道教辟穀思想分為兩個部分，第一部分是早期道教的各種辟穀思想，第二部分是成熟的內丹辟穀思想理論。

第四個問題是把握道教辟穀的方法，回答道教辟穀有哪些方法，應如何去理解其操作運用。本書將道教辟穀方法也分為兩個部分，第一部分是早期道教的各種辟穀方法，第二部分是成熟的內丹辟穀方法。

1.4　研究的重難點、創新點

1.4.1　研究重點

　　本書的第一個重點，是對道教辟穀文化的內涵作出清晰、明確而合理的闡釋。首先要明確的，就是辟穀的概念。辟穀概念可以從一般辟穀和道教辟穀兩個層面開展探討。從歷史的發展和現代學術界的相關研究來看，目前還沒有一個被學界和社會普遍公認的辟穀的定義，此外道教辟穀的定義也需要進一步的明確。在明確了辟穀和道教辟穀定義的基礎上，對道教辟穀文化進行闡明，進而對道教辟穀文化在道教文化中的地位和作用作出分析和討論。

　　本書的第二個重點，是對道教辟穀的歷史發展進行完整系統的梳理。通過對道教史相關文獻的研究和考察，本書研究者認為道教的歷史發展的可以宏觀的分為三個大的部分，第一部分是道教正式創立之前的歷史，即先秦到東漢這一時期；第二部分是道教創立之後到內丹學興起之前的歷史，即東漢到唐朝這一時期；第三部分是內丹學興起之後的歷史，即唐朝之後的時期。結合道教文化發展歷史進行這樣的分段，對道教辟穀文化的發展歷史進行把握，通過系統的梳理，明確每一個發展階段的主要文獻記載和道教辟穀文化的實踐者、推動者及其重要代表人物的貢獻。

　　本書的第三個重點，是對道教辟穀的各種理論特別是內丹辟穀理論進行系統的梳理和闡釋。要說清楚從辟穀發端至今，歷代辟穀傳承研習者是用一種什麼樣的思想在指導自己進行辟穀的、其理論借鑒有哪些。在《道藏》及其他道經中有很多關於辟穀的理論論述和原理闡釋，但都過於零散而不系統。在內丹術興起之後，內丹辟穀有哪些更加完整、系統的辟穀理論。本書從不同的發展階段出現的辟穀相關思想和理論探討入手，對道教辟穀文化的思想理論特別是內丹辟穀理論做了全面系統的梳理和解析。

　　本書的第四個重點，是對道教辟穀的各種方法特別是內丹辟穀方法進行系統的梳理和闡釋。本書從對道教辟穀的三大要素（內煉、節食、代食）出發，完整地說明了道教辟穀文化的實踐形態。研究把道教辟穀文化的實踐形態，總的劃分為早期的多種內煉為核心的辟穀的實踐方法和成熟時期的內丹辟穀的方法。

1.4.2 　研究難點

本書的第一個難點在於對道教辟穀文化的漫長歷史作出清晰明確的梳理，這首先需要搜集和整理大量的文獻資料，包括中華文化早期的諸經、諸子典籍、歷代正統的歷史資料、道家道教仙傳資料、道經資料、歷代各地方志資料、出土文物相關資料等等。本書試圖從中華文化發展起源的節點切入，提出辟穀文化是跟中華傳統的五穀文化伴隨並生的，並在道教發展中不斷演進，如何把道教辟穀文化的發展史和道教的發展史進行一個緊密的貼合，做出合理的分段，並闡明道教辟穀文化在為不同階段的道教根本追求服務，是一個有難度的任務。

本書的第二個難點在於對道教辟穀文化的思想理論做出系統全面的梳理。在早期人文經典直至後世歷代文獻和道藏及其他道經中有很多關於辟穀的理論論述和原理闡釋，但都過於零散而不系統。每一個階段的辟穀的思想也呈現出歷史侷限性並富有時代特徵。本書要從不同的發展階段出現的辟穀相關思想和理論探討入手，對道教辟穀文化的理論形態做出清晰全面系統的梳理，無疑是一大難點。

本書的第三個難點在於對道教辟穀文化的實踐方法做出清晰的分類和解析。在漫長的發展過程中，辟穀的方法極其複雜，辟穀的別稱就多達近二十個。要在研究中清楚的說明一般辟穀的核心操作是什麼，道教辟穀區別於一般辟穀的獨特要義是什麼，道教辟穀的眾多方法是如何最終統合於內丹辟穀的，以上問題都是研究的難點。

1.4.3 　研究創新點

1. 對道教辟穀的歷史發展進行了完整系統的梳理，並提出了道教辟穀文化發展的三個基本階段。

2. 對道教辟穀的各種思想特別是內丹辟穀思想進行了系統的梳理和闡釋，並指出內丹辟穀理論是道教辟穀理論的成熟形態。

3. 對道教辟穀的各種方法特別是內丹辟穀方法進行了系統的梳理和闡釋，並指出內丹辟穀方法是道教辟穀方法的成熟表現。

第二章　道教辟穀文化的概念和定位

　　道教文化在中華傳統文化中佔有重要的地位，道教養生文化又是其最具時代意義和研究價值的部分。隨著社會進步與發展，作為道教養生文化的重要組成部分的道教辟穀文化也成為一個熱門的話題。研究道教辟穀文化，首先就要明確究竟什麼是辟穀；什麼是道教辟穀；道教辟穀文化的內涵是什麼；道教辟穀文化在道教養生文化中有什麼地位和作用。

2.1　道教辟穀文化的相關概念

　　辟穀是道教文化中一個特殊而重要的內容，但究竟什麼是辟穀？應該如何來理解道教辟穀？不管是歷史發展中還是今天對辟穀的理解和運用，這兩個問題都沒有得到很好的解決。本書認為辟穀可以從一般辟穀和道教辟穀兩個層面來加以把握，進而對道教辟穀進行深入系統的研究。

2.1.1　一般辟穀的概念

　　所謂一般辟穀就是人們從字面意義理解的辟穀，最廣泛的說法是「不食五穀」。在古代，「辟」有斷除、排除、清除、迴避、躲避的意思，「穀」則是指五穀、穀物、糧食總稱，所以從一般的角度來看，辟穀就可以理解為不食五穀，即減少甚至斷除五穀糧食的行為。此外辟穀也稱為卻穀、去穀、絕穀、絕粒、卻粒、休糧等，這些都是與辟穀同一範疇的概念。從這個意義上說，不僅道家、道教有辟穀，佛教、中醫等也有辟穀，現代醫學一些人所倡導的斷食也都可以算作一般意義上的辟穀。今天大多數人所說的辟穀也都是在這個

意義上來理解的。

　　當今社會因為缺乏對辟穀文化的整體認知，民眾對辟穀的概念是模糊的，一提辟穀就可能理解為斷食、甚至絕食，其實這是一種誤解。從辟穀字義來看：辟，是動詞，通「避」，表達避免、避開之義。穀，泛指五穀類糧食，《說文解字》中對穀字的釋義為「百穀之總名」。因此，辟穀，可以直譯為「避開穀類食物」，也就是通俗的常用語「不食五穀」，但是要把辟穀含義更完整的把握和理解，那就要加上一句：不食五穀的同時要吃其他的東西。從辟穀起源的背景分析和最早記載來看，一般意義上的「辟穀」概念，就是指：節制五穀甚至不食五穀並以其他東西替代五穀。簡而言之，一般辟穀就是節穀和代穀，或者節食和代食。

　　很顯然從一般辟穀的角度來看，現代社會流行的斷食療法也可以納入辟穀的範疇。斷食療法在發展中也逐漸形成了完整的理論基礎和科學研究範式以及實踐體系，可以說是風靡全球。在很多國家都有專業的科研機構和醫療機構在進行研究和推廣斷食療法。通過分析，本書認為斷食療法的本質是節食和代食，這與一般辟穀的含義一致。一般辟穀和斷食療法的共通之處就是減少和階段性斷絕一般食物的攝入而用其他的食物代替。這一點從目前比較流行且被經常採用的輕斷食法的操作種就可以看出來。目前流行的斷食療法方法，主要有低熱量代食、間歇性斷食、隔天斷食、蜂蜜斷食、米湯斷食、蔬果汁斷食、酵素斷食等。根本上說，斷食療法的本質不是「斷」，而是「節」和「換」，這與中國傳統一般的辟穀是一致的。

　　總結來看，一般辟穀的現代化表述就是斷食文化或者禁食文化。因為一般辟穀和斷食療法是「異曲同工」或「同工而異名」，兩者具有內在的一致性，都是在做節食和適當的代食。因此我們可以這樣說，一般辟穀是在節食乃至禁食的基礎上，應用適當、適量的代食，以調養身心的養生方法。辟穀的共識性核心的含義是「不食五穀」。但是辟穀者並不絕對禁止進食，辟穀期間的不食五穀，而是代之以其他的，進入胃的其他物類很多，其中包括空氣，水，酒，蔬果副食、草木藥物，礦物藥物，辟穀丹丸等等。

2.1.2　道教辟穀的概念

　　作為特定範疇的「道教辟穀」當然也有一般辟穀的避除五穀的涵義，但作為一種養生修煉方法的「道教辟穀」就不僅僅是簡單的不食五穀，它實際

上還包括了一系列的活動，避開五穀只是它的一個方面或一種表現。與一般辟穀更著眼於人在辟穀中的行為表現不同，道教辟穀更強調將辟穀作為一種目標、境界和追求，作為神仙的重要特性來看待，作為一種綜合修煉方法以及神仙修煉的結果和境界來看待。

　　辟穀作為道教修煉養生的重要概念，在很多詞典和辭典中都有詞條。比如《辭海》中辟穀詞條：辟穀亦稱「斷穀」、「絕穀」，即不吃五穀。據稱為中國古代的一種修養方法。辟穀時，仍食藥物，并須兼做導引等工夫。《史記‧留侯世家》：「留侯性多病，即導引不食穀。」裴駰集解：「服辟穀藥而靜居行氣。」〔註1〕胡孚琛教授主編的《中華道教大辭典》收錄了很多與辟穀相關的詞條，但沒有單獨的「辟穀」詞條。該辭典中李遠國老師對「絕穀」詞條的注釋為：即辟穀。內煉方術之一。《漢武帝內傳》：「李少君少好道，人泰山採藥。修絕穀遁世全身之術。」亦稱「絕粒」。〔註2〕此詞條明確辟穀的定位為內煉方術之一，這對辟穀的深入研究，具有指導意義。《中國方術大辭典》中的詞條：辟穀，不食五穀。古代方士行辟穀導引之術，認為可以長生。道教亦以辟穀服氣為神仙入道之術。《史記‧留侯世家》：「（張良）乃學辟穀，道引輕身。」〔註3〕《中華養生大辭典》中的詞條：辟穀，氣功術語。又名「噤口」、「卻穀」。練功之人練到一定階段就不想吃食物了，僅喝一點兒水就可以維持生命活動。進而去淨化人體的內臟、排泄濁氣，使之保持清淨無比的狀態，方能練成上乘工夫。但亦有人認為辟穀不宜練功。

　　國內學術界對辟穀的概念，有一些代表性觀點。胡孚琛教授在《丹道辟穀與胎息功漫談》中認為：丹家確定丹道修煉以絕粒為宗，絕粒就是辟穀。丹道修煉要從根本上改變人的體質，最有效的辦法是先修煉辟穀。辟穀是丹道中最安全有效的入手法門。〔註4〕胡孚琛教授在《辟穀是對身體的淨化》一文指出，「辟穀，靠呼吸和思想啟動光合作用，直接通過空氣吸收大自然中的營養和能量。辟穀狀態是人類本身具有的一種生理潛能，任何人都可以被開

〔註1〕夏徵農、陳至立主編，辭海（第六版彩圖本）〔M〕，上海：上海辭書出版社，2009 年 09 月：147。

〔註2〕胡孚琛主編，中華道教大辭典〔M〕，北京：中國社會科學出版社 1995.08：977。

〔註3〕〔三國〕曹植：《辯道論》，《曹植集校注》〔M〕，北京：人民文學出版社，1986 年，187 頁。

〔註4〕胡孚琛，丹道辟穀與胎息功漫談〔J〕，宗教學研究，2010（S1）：102～106。

發出來。辟穀期間，身體生理潛能得到開發，對人體健康是有利的，在丹道中，辟穀是對身體的淨化。胎息之要害，在於神氣相注，神凝氣定而常住於形體之中，使神氣形相融為一。」〔註5〕廈門大學黃永鋒在《關於道教辟穀養生術的綜合考察》指出：不食者不死而神，這裡的「不食」即辟穀，不食五穀。〔註6〕此處指出辟穀的核心要義，不吃普通的穀物。蓋建民在《爛腸之食的藥方——辟穀術》一文中認為：辟穀術是道教的一種養生方法。辟穀也稱斷穀、休糧、絕粒，指在修煉的某一階段內不食五穀類食物，而身體仍可以維持「不饑」、「不餓」的狀態。〔註7〕這個定義除了不吃穀物之外，還明確辟穀期間的身體狀態，不能處於飢餓疲乏狀態，而是沒有強烈的飢餓感。宮哲兵在《辟穀的方法與體驗》一文中指出：辟穀，是一種古代道家創造的在特定的時間內禁食而只喝水的修煉方法。〔註8〕這個定義是從操作層面講了一種方法，即只攝取水份，禁止其他食物的攝入。劉海榮在《辟穀——激發生命深處的潛能》一文中指出：辟穀是人體功能態。辟穀是每個人都具有的潛在功能。不是人為的不進食。是在不吃不餓，有精神、有力氣，精力充沛的良好狀態下進行的。〔註9〕此定義明確辟穀是人體的潛在的功能狀態，可以說人皆有之的潛能狀態，一旦進入此功能態，一定時期內即使不吃食物，身體一樣的有良好的，甚至比平時更好的狀態。沈曉東在《辟穀食餌養生術的探析》一文中指出：辟穀食餌養生術是一種祖國傳統養生術，指服食具有減少食欲、節制飲食作用的食餌（藥餌）及組方以替代正常飲食，在保證必需營養的前提下，達到避免或減少穀類與肉類主食的攝入，起祛疾延年、瘦身增智作用的全身性保健康復的技術和方法。〔註10〕此定義為食餌辟穀，指出服食藥餌代替正常飲食，保證身體營養供應，修養身心。這裡的重點是替代之法，即藥餌替代正常飲食。郭建紅在《辟穀現象及其理論探討》一文指出：辟穀即

〔註5〕胡孚琛，辟穀是對身體的淨化〔J〕，中醫健康養生，2015（04）：12～14。

〔註6〕黃永鋒，關於道教辟穀養生術的綜合考察〔J〕，世界宗教研究，2010（03）：106～114。

〔註7〕蓋建民，爛腸之食的藥方——辟穀術〔J〕，世界宗教文化，1999（04）：15～17。

〔註8〕宮哲兵，辟穀的方法與體驗〔J〕，中國道教，2014（01）：32～34。

〔註9〕劉海榮，辟穀——激發生命深處的潛能〔J〕，中國氣功科學，2000（11）：38～39。

〔註10〕沈曉東，華衛國，辟穀食餌養生術的探析〔J〕，中醫文獻雜誌，2005（04）：25～27。

通過氣功練習或服食辟穀藥物使體內元氣充足，從而達到不饑不食或不饑、少食五穀雜糧的目的，是中國傳統養生術的一種。〔註11〕此定義，突出了通過氣功行氣或服餌達到元氣充足，是對辟穀的原理的探討。孫嘉鴻在《道教辟穀食氣術初探》中認為辟穀，是避食五穀之意。食氣，是以氣為食，不再食用人間的五穀，進而吸食天地日月之精氣。〔註12〕此定義從食氣辟穀的角度解析，用食天地宇宙精氣以代替五穀來定義辟穀。李德杏在《道教醫學辟穀養生術淺析》中認為：辟穀是歷代高道大醫經常採用的一種修煉養生之術，又稱「斷穀」、「絕粒」、「休糧」、「卻穀」等，即不食五穀雜糧。意指避免或減少穀類、肉類等食物的攝取，實際上是一種改善飲食結構的方法。〔註13〕此定義明確辟穀的定位，修煉方術的一種，核心要旨是通過少食甚至禁食改善飲食結構，促進身心修養。溫茂興在《論道教服食辟穀術的科學內涵及養生意義》中認為服食辟穀術是道門中人追求延年益壽的一種重要的煉養方術。服食側重於對食物的合理選擇，辟穀則強調了節食對於長壽的意義。〔註14〕此定義解析服食辟穀，突出食物精選，少量攝入對養生修煉的意義。劉峰在《辟穀本義》一文中認為：「辟穀其修煉涵義的核心是「服氣」，服氣達到一定水平，可以伴隨「辟穀」現象；辟穀是為達到或者促進修煉境界而設，也可以成為修煉境界層次的一個或然的客觀標準。因而辟穀是「服氣辟穀」的簡稱，服氣技術屬於中醫氣功範疇。」〔註15〕此為服氣辟穀的定義解析，辟穀即服氣修煉過程中出現的一種境界。這與內丹辟穀的某些理論方法相吻合。劉長喜在《辟穀的內涵解析與修煉要訣》一文中認為：辟穀是指在沒有任何「營養物質」供給的情況下，僅以服氣（食氣）、吞津、導引等一系列功法的習練和服餌（食餌、藥餌等）方法誘發機體潛能和先天特異素質，使機體獲

〔註11〕郭建紅，辟穀現象及其理論探討〔A〕，中國醫學氣功學會，中國醫學氣功學會第五屆會員代表大會暨2014年學術年會論文集〔C〕，中國醫學氣功學會，2014：5。

〔註12〕孫嘉鴻，道教辟穀食氣術初探〔J〕，嘉南學報（人文類），2007，（33）：310～325。

〔註13〕李德杏，道教醫學辟穀養生術淺析〔J〕，中華中醫藥雜誌，2012，27（05）：1230～1232。

〔註14〕溫茂興，論道教服食辟穀術的科學內涵及養生意義〔J〕，貴陽中醫學院學報，2007（03）：6～7。

〔註15〕劉峰，趙勇，李巧林，陳全福，辟穀本義〔J〕，中華中醫藥雜誌，2018，33（02）：641～644。

得能量，排除體內堆積的脂肪、毒素、宿便等五穀之濁氣，進入新的平衡狀態，達到養生保健、祛病延年目的之生態自然療法，是一整套綜合、全面、系統的導引吐納術。〔註16〕此定義綜合了操作方法和目的等要素，指出辟穀是綜合的自然療法，導引吐納術。

總結來說，各種詞典對辟穀概念的把握，包括學術界對辟穀的概念的界定缺乏統一性，各種說法都有其合理性與適用性，大家都不否認辟穀是養生修煉方術的一種。在早期道教就已經形成了眾術合修的思想，作為一種自先秦流傳至今的道教文化現象，辟穀本身就具有很明顯的複雜性，比如辟穀有很多別稱，如辟穀、斷穀、卻穀、停廚、絕粒、卻粒、絕穀、休糧等。道教的辟穀，是在一般辟穀（節食代食）的基礎上加上道教內煉，或者更確切的說，是在道教內煉的基礎上進行節食代食的辟穀。道教辟穀的一個核心要素就是內煉。道教內煉是對人體自身形精氣神的綜合修煉調養。道教辟穀是在內煉基礎上所進行的辟穀，也是內煉過程中的一種基本方法和基本表現。辟穀時通過內煉能夠達到內氣充沛，即使不食穀物或其他一般食物，也身體狀態正常，不會感到飢餓疲軟，智力、體力、精力不減。辟穀修煉有素者還可以輕體美顏，治病防病，開發智慧，延年益壽。從實際來講，道教內煉應該是辟穀核心含義中極其重要的部分，正是因為有內煉功法，辟穀的功效才得以更好的顯現。如《中黃真經》指出辟穀與斷食的根本區別在於「專修靜定」。「除五穀」（辟穀），須「服元和」，即內煉行氣服氣，此指人體通過辟穀經由某些「信息通道」直接從外界獲取信息能量，這大概就是辟穀優越性的根本所在。在辟穀期間，通過功法的練習，挖掘人的生命潛能，提高人的生命質量。因此本書對道教辟穀理解是運用道教內煉方法以達到減少進食或完全斷絕進食，從而實現養生修仙目的的修道方法。道教辟穀和一般辟穀的最大區別在於有沒有內煉。內煉是一個綜合而宏觀的概念，道教養生修煉的絕大部分方法都是對人體形氣神的綜合調養，都是內煉。

可見道教辟穀是在調養形氣神的內煉基礎上，減少或階段性斷絕五穀類普通食物的攝取，以氣、水和藥餌等入胃代替五穀，對人體進行綜合鍛鍊調養，以達延年益壽、開發智慧等功效的養生修煉方法。簡而言之，道教辟穀的含義包括三個部分，即調養形氣神以內煉，不食五穀以節食，氣水藥入胃以代食。道教早期的各種內煉辟穀方法充分體現了上述的觀點。辟穀理論方

〔註16〕劉長喜，辟穀的內涵解析與修煉要訣〔N〕，中國中醫藥報，2017-06-15（004）。

法在內丹學興起之後，融入內丹修煉的程序，而成為道教辟穀的成熟的標誌。內丹辟穀是通過內丹原理的闡釋來展現辟穀的理論與方法，它將辟穀看作是內丹修煉的一個重要組成部分，辟穀既是內丹修煉重要的方法手段，更是內丹修煉的一種自然結果和境界標誌，而且內丹辟穀是在整個內丹修煉的過程中進行，它遵循內丹修煉的機理和原則，並按照內丹修煉的步驟程序進行。

　　根據以上的分析，本書可以對道教辟穀做如下定義：所謂道教辟穀，就是通過運用道教養生修道方法特別是內煉方法，以減少進食或完全斷絕進食，從而實現養生修仙目的的修道方法。這個定義包含三層內涵：第一，道教辟穀一定是基於道教養生修道的方法來進行的。道教辟穀不是單純的「不食五穀」或斷食，而是與各種養生修道方法同時運用，或在各種養生修道方法的運用中進行，而且道教辟穀本身就是道教養生修道的一種特殊方法；如果不是基於道教養生修道的各種方法，只是簡單的斷食，那與一般的辟穀就沒有區別，就不是真正的道教辟穀。第二，道教辟穀也表現出與一般辟穀同樣的斷食表現，但斷食只是養生修道的結果和表現，而不是方法的核心和根本；道教辟穀並不是去追求單純的斷食、絕食，也不會簡單人為地去進行斷食、絕食。第三，道教辟穀的目的是養生修仙。道教辟穀不是為辟穀而辟穀，尤其在內丹修煉中，辟穀只是它的自然結果，辟穀的目的是有利於養生健康、有利於長生成仙。辟穀既是養生修仙的方法，同時更是養生修仙的結果和成就表現。從道教的理解來說，不能達到辟穀斷食效果的養生修仙是不成功的養生修仙，辟穀效果正是養生修仙效果和境界的體現。總之，道教辟穀文化是貫穿道教發展歷史，以節食和代食為主要特徵的一種獨特的內煉養生修煉方式，其文化主體由豐富的辟穀思想理論和實踐方法構成。

2.1.3　辟穀文化的豐富性

　　辟穀文化在歷史發展中出現了很多與辟穀相關的概念，豐富了道教辟穀文化的內容。人們往往把這些相關的概念叫做辟穀的別稱。本書對辟穀的別稱進行了比較完整的梳理：辟穀又稱為不食穀、不食五穀、不食人間煙火、辟穀、斷穀、卻穀、絕穀、節穀、去穀、損穀、絕粒、斷粒、卻粒、停廚、休糧、食禁、禁食、減食、節食、少食、斷食、餐霞、淨餓等等。以上的諸多的別稱都是在不同的語境和不同的條件下使用的。

　　辟穀文化的豐富性，就體現在眾多別稱上。古書中，包括很多道教經典，

對辟穀的表述，多是用辟穀的別稱，後世流傳中逐漸匯總到「辟穀」一詞。馬王堆漢墓出土帛書即有「卻穀食氣」篇。《史記‧留侯世家》：「留侯性多病，即導引不食穀。」這裡的「不食穀」，就是辟穀。辟穀時，仍食藥物，兼做導引工夫。〔註17〕這裡的解釋除了指出張良不食五穀之外，還指出了服辟穀藥和行氣導引工夫兩項。只有把三個義項全部說明清楚，才是完整的張良實行的辟穀術。

《吐納經》云：絕穀不食，元神之道也。「絕穀」就傾向於斷絕水穀，也就是飲食俱斷。詳細研究「絕穀」的是《黃帝內經》，書中正式的提出了「絕穀」的概念，並研究說明了「平人絕穀」也就是普通人的絕穀，其文曰：「黃帝曰：願聞人之不食七日而死，何也？伯高曰：臣請言其故……腸胃之長凡五丈八尺四寸，受水穀九斗二升一合合之大半，此腸胃所受水穀之數也。平人則不然，胃滿則腸虛，腸滿則胃虛、更虛、更滿，故氣得上下。五藏安定，血脈和利，精神乃居，故神者，水穀之精氣也；故腸胃之中，當留穀二斗，水一斗五升，故平人日再後，後二升半，一日中五升，七日五七三斗五升，而留水穀盡矣！故平人不食飲七日而死者，水穀、精氣、津液皆盡故也。王冰注曰：須諸藥以代於穀，使氣味兼致臟腑而全也。」〔註18〕

本書發現內經中《靈樞‧平人絕穀》的「絕穀」，指的是絕水穀，就是水和食物全部斷絕。平人絕穀，就是平常的一般人斷絕飲食，水穀俱絕。平人者，平常人也，普通人也。《素問‧平人氣象論》：平人者，不病也。在這個論斷裏，平人即一般的不病或無病之人。一般人斷絕飲食，大概七日而死，早已經是一個千古以來的常識了。所以王冰的注認為平人絕穀必須服藥以代五穀。《黃帝內經》開篇《上古天真論》中有：上古之人，其知道者，法於陰陽，和於術數，食飲有節，起居有常……余聞上古有真人者，提挈天地，把握陰陽，呼吸精氣，獨立守神……〔註19〕對上古時期知道者和真人也就是修煉有成的人的描述，知道者提到食飲有節，而真人描述中則直接沒有飲食的環節，直接說呼吸精氣，已經煉化自身精氣神，忽略飲食了。這些描述對後世的神

〔註17〕〔漢〕司馬遷撰，〔南朝宋〕裴駰集解，〔唐〕司馬貞索隱，〔唐〕張守節正義，中華書局編輯部點校：《史記‧卷五十五留侯世家第二十五》，中華書局，1982年11月，第2版，第2044頁。

〔註18〕〔唐〕王冰撰注，彭建中點校，靈樞經，瀋陽：遼寧科學技術出版社，1997.08：26。

〔註19〕〔唐〕王冰注編，黃帝內經〔M〕，北京：中醫古籍出版社，2003.11：8～10。

仙信仰追求者影響很大，辟穀就成為了一種神仙的境界。

　　關於辟穀的別稱「節穀」，《至言總》有記載：「《服氣十日訣》云，一日之道，朝飽暮饑……百歲之道，節穀食棗。……棗能益氣，所以食之也。」〔註20〕辟穀的別稱「斷穀」也較為常用，如《顯道經》有：安處靜室，存神三丹田，漱津咽液，行六氣除六病，然後服氣斷穀。此外道藏上還有還有很多論述「斷穀」的道經以及相關表述。這些表述往往與辟穀的另外的別稱合用，比如：「夫學導引之人者，用氣斷穀，……勤服氣斷穀，為不死道。……服食斷穀，休糧山林，斷粒以清腸……道士入山，斷穀休糧，以求仙道。……休糧停廚，晝夜精心專思……絕粒停廚，餐霞飲露……丹成氣滿，自然絕粒，以度凶年。……停廚者，居山或山荒之地，欲絕粒，服水益脾……欲學此術，先須絕粒……能行此斷穀，又賢乎青精矣，卻粒之上道也。」等等。

　　關於「少食」、「節食」、「減食」等別稱，都是從控制食量的不同程度上描述辟穀之術。《太平經》有段記載體現較為集中：上第一者食風氣，第二者食藥味，第三者少食，裁通其腸胃。……緣山入水，與地更相通，共食功，不可食穀，故飲水而行也；次節食為道，未成固象；凡人裁小別耳，故少食以通腸，亦其成道之人。」〔註21〕《胎息經》：元陽即陽氣也，食氣即陰氣也。常減食節欲，使元氣內運，元氣既壯，即陰氣自消。〔註22〕

　　「禁食」也是辟穀的一個別稱，其字面意義就接近於現在的斷食療法，《隋書・經籍三》中著錄書名有《老子禁食經一卷》。〔註23〕《雲笈七籤》：聖人曰，先除欲以養精，後禁食以存命。〔註24〕「食禁」也是辟穀的一個別稱，《漢書・藝文志》中著錄書名有《神農黃帝食禁七卷》。〔註25〕《宋史・

〔註20〕〔唐〕范翛然：《至言總》，《道藏》第22冊，文物出版社、上海書店、天津古籍出版社，1988年，0866b頁。

〔註21〕王懸河：《三洞珠囊》，《道藏》第25冊，文物出版社、上海書店、天津古籍出版社，1988年，0318c頁。

〔註22〕〔唐〕張君房：《雲笈七籤》，《道藏》第22冊，文物出版社、上海書店、天津古籍出版社，1988年，0425c頁。

〔註23〕〔唐〕魏徵、〔唐〕令狐德棻撰，中華書局編輯部點校：《隋書》，中華書局，1973年8月，第1版，第1043頁。

〔註24〕〔唐〕張君房：《雲笈七籤》，《道藏》第22冊，文物出版社、上海書店、天津古籍出版社，1988年，0101c頁。

〔註25〕〔漢〕班固撰，〔唐〕顏師古注，中華書局編輯部點校：《漢書》，中華書局，1962年6月，第1版，第1777頁。

藝文志》中著錄書名有《高伸食禁經三卷》。〔註 26〕所謂的「食禁」，有兩個含義，第一是指飲食之禁忌，第二就是禁忌飲食，即辟穀之法。在敦煌道經中，有《老子說法食禁誡經》一卷，據伍成泉，段曉娥研究考證，其成書於南北朝末至隋唐之際。其關於辟穀的重要論述為：食土者不如食草，食草不如食穀，食穀不如食芝英，食芝英不如食金玉，食金玉不如食元氣，食元氣不如不食。……凡食有五：一氣，二藥，三穀，四果，五菜。氣謂導引、胎息，吐故納新，呼吸元精，調和六氣。〔註 27〕可見禁食和食禁都是辟穀的別稱，這一稱謂在民間乃至西方國家一直沿用至今。西方科學界和醫學界對禁食療法、斷食療法的研究，為中國古老的辟穀文化提供了科學的證據。

關於辟穀，還有一個民間經常用到的一句話的代名詞，叫做「不食人間煙火」。古代的很多詩詞歌賦，都以「不食人間煙火」來代指清雅脫俗，有仙風道骨的人，比如清葉德輝《神仙書畫有傳燈》一詩：神仙書畫有傳燈，白武夷先冷武陵。不食人間煙火物，卻留靈跡證飛昇。〔註 28〕清葉昌熾的《總論南北朝書人》，有這樣的表述：「句曲館壇碑，如仙童樂靜，不見可欲，皆不食人間煙火者。」〔註 29〕清朝劉廷璣的傳奇稗史小說《在園雜誌》有一個故事，說一個猴子裝成美人，「自言名申生，已登仙籙，不食人間煙火，惟啖果而已。」〔註 30〕道教南宗的祖師白玉蟾在《武夷集》中也有「不食人間煙火氣，能傳天上電花書」〔註 31〕的詩句。孫不二《坤道工夫次第》十四首《辟穀》中有：既得餐靈氣，清泠肺腑奇。……若將煙火混，體不履瑤池。〔註 32〕以上的詩句說明辟穀修煉養生在道教修煉中的重要性，辟穀成了成

〔註 26〕〔元〕脫脫等撰，中華書局編輯部點校：《宋史》，中華書局，1985 年 6 月，第 1 版，第 5207 頁。

〔註 27〕伍成泉，段曉娥，敦煌本《老子說法食禁誡經》研究〔J〕，敦煌學輯刊，2008（03）：107～118。

〔註 28〕〔清〕葉德輝撰，張晶萍點校：《郋園詩鈔》，嶽麓書社，2010 年 2 月，第 1 版，第 876 頁。

〔註 29〕〔清〕葉昌熾撰，柯昌泗評，陳公柔、張明善點校：《語石語石異同評》，中華書局，1994 年 4 月，第 1 版，第 426 頁。

〔註 30〕〔清〕劉廷璣撰，張守謙點校：《在園雜誌》，中華書局，2005 年 1 月，第 1 版，第 159 頁。

〔註 31〕白玉蟾：《武夷集》，《道藏》第 4 冊，文物出版社、上海書店、天津古籍出版社，1988 年，0802a 頁。

〔註 32〕閻鳳梧、康金聲主編：《全遼金詩》，山西古籍出版社，1999 年 11 月，第 1 版，第 379～380 頁。

仙得道的必要條件。

在古代醫家的語彙中，單純的節食，還有一個叫「損穀」的說法，主要應用於脾胃氣尚弱的病人的恢復期。《傷寒論條辨》中談到：病人脈已解，……脾胃氣尚弱，不能消穀，……損穀則愈。〔註33〕明吳有性的《瘟疫論》中談到：若因飲食所傷者……名食復。輕，則損穀自愈。〔註34〕損穀是根據身體狀況，適當減少飲食，同時選擇有益於身心的食物幫助脾胃恢復正常功能。《紅樓夢》中賈府中有一治病秘法叫做「淨餓」，《紅樓夢》通篇多次用到淨餓法袪病，比如晴雯的風寒、賈母的風涼到巧姐的小恙，都是以「餓」為主、藥為次。賈府為什麼是以「餓」為主進行疾病調理呢？我們自然會聯想到「朱門酒肉臭」的詩句，這可能是豪門貴族的日常飲食異常豐富、豐盛，可能腸胃長期處於超負荷運轉的狀態，所以在生病的時候先進行淨餓以調理腸胃。隨著經濟社會的發展，我們取得了巨大的進步，國家全面實現小康，理論上講，在重大節日等時間食物的豐富與豐盛程度逐漸達到了家家都可與「賈府」相媲美的程度，每年節假日都有不少因為飲食過度而生病住院的新聞報導。所以現在到了我們全民都需要學習賈府的這種「淨餓」的養生智慧的時候了。《三晉石刻大全・壽字碑》上書健身要訣：冷水洗面能禦寒，熱水洗腳能防病，常梳頭髮能活血，節食飢餓能長壽。〔註35〕

辟穀文化具有非常強的層次性和豐富性。這不僅體現在辟穀的別稱多，而且也體現在與從社會最底層到最高層人們的日常生活的切實需求，可以說辟穀養生文化是道教養生文化的非常重要的方面，也是中華飲食文化的非常重要的方面。

2.2　道教辟穀在道教文化中的地位

作為一種古老的養生修煉技術，在道教內歷代都有辟穀修煉者，甚至有辟穀道派的說法。那麼辟穀文化在道教修煉養生文化中究竟是個什麼地位，

〔註33〕〔明〕方有執：《傷寒論條辨》，臺北：臺灣商務印書館影印，文淵閣《四庫全書》本，第 0775 冊，0097d 頁。

〔註34〕〔明〕吳有性：《瘟疫論》，臺北：臺灣商務印書館影印，文淵閣《四庫全書》本，第 0779 冊，0046d 頁。

〔註35〕劉澤民、李玉明主編，魏民分冊主編：《三晉石刻大全》，三晉出版社，2011年 12 月，第 1 版，第 280 頁。

修習辟穀術的在養生和修煉過程中有什麼作用，目前學術界亦鮮談及。在這裡本書做一個初步的探討。

2.2.1 道教辟穀是道教文化重要組成部分

　　道教文化以追求長生不死為最高理想和目標，在此追求的基礎上發展出了燦爛的道教修煉與養生文化。道教養生在道教兩千多年的傳承中形成了完整系統的基礎理論、原理理論與一系列的養生方法。道教養生的基礎理論主要是形氣神理論和臟腑經絡理論；道教養生原理理論主要包括形氣神並養、性命雙修、虛靜無為、後天返先天等；道教養生的主要方法有：守一、內視、存思、導引，按摩、行氣、胎息、辟穀、服食、房中、調攝、內丹、外丹等等。〔註36〕本書的研究對象：道教辟穀文化，是道教養生文化的一個重要部分。

　　道教是以超越有限生命，追求通過修煉達到無限生命為目標的宗教。為這個目標努力的過程稱之為修道。修道的過程的完成需要大量的時間做保證，所以道教非常重視身體的保養和生命的延長，還有「老而不死者為仙」的說法。道教修煉在道教兩千多年的傳承中形成了完整系統的基礎理論、原理理論與一系列的修煉方法。辟穀就是從道教創立之初一直到後世都在運用的重要修煉方法，辟穀是道教一系列修煉養生方法的重要一種。〔註37〕

　　道教非常重視師徒傳承，重要方法、修煉秘術，諱莫如深，非其人不傳。辟穀術的傳承也是如此，可以說是傳承有序，綿延不絕。辟穀術在道教內代代傳承，這一點以茅山上清派宗壇最為典型。根據道藏中記述以及王沐先生在《內丹養生功法指要》書後附錄對道派的梳理：茅山上清派宗壇第一代祖師魏華存夫人，原為天師道女祭酒，就修習辟穀養生術。其道術傳第二代宗師楊羲，再傳第三代許穆，一直傳至第七代陸修靜其道術包括辟穀術得以弘揚流傳。傳至第九代祖師陶弘景，其道術受到皇權的更加倚重，名極一時。在史書和道書中關於陶弘景辟穀的事蹟有多種記載。後來的王遠知、潘師正、司馬承禎也在正史中有多處記載其辟穀實例。《玄品錄》中記載，潘師正傳授司馬承禎的時候說：「我自陶隱居傳正一之法，至汝四葉矣。」〔註38〕可見潘

〔註36〕楊玉輝著，道教養生學〔M〕，北京：宗教文化出版社，2006.12：15～20。

〔註37〕ZhonghuaXUE. Explore the Roleand Function of Biguon Taoism Health Preservation [J]. Cross-Cultural Communication, 2015, 11(10).

〔註38〕張天雨：《玄品錄》，《道藏》第 18 冊，文物出版社、上海書店、天津古籍出版社，1988 年，0128c 頁。

師正非常賞識司馬承禎。事實證明司馬承禎的道學和醫學成就的確很高，成為一代高道，不負師恩。現代青城道士易心瑩在其《道教分宗表》中將辟穀派列為其中，認為辟穀派倡始者為容成子、鬼谷子、張良。內丹家以辟穀為修丹的一個方法、一個重要過程、一個結果看待，自有其理。但並不是說能辟穀就是丹道，學習辟穀的人數以萬計，但其中內丹養生修煉的，則鳳毛麟角。真正掌握的丹道修煉的全訣全法者，真修實證拾級而上，或可體會辟穀在丹道養生中的獨特功用。

2.2.2 道教辟穀在道教修仙文化中的核心地位

道教認為人是可以通過修煉而成就仙道的。在非常久遠的道家、道教的發展過程中，形成了實現成仙得道的非常重要的方法系統：丹道。從這個意義上講，道教的修煉也可以稱為丹道修煉，而辟穀則是丹道修煉的必經的基礎環節。丹道修煉主要有兩種形式，一種是外丹修煉，一種是內丹修煉。隨著歷史的發展，丹道修煉由早期的外丹修煉為主，漸漸的轉向內丹修煉為主。

在早期道教重視外丹，所謂的外丹，俗稱仙丹，在道教信仰中是吃了之後就可以成仙的丹藥，此種丹藥的獲得要經過複雜的煉丹程序，才能練成。道士認為服用金丹大藥，即通過準備好金銀鉛汞等等藥物，建立爐鼎，實行煉丹術，煉製出來金丹大藥，服用之後就可以成就仙道。然而通過反覆的實踐，有很多服用金丹的人，包括皇帝和道士都中毒甚至身亡，礦物丹藥的毒性，逐漸被煉丹士所瞭解。但是他們並沒有放棄服用金丹大藥就能夠成就仙道的這種信仰，所以就開始從自身找原因。對於金丹的毒性，道教有自己的理解，《周易參同契》說：言凡人服金砂入五臟之內，流散若風雨，皆令暫死。為身宿穢，穀氣不除，有七病、九蟲、三尸等皆在，所以暫死蟲即蘇，兼丹內或有礜石及雄黃曾青，並火毒未除，故令暫死。亦有不死者，或是一年之藥，及無別毒藥，又人常行修德，休糧日久，腸淨髒淨，故不死。〔註39〕由於煉丹的原料很多都是礦物，諸如鉛汞，丹砂，金銀等，煉製出來的金丹都有毒性，道教徒也發現了金丹的毒性，所以就想出了在服用金丹之前先辟穀的方法。也就是說，在服用金丹之前，要先通過辟穀，去除穀氣，清潔腸胃臟腑，去除各種疾病和三尸九蟲。

〔註39〕〔五代〕《周易參同契注》，《道藏》第 20 冊，文物出版社、上海書店、天津古籍出版社，1988 年，0183b 頁。

　　道教認為去除「三尸九蟲」必須通過辟穀。「三尸九蟲」之說，是早期道教理論中重要的假說，認為人的身體頭腦胸腹中，上中下各有一尸為害，合稱三尸；此外還有九蟲居於胃腸中為人之大害，所以早期道教認為驅除三尸九蟲是養生修道的先導。如《三洞珠囊・服食品》中提到，要服食大藥而成就仙道者，必須先去掉三尸。如果三尸不去除，即使道人能夠辟穀不食五穀、斷絕五味，而腹中的尸蟲不死，一樣會導致人體重滯，顛倒錯亂，而不能成仙。從現代心理學和醫學觀點看來，「三尸」和「九蟲」是道教對人體欲望（包括貪欲、食欲和性慾）和身體內部各種各樣的寄生蟲的統合稱謂。造於唐代的道經《太上除三尸九蟲保生經》，是集中總結三尸九蟲學說的道經，其中繪製有三尸和九蟲的圖畫形狀，令人驚奇的是其圖畫與醫學實踐中觀察到的蛔蟲、蟯蟲等蟲體相一致。我們不得不驚歎，在道教的修道養生理論中蘊含的後世醫學中寄生蟲學的雛形。當時的道教理論認為，若能實施辟穀，不食穀物進而斷絕三尸九蟲賴以生存的穀氣，那麼「三尸九蟲」在人體內就無法生存而消亡，人體再修道服食丹藥才能真正取得實效。

　　《晉書》中記載了哀帝司馬丕因為服食過多的金石藥而中毒的事情：（哀）帝雅好黃老，斷穀，餌長生藥，服食過多，遂中毒。〔註40〕隨著時間推移，越來越多的中毒案例讓道教修煉者清醒的認識到外丹金丹的毒性可能不是辟穀一年就可以解決的，所以道教修煉慢慢轉向內丹修煉為主。

　　內丹之道是比擬於外丹之道而創立的。實際的外丹煉丹，要有爐鼎、有火侯、有藥物。內丹的修煉之道就是以丹田為爐鼎，以人體的精、氣、神為藥，以意念為火候，一般依師傳口訣進行修煉，在身體內部修煉成金丹。現在看來這是一種綜合的身心鍛鍊程序。內丹學流派可謂百花齊放。從出現的時間順序上，可以大致分為南、北、中、東、西，五大流派。在內丹學興起以後，辟穀術不僅沒有被忽略和遺棄，反而被整合進入內丹修煉程序。以北派為例做簡單說明，宋末元初王重陽隱居地穴閉關靜修以清淨丹法創立內丹北宗，王的弟子丘處機開創道教龍門派。龍門派的丹法是清淨派丹法的代表並流傳至今。內丹修煉一般在煉精化氣的丹功完成後，要經過入定辟穀閉關的過渡階段，轉入煉氣化神的階段，在這個階段往往都會出現辟穀現象，但因人而異，總體來說，辟穀早則說明得定早，將來出定亦早。辟穀可能是將要

〔註40〕〔唐〕房玄齡等撰，中華書局編輯部點校：《晉書》，中華書局，1974 年 11 月，第 1 版，第 208～209 頁。

入定的證驗。王重陽的《坐忘論》有：「至精潛於恍惚，大象混於渺茫。造化若知規矩，鬼神莫測行藏。不飲不食不寐，是謂真人坐忘。」〔註41〕的表述，所謂的「不飲不食不寐的真人坐忘」就是深度辟穀入定的狀態，是一種真人境界，不是刻意為之，而是到達高層次修為之後的自然出現的一種狀態，是內丹修煉的必經環節。

在道教修道養生學說的發展中，辟穀被稱為修道的入手工夫和必由之路。《雲笈七籤》云：「經之要言，故不妄語。夫求仙道，絕粒為宗；絕粒之門，服氣為本；服氣之理，齋戒為先。……其齋以心清意靜，無諸躁動。」〔註42〕這段文字把辟穀當成玄門要訣，要進入仙道之門修煉成就，就必須以辟穀和服氣為根本，在服氣修煉之前，還要先行齋戒，擇日安床於靜室，要做到心清而意靜，然後才進入修煉。這也充分的體現了辟穀在修仙中的基礎地位。《太上洞玄靈寶太玄普慈勸世經》中記載「如世間人，不能蔬食，焉能長齋，不能長齋，焉能斷穀，不能斷穀，焉能學仙，不能學仙，焉能學道，不能學道，焉能得道，不能得道，焉能離苦。」〔註43〕《無上秘要》指出：「夫學道之為人也，先孝於所親，……次服食休糧，……若不信法言，胡為棲山林。」〔註44〕這段文字表述再次說明道教認為辟穀是修煉仙道基礎，學仙學道之人，先要做好人道，要孝敬父母、忠君友善，戒除不良嗜好，然後再修仙道。把人做好之後，就要進入服食辟穀的修煉，要樹立堅定的道心志向，修煉辟穀導引等法，還要積功累德，勤於修習，才能有所成就。

在道教關於神仙的品階中，從上到下有天仙、神仙、地仙、人仙、鬼仙之分。並認為辟穀修煉成功者可以成為地仙。葛洪提到：辟仙，可以隱遁進入名山大川之中而為辟穀神仙也。辟仙者，辟死。說云但辟穀長生，不升天。故入名山大水而仙也。〔註45〕陶弘景在《真靈位業圖·地仙散位》中列舉出

〔註41〕董漢醇：《群仙要語纂集》，《道藏》第 32 冊，文物出版社、上海書店、天津古籍出版社，1988 年，0454b 頁。

〔註42〕〔唐〕張君房：《雲笈七籤》，《道藏》第 22 冊，文物出版社、上海書店、天津古籍出版社，1988 年，0590a 頁。

〔註43〕《太上洞玄靈寶太玄普慈勸世經》，《道藏》第 6 冊，文物出版社、上海書店、天津古籍出版社，1988 年，0151c 頁。

〔註44〕《無上秘要》，《道藏》第 25 冊，文物出版社、上海書店、天津古籍出版社，1988 年，0142a 頁。

〔註45〕葛洪：《抱朴子神仙金汋經》，《道藏》第 19 冊，文物出版社、上海書店、天津古籍出版社，1988 年，0206b 頁。

很多的地仙成就者，修煉辟穀成就的地仙如王真、魯女生、左元放、許邁、葛玄、鄭思遠等等。〔註46〕按照道教這樣的理解，擁有能夠辟穀的本事，隱遁於名山大川之中，本身就可以說成就了仙道，就是所謂的地仙。

結合上面的系列論述，本書認為在道教經典中，超越五穀，辟穀脫俗是一種神仙境界，也是修煉成仙的一種方法，只是成就的仙果品階不算很高，僅中等的地仙而已。辟穀作為一種特殊的修煉方式，無論是在外丹修煉之中，還是在內丹修煉之中，它都是一個不可或缺的核心環節：辟穀是在服用外丹之前的準備階段，同時辟穀是內丹修行的一個必經的階段和驗證標準。這都體現了道教辟穀文化在道教修仙中的核心地位。

2.2.3　道教辟穀在道教康壽文化中的基礎地位

在道教文化中，除了終極的成仙得道的追求之外，還有一個更具現實意義的追求，那就是健康長壽。能夠達至健康長壽目的的方法，被稱為長生之術。道教辟穀就是作為一種長生之術在道教中承傳和發展的。因為道教發現修煉辟穀養生可以獲得去除疾病、恢復健康，延長壽命。新的世紀隨著養生熱潮的興起，辟穀又成為養生治病的熱門話題。辟穀能不能治病呢？綜合目前發表的大量研究報告，我們可以發現很多研究報告，用嚴密的實驗設計，翔實的數據對比，證明了辟穀確實可調整和輔助治療某些慢性疾病，比如降低三酸甘油酯和膽固醇、對高血脂症更有積極治療意義。對血壓偏高或偏低者，辟穀期間若同時進行內煉養生工夫訓練，可以使其趨於正常範圍。辟穀修煉本身並不直接治病，而是進入辟穀功態之後可以迅速激活人體自我修復能力。當然這是在整合現代科學相關研究之後得出的現代人能理解的觀點。其實辟穀能夠調治疾病，是古已有之的觀點，不是現代發明，我們可以舉出不少歷史案例。

《史記》中記載的張良辟穀的史實，第一次把辟穀治病的話題提了出來，「留侯性多病，即引導不食穀」已經成了很多辟穀養生愛好者耳熟能詳的話，可見其影響之大。張良當時身體不好，而且程度比較嚴重，以至於史書用「多病」來形容，於是他就實行辟穀以對治之。《漢書》也有一段幾乎相同的、描述更細緻的記載。

〔註46〕〔梁〕陶弘景纂，〔唐〕閻丘方遠校訂，王家葵校理：《真靈位業圖校理》，中華書局，2013 年 6 月，第 1 版，第 237～255 頁。

　　葛洪在《抱朴子內篇・雜應》一篇，對晉以前的辟穀做了系統總結，其中談到「問諸曾斷穀積久者云，差少病痛，勝於食穀時」〔註47〕。葛洪親自去訪問能長時間辟穀的人，他們的回答是很少生病，遠遠勝過以前正常飲食時。這就是說辟穀不僅能治病，還能防病，還能增強人體的抗病能力，用現代話來講，辟穀可以大大增強免疫力。《玄天上帝啟聖錄》中有「折梅寄梱」的故事和詩句：高真學道隱山時，親折梅枝寄梱枝。……服餌延齡除痼疾，志誠拜授福相隨。〔註48〕詩句談到服餌辟穀之術可以祛除痼疾，令人福壽相隨。

　　見於正史記載的辟穀養生抗病案例也有不少，比如陶弘景，他隱居於句容，修煉辟穀導引等內煉之法，和當時的皇帝都關係密切。其隱居時間長達四十餘年，八十多歲的時候看上去只有五六十歲，仍然壯實的很。陶弘景養生學術的代表作《養性延命錄》從大的篇章結構安排來看，只有六大篇，而服氣療病篇位於第四大篇，文中特別提出服氣療病所用的行氣之法，必須要「少食自節」，即在辟穀狀態下進行服氣辟穀綜合調養。由此可見辟穀服氣療病在陶弘景性命養生學問體系中的重要地位。司馬承禎的《服氣精義論》，可謂集唐之前服氣辟穀法之大成。《服氣精義論》共有九大篇，其中專列一篇《服氣療病論第八》總結了辟穀服氣療病的具體理論和方法，即使現在看來其論述仍可以稱得上相當精到：故天氣下降，則寒暑有四時之變；地氣上騰，則風雲有八方之異。兼二儀而為一體者，總形氣於其人。是能存之為家，則神靈儼然；用之於禁，則功效著矣。況以我之心，使我之氣，適我之體，攻我之疾，何往而不愈。〔註49〕

　　辟穀修煉可以開發智慧、增強記憶力，還可以使人抗病力、抗寒力、抗暑力遠超常人，可謂寒暑不侵。本書列舉一古一今兩個案例。在翻閱大量史料記載的過程中，人們可以發現很多辟穀名士不畏寒暑百病不侵的故事。古代的案例，如晉時的徐則，《北史》對他的記載為：徐則，東海郯人也。幼沉靜，寡嗜欲，受業於周弘正，……因絕粒養性，所資唯松術而已，雖隆冬沍

〔註47〕〔晉〕葛洪著，王明校釋：《抱朴子內篇校釋》，中華書局，1985年3月，第2版，第266頁。

〔註48〕《玄天上帝啟聖錄》，《道藏》第19冊，文物出版社、上海書店、天津古籍出版社，1988年，0573b～c頁。

〔註49〕司馬承禎：《修真精義雜論》，《道藏》第4冊，文物出版社、上海書店、天津古籍出版社，1988年，0959a頁。

寒，不服綿絮。太傅徐陵為之刊山立頌。〔註50〕當時的晉王想向徐則學習辟穀長生之道術，徐則推辭說時日不便，沒有傳授。晉王在其去世之後，感到甚為惋惜，又驚異於其屍身柔軟，顏色持久不變。親自為其寫了一個詔書，將其安葬天台山。其文曰：天台真隱東海徐先生，……，餐松餌術，棲隱靈嶽，五十餘年。卓矣仙才，飄然騰氣，千尋萬頃，莫測其涯。……喪事所資，隨須供給。霓裳羽蓋，既且騰雲；空槨餘衣，詎藉墳壟？但杖舄在爾，可同俗法。宜遣使人，送還天台定葬。〔註51〕

現代的案例是天津理工學院教授郭善儒，根據他在著作中的自述，他自幼體質很弱，最突出的是畏寒和腰腿疼痛，所以想通過道教所傳氣功辟穀修煉來改善身體素質，練習氣功辟穀幾個月後，他身體素質就發生了很大變化，不到一年的時間，就能在天津身著單衣過冬。從此他才對傳統丹道氣功由不信與懷疑到確信不疑，並開始大力推廣。他和劉海榮等合作的辟穀論著《氣功抗寒與服氣辟穀》介紹了他的理論探索和練功實修的具體方法，影響不小，也有較高的參考價值。

另外在歷史考察中，本書發現很多歷史名人都對辟穀做過慎重的考察，得出過幾乎一致的辟穀能夠防病治病的結論：最早是漢武帝，在晚年的時候他總結，辟穀並不能夠讓人長生，但是卻可以讓人少生一些病。東漢時候王充也在《論衡》中批評過包括辟穀在內的多種成仙術，但是在晚年的時候，他在自己身體非常不好的情況下，也是採用了辟穀的相關方法來延壽。三國時候的曹植在認真的考察過辟穀人物的相關辟穀真實性之後，得出結論，辟穀並不能夠讓人長生，但是卻可以讓人少生一些疾病，辟穀能夠治療一些疾病，同時在遇到災荒的時候能夠不被餓死。東晉葛洪在認真的考察了一系列的辟穀人物的辟穀故事和其操作方法之後，得出結論，辟穀能夠提高人體的抵抗能力，能夠讓人少生病，能夠讓人不會肥胖、身體輕快、狀態良好並容顏姣好。唐朝白居易在親身實踐辟穀養生一個月後寫下一首辟穀詩，對辟穀的效果大加讚賞。

宋朝官員和詩人王之道在身體很差的狀態下，在無奈之中抱著嘗試的心

〔註50〕〔唐〕李延壽撰，中華書局編輯部點校：《北史》，中華書局，1974 年 10 月，第 1 版，第 2915 頁。

〔註51〕〔唐〕李延壽撰，中華書局編輯部點校：《北史》，中華書局，1974 年 10 月，第 1 版，第 2915～2916 頁。

態，試制了劉景先《辟穀方》的濟饑丸，在服用之後，竟然讓他原來的病大大好轉，感慨之餘寫下《跋〈休糧方〉》：「予初得此方，以為食者民之命，人自免乳以上，一日不再食則饑，非有病，七日不食則死，而此方之效，一食乃可七日不饑……欺亦甚矣，世豈有此理哉！暇日因依方修制，將食以驗其方，而家人爭以為不可。余曰：「老固多病，而比尤甚。它不可概舉，至於齒牙動搖，每咀嚼飯蔬，輒痛不能堪，似非久於世者。願試食此，幸其效，或可延壽命。不然，死無日。」家人知不可奪，聽其如法服之。一杯徑飽，曾不滿三合，果得七日不饑。後七日再服，果能四十九日不饑，而向之病皆去，色力康強如少壯時。余覽照不覺擊節稱歎，至於再四，曰：有是哉，朱君之言不我欺也！」〔註52〕從張良到王之道的諸多事例中，我們可以看出，古人在祛病健身這個方面不僅僅訴諸於醫藥，同時還訴諸於辟穀，而多個個案中合理運用辟穀之後表現出來的祛病效果很好。

從現代科學和醫學觀點來看，辟穀能夠激活人體應激狀態，改變細胞生理模式，增強人體抗病能力，提高人體對外界環境的適應能力，甚至可以不畏寒暑，從而起到防病治病的作用。從文獻檢索到的大量的實驗和實例中我們可以看出，辟穀對某些疾病甚至有獨特的效果，尤其是輔助調理治療糖尿病、高（低）血壓、肥胖症、慢性心（腦）血管疾病、腸胃病等病變的效果明顯。辟穀具有有益於健康長壽的功能，被重視現實生命、追求健康無病、追求長生不死的道教發現並傳承和發展，就是自然而然的事情了。所以說道教辟穀文化在道教康壽的追求中也具有重要的基礎地位。

2.3　道教辟穀在道教文化中的作用

2.3.1　道教辟穀對神仙境界的闡釋作用

道教修煉既然以成為神仙為最終目標，那麼道教中的神仙境界是什麼樣的呢？道教徒理想中的神仙境界早在道教創立之前就有很多描述了。這些描述都認為辟穀是神仙境界，是修道成仙的表現。在《莊子》中就有「藐姑射之山，有神人居焉。肌膚若冰雪，淖約若處子，不食五穀，吸風飲露，乘雲

〔註52〕曾棗莊主編：《宋代序跋全編》，齊魯書社，2015 年 11 月，第 1 版，第 3773頁。

氣，御飛龍，而遊乎四海之外」〔註53〕的記載。這段文字描述了一個神山的環境，神仙就住在神山之中，青春永駐，脫離穀類的食物，靠呼吸和服食空氣、飲用甘露而生命長存，能夠騰雲駕霧，乘坐於飛龍之上，四海游蕩，自由自在。這種神仙境界的描述種就包含了後世道教所流行的辟穀服氣的修煉術，後世的修道者也堅信通過「不食五穀」和「吸風飲露」可以讓人達到神仙境界，保持青春、長生不死。郭象的《南華真經注疏》對不食五穀，吸風飲露做了詮釋：「言神聖之人……稟陰陽之秀氣。雖順物以資待，非五穀之所為。」〔註54〕

《列子·湯問》中有關於黃帝在崆峒山上向容成子請教，學習辟穀的傳說，並最終「同齋三月」。關於容成的傳說，在劉向《列仙傳·容成公》有記載：容成公者……善輔導之事。取精於玄牝，其要穀神不死，守生養氣者也。髮白更黑，齒落更生。事與老子同，亦云老子師也。〔註55〕

道教早期經典《太平經》就有「是故食者命有期，不食者與神謀，食氣者神明達，不飲不食，與天地相卒也」的記載。陶弘景在《食戒篇》寫道：「食良藥五穀克悅者，名曰中士，猶慮疾苦。食氣保精存神，名曰上士，與天同年。」〔註56〕《登真隱訣》曰：長生必須斷穀氣，穀未必能長生者也。葛真人曰：達道之士一日九餐而無苦，終年不食而無傷，不食者豈道之至乎？〔註57〕這裡指出了真正的得道之人、成道之士，可以一日九餐，一次吃很多也不會感覺飽，即使終年不吃也不會感覺餓，已經完成了對食物的超越。所以說辟穀反映的是修道者修煉境界。

日本道教家大江匡房（1041～1111）的《本朝神仙傳》將成仙方式分為九種，共中「辟穀」和「脫俗」是成仙的必要條件，頗有道教之意趣。王充《論衡·祭意篇》對道士辟穀做了合理的解釋：「好道學仙者，絕穀不食，與人異

〔註53〕〔晉〕郭象注，〔唐〕成玄英疏，曹礎基、黃蘭發點校：《南華真經注疏》，中華書局，1998 年 7 月，第 1 版，第 13 頁。

〔註54〕郭象：《南華真經注疏》，《道藏》第 16 冊，文物出版社、上海書店、天津古籍出版社，1988 年，0283b 頁。

〔註55〕劉向：《列仙傳》，《道藏》第 5 冊，文物出版社、上海書店、天津古籍出版社，1988 年，0065a 頁。

〔註56〕陶弘景：《養性延命錄》，《道藏》第 18 冊，文物出版社、上海書店、天津古籍出版社，1988 年，0479b 頁。

〔註57〕曾慥：《道樞》，《道藏》第 20 冊，文物出版社、上海書店、天津古籍出版社，1988 年，0696a 頁。

食，欲為清潔也。」〔註58〕王充著《道虛》倡導世人理性看待各種道術，不被迷惑。同時指出了當時的一種對神仙境界的認識：「世或以辟穀不食為道術之人……與恒人殊食，故與恒人殊壽，踰百度世，遂為仙人。」〔註59〕可見當時的修道之人就是以辟穀不食作為神仙境界的標誌的。

　　所以說道教辟穀文化對道教的終極神仙信仰有一個非常好的詮釋作用：可以長時間辟穀，就是一種神仙境界；換言之，要成為神仙，就必須實現對食物的超越，具備能夠辟穀的本事。這一認識，在道教創立之前就已經逐漸形成，直至道教發展到今天也沒有完全改變。

2.3.2　道教辟穀對修煉過程的保障作用

　　從古至今，道教內部都存在一種很強烈的山嶽信仰。中國文字中，仙人的「仙」字也是人和山的組合，可見山對於道教修煉者的強烈的吸引力。大量的道教修煉者為了成就仙道都選擇入山修煉，在遠離世俗的環境之中修養身心。

　　但是當進入深山之後，最基本的生存需求，獲取食物就成了最大的問題，如果沒有有效的方法，在斷絕食物供應之後，人們非但無法修煉成就仙道，反而會先被餓死。還有古代生產力極其低下，糧食產量很低，另外水災旱災等天災人禍時常發生，大面積的災荒，讓普通人都經常沒有充足的食物，當然也包括修道之士。道經中會提到些特殊的辟穀辦法，比如：「若道士饑渴，亦存三君，並口吐赤炁，使灌己口中，因吸而咽之，須臾自飽也。」〔註60〕

　　其實，在道教發展的過程中，有很多的故事和傳說為道教克服斷糧絕食這一困難提供了參考答案，比如傳說中秦朝宮女在秦朝滅亡以後逃難進山，沒有東西可以吃就吃松葉，從此不饑不寒，身輕如飛。東漢陳仲弓在《異聞記》記載了張廣定的女兒被放入大洞之中，無法出來，在食物被吃完之後，就只有挨餓。當她發現大龜咽氣吞氣時，便去模仿，而學會了辟穀。葛洪記載郤儉少時行獵，也是掉進了空的大墓，飢餓欲死，忽而看到有大龜數數回轉，所向無常，張口吞氣，或俯或仰。他就隨龜所為，遂不復饑。道教有山嶽崇拜，入山修煉

〔註58〕〔漢〕王充著，黃暉撰：《論衡校釋》，中華書局，1990 年 2 月，第 1 版，第 1067 頁。

〔註59〕〔漢〕王充著，黃暉撰：《論衡校釋》，中華書局，1990 年 2 月，第 1 版，第 335 頁。

〔註60〕〔六朝〕《上清明堂玄丹真經》，《道藏》第 34 冊，文物出版社、上海書店、天津古籍出版社，1988 年，0080b 頁。

幾乎成為學仙之必由，所以說學會辟穀就成了道士入山修煉必備的技能。關於這一點，葛洪在其著作中明確指出過：「若遭世荒，隱竄山林，知此法者，則可以不餓死。其不然也，則無急斷，急既無可，大益又止，人中斷肉，聞肥鮮之氣，皆不能不有欲之中。心若未便，絕俗委家，岩棲岫處者，固不成遂休五味，無致自苦，不如莫斷穀而節量饑飽。」〔註61〕理解這段敘述，本書認為葛洪非常重視修煉辟穀可以在隱遁山林之後能夠不餓死的保障作用，同時他也指出，在能夠取得食物的情況下，不可以急促的斷絕飲食，而是應該採取節食的辦法，以獲取辟穀養生帶給人們的「大益」。總之，辟穀之術是為修煉之士，養生、保命、修道、成仙提供重要保障的一個方法系統。

2.3.3　道教辟穀對修煉成果的顯化作用

道教中認為，人要修煉成仙是一個漫長的過程，需要足夠多的時間，足夠長的生命，而在這個過程當中，一些階段性的修煉成果，是可以明顯看得到的。比如人體的健康無病，輕快輕盈的身姿、姣好美麗的容顏等等。在中華語言文化發展的過程中，也有一些相關的詞，來描述這些狀態，比如仙風道骨、鶴髮童顏，身輕如燕等等。本書經過文獻綜合分析發現，這些狀態在修煉辟穀的人當中，都有很好的體現。葛洪在《抱朴子》中提到他本人見到的能夠辟穀時間長達兩年或者三年的有很多人，這些人都有一個共同的特點，那就是身體輕盈，顏色姣好，能夠抵抗風寒暑濕，極少生病，他們中沒有一個是肥胖的。現在看來，葛洪的這段記述應該是符合事實的客觀記述。

長期堅持辟穀的人，多身體健康，體重輕便、容貌俊美姣好。前文已經提到，史書中記載，陶弘景在八十歲還看上去容貌如四五十歲。寇謙之服氣導引辟穀之後，氣盛體輕，顏色鮮麗。《淮南子‧人間》記述單豹「不衣絲麻，不食五穀，行年七十，猶有童子之顏色。」〔註62〕《漢紀‧高祖皇帝紀》中記載了張良辟穀詳細的情況：「張良素多疾病，乃稱疾，……乃學道，不食穀，遂不仕。良為人，容貌美麗，如婦人女子。」〔註63〕在一般的記述中，我們

〔註61〕葛洪：《抱朴子內篇》，《道藏》第 28 冊，文物出版社、上海書店、天津古籍出版社，1988 年，0226b 頁。

〔註62〕〔漢〕劉安編，何寧撰：《淮南子集釋》，中華書局，1998 年 10 月，第 1 版，第 1298 頁。

〔註63〕〔漢〕荀悅撰，張烈點校：《漢紀》，中華書局，2002 年 6 月，第 1 版，第 41 頁。

只知道張良辟穀。然而我們卻不知道，張良因為辟穀其容貌俊美竟然達到如此美麗的女子一般，由此可見辟穀的美容效果。清朝《碑傳集》中記載了一個姓邢的女士：「自少得神仙吐納之術，常獨坐一室，終夜不寢。所居屋負山，見子已成立，乃築室於其顛，足跡不下。子若媳率數日一往問起居，如是者數十年。烈婦有殊色，自居山辟穀導引，益妍好，恒如十六七許人。」〔註64〕我們很難想像，一個至少六七十歲的老婦人，其容貌能夠一直像十六七歲的少女一般，這又是辟穀能夠美容養顏的一個典型的案例。

　　宋朝的陳師道在《後山談叢》記載：虞部閣見賢，老為容守，歸而自如，曰：「惟節食爾。每食常欠三四分。」〔註65〕《太上靈寶升玄內教經中和品述議疏》記載：「夫延年之道……要須絕穀清腸，餐霞吸炁」。〔註66〕這些記述指出了要想能夠益壽延年，身體強壯，就必須要學習辟穀清腸，學習服氣服藥的辟穀技術。《太上靈寶五符序》載：「夫玄古之人，所以壽考者，造次之間，不食穀也。……汝欲不死，腸中無滓，汝欲長生，當令藏氣潔清，挹身華漿，與天相迎，玉水在口，天人同壽也。」〔註67〕善於辟穀養生的古代道士有很多，葛玄、鄭隱、葛洪、陶弘景、司馬承禎、孫思邈都是實修辟穀之人，其世壽都在八十歲以上。

　　關於辟穀是修煉成果的顯示，本書還不得不提一下歷代的辟穀考試。這裡的辟穀考試指的是人們對號稱能夠長期辟穀的人的一種測試。某些高層次的辟穀之人可以達到長時間不進食，而生命狀態維持正常，這實在令人難以置信，古今亦然。於是一些宣稱能夠長期辟穀的人就經常被拿來考試和測驗。有據可查最早的辟穀考試是曹操父子主持的。曹操當時聚集了一大批方士，其中多人均號稱能夠長期辟穀，於是幾場辟穀考試就開始了。根據相關資料的整理和匯總，本書發現曹操本人就曾考試過郗儉、王真、左慈、甘始等方士的辟穀。曹植更是一個較真的人，他親自與郗儉住在一起，形影不離，如此考察了百餘日，最後他發現郗儉還是能夠和正常人一樣，起居自若。於是

〔註64〕〔清〕錢儀吉纂，靳斯校點：《碑傳集》，中華書局，1993 年 4 月，第 1 版，第 4541 頁。

〔註65〕〔宋〕陳師道撰，李偉國點校：《後山談叢》，中華書局，2007 年 11 月，第 1版，第 35 頁。

〔註66〕〔六朝〕《太上靈寶升玄內教經中和品述議疏》，《道藏》第 24 冊，文物出版社、上海書店、天津古籍出版社，1988 年，0708a 頁。

〔註67〕《太上靈寶五符序》，《道藏》第 6 冊，文物出版社、上海書店、天津古籍出版社，1988 年，0342c 頁。

他確定了郤儉的辟穀功能是真實的。為此他還專門寫了一篇文章《辯道論》來記述和評論這些事情。曹丕也在其論著《典論》當中記述了相關的事情。與此同時代，東吳有一個道士叫石春，能夠行氣為人治病，這個過程通常需要一段時間，而石春每次給人治病期間都是在不進食的辟穀過程中完成。這引起了吳景帝的好奇和懷疑，於是吳景帝就開始了對石春辟穀的考試。在辟穀考試中，石春只要求房間裏有一盆水，別無他求，就這樣過了一年多。吳景帝最後問石春還能堅持多久，石春回答他也不清楚，單純餓是餓不死的，就怕會老死，於是吳景帝就放他回家了。這個故事也見於葛洪《抱朴子內篇》。

唐朝的著名女道人謝自然的辟穀故事，流傳很廣、影響很大。相關文獻記載，她就至少經歷了兩次正式的辟穀考試。一次是他父親看到她不食五穀，非常生氣，就把她鎖到了一個房子裏，過了四十幾天把她放出來，結果發現謝自然更加的神采爽然、安泰自若，於是她父親對謝自然辟穀的事也就默認了。還有一次是刺史韓修對謝自然的辟穀考試，他也用同樣的方法把謝自然鎖在一間房子裏，派人看管，關了幾個月，最後他發現謝自然還是一切正常。於是他就把自己的女兒韓自明叫來，讓她拜謝自然為師。謝自然的辟穀故事還有些其他版本和說法。

古代的這些辟穀考試，古籍文本雖然記載的較為確切，但是我們現在難以考證，即便考證也多是推論，所以只能把它當成一個個故事。新中國成立之後，文化復興的過程中，出現了氣功熱、養生熱等熱潮，這其中也有辟穀考試的一筆。江西省寧都縣蓮花山青蓮寺的尼姑釋宏青辟穀連續 1000 多天引起了全國範圍的關注。為了驗證其真偽，當時的江西省和寧都縣人體科學研究會，聯合了全國數十家單位，包括科研院所、高校以及道教和氣功方面的多位專家，召開了釋宏青辟穀現象驗證會和研討會。在此期間，考察組對釋宏青的辟穀進行了多次（最長為期 10 餘天）的全天候的監測和考察，每次都安排 3～4 名婦女，日夜 24 小時陪同，形影不離，確認她未曾進食。在考察過程中，專家組還通過醫學手段對她的生理、生化指標如血液、尿液成分等進行了科學的監測和解析，並沒有發現明顯的異常。這件事情在很多報紙和雜誌上都曾刊登過，引發轟動，同時釋宏青的辟穀故事也被當地相關部門寫到了當地的方志之中。

第三章　道教辟穀文化的歷史發展

　　辟穀文化在我國有悠久的歷史，從遠古到當代，辟穀文化源遠流長，特別是道教辟穀作為傳統辟穀文化的主流和核心，更是受到人們的青睞，今天更是有不少人通過道教辟穀來養生保健。但中國辟穀文化是怎麼起源的，道教辟穀又是如何發展演變的，這方面的研究還顯得相當不夠，以致連道教辟穀的歷史發展階段到底應該如何劃分、是否應該與道教的歷史發展階段相一致來劃分還是應該按照道教辟穀自身的發展特性來做新的劃分等問題在道教學界和辟穀研究上都沒有得到明確的回答。

　　根據考察研究，本書認為道教辟穀的歷史發展總體說是與道教的歷史發展相一致的，但它也有自己的特點，所以在歷史發展階段劃分上可以在遵循道教歷史發展階段的基礎上分為三個基本的階段，這就是道教辟穀的起源階段、道教辟穀的早期發展階段和道教辟穀的成熟發展階段。起源階段的特點是提出了辟穀的概念，並有些零散的辟穀思想和實踐方法；早期發展階段的特點是在道教思想理論和修仙方法的基礎上形成了相對系統的辟穀理論和較完整的辟穀實踐方法；成熟階段的特點則是在道教走向其成熟的內丹修仙的理論和方法基礎上基於內丹的理論和方法形成完整系統的辟穀理論和辟穀方法。道教辟穀歷史發展階段的時間段是：西漢之前是起源階段，東漢到唐末是早期發展階段，唐末五代到近代是成熟發展階段。本章將按照這一劃分對這三個基本階段的道教辟穀文化的發展情況進行考察闡述。

3.1 道教辟穀的起源：西漢之前

先秦時期，辟穀起源於先民求生的需要。西漢時期伴隨著特定社會需求，特別上層階層養生需求，養生辟穀逐步發展。養生辟穀在發展過程中不斷加入內煉元素，並與其他方術互相配合使用，孕育了道教辟穀的發展，對後世道教辟穀的發展影響深遠。

3.1.1 辟穀的提出

民以食為天。從這個意義上說，人類的一切文明都是圍繞著飲食之需開始的。伴隨著人類文明的發展，先民先後經歷了採集和漁獵後，開始了原始的種植和養殖。尋找食物是人類的本能，上古之人為了維持生存，長在枝頭、結在藤蔓、埋在土中的各類果實和野蔬成為他們的主要食物來源。法國研究人員利用激光切除技術對南方古猿、傍人和人屬化石牙釉質進行分析，發現最早約 500 萬年前出現的南方古猿的飲食比較「隨機」，它們進食一切能吃的東西，其食譜中既有漿果，也包動物骨骼等。由此可以推斷，中國古代先民的早期進食也有隨機性。《譙周古史考》中寫道：「太古之初，人吮露精，食草木實，穴居野處。山居則食鳥獸，衣其羽皮，飲血茹毛。近水則食魚鱉螺蛤。」[註1] 因此一旦瓜果野蔬、鳥獸魚蝦等尋覓不到的時候，飢餓問題亟需面對與解決。

辟穀文化在我國很早就已經出現，究其原因則主要是兩個：一個是先民因為生產力薄弱，無法獲得足夠的穀物肉類等食物，常常挨餓，為了能更好地面對飢餓，更好地運用好各種有限食物，找到各種可以食用的物品，於是有部分人開始嘗試辟穀的方法；另一個則是與一些人的神仙追求有關，希望找到老而不死的仙藥、仙丹，於是開始辟穀嘗試，希望能減少甚至完全不吃普通食物，而使用仙藥仙丹達到長生不死的目的。但不管是哪一種，辟穀都被認為是一種重要的方法。至於辟穀文化到底是什麼時候出現的，辟穀概念在什麼時候開始提出和運用則不得而知。

從現存文獻來看，最早提到辟穀的文獻是《山海經》，學界公認《山海經》是中國先秦重要古籍。《山海經》中記載了兩種可以「食之辟穀」的東西，一種鳥類叫鶹居和一種植物叫白䔄。《山海經·北山經》謂：「鶹居……食之不饑，

[註1]〔清〕章宗源輯，蜀譙周著，《譙周古史考》，平津館叢書本，第15頁。

可以辟穀。」〔註2〕《山海經・南山經》云：「侖者之山有木焉，名曰白䓘。……食之辟穀」〔註3〕是說這兩種東西吃了以後可以不飢餓，從而達到辟穀的效果。鵁鶋與白䓘都有食之不饑，可以辟穀的功效。吃了之後有飽腹感，可以代替五穀。直接出現「辟穀」這一詞彙，說明了可能早在先秦時「辟穀」已經是一個獨立的存在的概念了。這裡的「辟穀」一詞的字面含義，應該理解為避開五穀或者代替五穀。具體來說，《山海經》記載的這兩種辟穀，可以叫做「食鵁鶋辟穀」和「食白䓘辟穀」。鵁鶋和白䓘，顯而易見就是五穀的替代品。

　　《山海經》還描述了在章尾山和鍾山的神，說它們長得特別，威力無窮，且具有辟穀的能力。《山海經・大荒北經》中云：「西北海之外，赤水之北，有章尾山。有神，人面蛇身而赤，直目正乘，其瞑乃晦，其視乃明，不食、不寢、不息。」〔註4〕《山海經・海外北經》的鍾山之神：鍾山之神，名曰燭陰，視為晝，瞑為夜；吹為冬，呼為夏。不飲、不食、不息。〔註5〕

　　除了《山海經》，早期文獻中提到辟穀的還有《莊子》，《莊子・逍遙遊》云：「藐姑射之山，有神人居焉。肌膚若冰雪，綽約若處子。不食五穀，吸風飲露。乘雲氣，御飛龍，而遊乎四海之外。其神凝，使物不疵癘而年穀熟。」〔註6〕莊子借神人傳說描述了他心目中的神人，說在遙遠的姑射山上，住著一個神人。他的肌膚若冰雪一樣雪白華潤，相貌有如處女一般柔美。他不用吃五穀食物，僅靠吸清風、飲露水，也一樣能生存活動，而且能夠乘著雲氣，駕著飛龍，在四海之外遨遊。他的精神凝聚，可以使物不受災害，穀物豐熟。這裡莊子描述神人的一個突出的特性就是不食五穀、吸風飲露的辟穀特性。事實上，結合莊子對神人修行方法的描述，可以說《莊子》是道教辟穀思想方法的最早描述者。

　　在中華文化發展中，農耕文明帶來五穀為主食的「五穀文化」和災荒之

〔註2〕〔晉〕郭璞傳，〔清〕郝懿行箋疏，張鼎三、牟通點校，張鼎三通校：《山海經箋疏》，齊魯書社，2010年4月，第1版，第5060頁。
〔註3〕〔晉〕郭璞傳，〔清〕郝懿行箋疏，張鼎三、牟通點校，張鼎三通校：《山海經箋疏》，齊魯書社，2010年4月，第1版，第4690頁。
〔註4〕郭璞：《山海經》，載《道藏》第21冊，文物出版社、上海書店、天津古籍出版社，1988年，0842b頁。
〔註5〕郭璞：《山海經》，載《道藏》第21冊，文物出版社、上海書店、天津古籍出版社，1988年，0828c頁。
〔註6〕〔晉〕郭象注，〔唐〕成玄英疏，曹礎基、黃蘭發點校：《南華真經注疏》，中華書局，1998年7月，第1版，第12頁。

中無穀可食而催生的「辟穀文化」幾乎是相伴而生的。關於種植五穀的生產生活方式，史料中有不少記載。早在《山海經・大荒西經》就有記載：「有西周之國，姬姓，食穀。有人方耕，名曰叔均。」[註7] 從原始農業形成並發展以後，先祖們都是以穀物為主要的食物來源了。《詩經》中也描繪了當時的農業發展情況：「晝爾于茅，宵爾索綯，亟其乘屋，其始播百穀。」[註8] 中華文明早期，生產力水平極其低下，穀物的產量是極其有限的，另外有些土地不適合種植五穀，所以要因地制宜種植其他瓜果蔬食。《詩經》中的《苕之華》專門描述了當時人們因災荒和戰亂普遍吃不飽的現實，據有關文獻推斷此詩描寫的時代是周幽王時期：苕之華，大夫閔時也。……師旅並起，因之以飢饉。……人可以食，鮮可以飽。[註9] 當遇到戰亂或災荒年月，斷糧的事情經常發生。當穀物缺乏的時候，人們就會想辦法用其他可食用物代替五穀。《楚辭》中有：「五穀不生，藜菅是食些」[註10] 的句子，意思是不生五穀的時候，人們食一些野草充饑。野草成為當時人們面對生存的挑戰而不得不「求生辟穀」時的唯一可用的五穀替代物。求生辟穀，是古人在艱苦環境中為維持生存需要而必然發展出來的。

辟穀從先秦流傳至今，最早的辟穀是中華先祖在農耕文明演進過程中，面對惡劣的環境和災荒，在五穀主食之外擴展食物種類的寶貴嘗試，是逐漸形成的一套尋找五穀的替代品以對抗和戰勝飢餓的理論與方法。早在先秦時「辟穀」已經作為一個獨立的概念而存在，人們對辟穀也有了初步認識，辟穀即食用代替品而避開五穀，因此最早期的辟穀的核心意義是代穀。追尋辟穀概念緣起，特別是把辟穀置於當時自然和社會環境的視域之下，不難發現辟穀起源於先民求生的需要。

3.1.2 先秦時期關於辟穀的記載

辟穀概念提出以後，先秦時期也有其他一些文獻對辟穀進行了記載。《列

[註7] 〔晉〕郭璞傳，〔清〕郝懿行箋疏，張鼎三、牟通點校，張鼎三通校：《山海經箋疏》，齊魯書社，2010年4月，第1版，第4993頁。

[註8] 〔漢〕韓嬰撰，許維遹校釋：《韓詩外傳集釋》，中華書局，1980年6月，第1版，第294頁。

[註9] 邱漢生輯校：《詩義鉤沉》，中華書局，1982年9月，第1版，第221～222頁。

[註10] 〔漢〕王逸章句，〔宋〕洪興祖補注，夏劍欽、吳廣平校點：《楚辭章句補注》，嶽麓書社，2013年1月，第1版，第198頁。

子‧黃帝》篇中提出了與《莊子》相同的對神人的描述：「列姑射山在海河洲中，山上有神人焉，吸風飲露，不食五穀；心如淵泉，形如處女。」〔註11〕此外，《呂氏春秋‧求人》篇也有對辟穀的記載：「身定、國安、天下治，必賢人。……禹東至榑木之地……西至三危之國，巫山之下，飲露吸氣之民。」〔註12〕說大禹走遍四方諸國，遍訪賢人，出來輔佐他。他往西到達的這個地方有飲露吸氣之民，似乎是靠辟穀來維持生存和生活。

　　《楚辭‧遠遊》也提到了最早的服氣辟穀：「春秋忽其不淹兮，奚久留此故居？軒轅不可攀援兮，吾將從王喬而娛戲。餐六氣而飲沆瀣兮，漱正陽而含朝霞。保神明之清澄兮，精氣入而粗穢除。順凱風以從遊兮，至南巢而壹息。見王子而宿之兮，審壹氣之和德。」〔註13〕意為吞食六精之氣而啜飲清露，漱著正陽之氣含著朝霞之光。保持精神心靈清明澄澈，將精氣吸入，將濁氣掃蕩。這些是蘊含早期道家內煉的描述，所說與一般的辟穀在內涵上還是有所不同的。《楚辭》中還有多次提到赤松子、王喬及其服氣辟穀之術：「乃至少原之壄兮，赤松王喬皆在旁。二子擁瑟而調均兮，余因稱乎清商。澹然而自樂兮，吸眾氣而翱翔。」〔註14〕《楚辭》中還提到吸取天地日月星辰的精氣以充腹療饑：「攀北極而一息兮，吸沆瀣以充虛。」〔註15〕「充虛」是先秦經典經常用到的一個詞，其含義等同於現在的「充饑」。

　　傳說中的神仙境界，令後世之人特別是想要修煉成仙的人們產生無限嚮往，先秦時期的某些隱士也不例外。在先秦時期出現了一些或不滿時政、逃避現實，或看破人生、追求寧靜而遠離世俗的隱士，他們遁入山谷，離群索居。為了維持生存，世外隱士的飲食生活方式自然就會選擇辟穀，如春秋戰國時期的鮑焦、單豹。

　　關於鮑焦辟穀的故事，最早的詩歌總集《詩經》有傳唱，由於《詩經》的口口相傳的特點，所以即使遭遇秦時焚書，仍然能夠保存下來。漢初的重新

〔註11〕　〔戰國〕列禦寇撰，〔晉〕張湛注列子〔M〕，上海：上海書店出版社，1986.07：14。

〔註12〕　〔戰國〕呂不韋編，呂氏春秋〔M〕，武漢：崇文書局，2007.07：131。

〔註13〕　〔戰國〕屈原著，金開誠、董洪利、高路明校注：《屈原集校注》，中華書局，1996年8月，第1版，第687頁。

〔註14〕　〔漢〕王逸 章句，〔宋〕洪興祖 補注，夏劍欽、吳廣平 校點：《楚辭章句補注》，嶽麓書社，2013年1月，第1版，第228頁。

〔註15〕　〔漢〕王逸 章句，〔宋〕洪興祖 補注，夏劍欽、吳廣平 校點：《楚辭章句補注》，嶽麓書社，2013年1月，第1版，第226頁。

匯總整理而成的版本《韓詩》有鮑焦辟穀的記載：「鮑焦，依木皮，食木食……鮑焦衣弊膚見，挈畚持蔬，遇子貢於道。子貢曰：「吾子何以至於此也？」鮑焦曰：「天下之遺德教者眾矣，吾何以不至於此也？吾聞之，世不己知而行之不己者，爽行也。上不己用而干之不止者，是毀廉也。行爽毀廉，然且弗舍，惑於利者也。」〔註16〕

後世的很多道教經典和仙傳中也載錄鮑焦辟穀的傳說和事蹟，如《道德真經藏室纂微手鈔》記載：鮑焦，……飾行非世，廉潔而守，荷擔採樵，拾橡充食，不臣天子，不友諸侯。〔註17〕從以上記載可以推論，鮑焦作為周時的隱士，因不滿時政，選擇隱居山林，遠離世俗，他與子貢的對話反映出他不與世俗同流的志向與追求。值得一提的是，在缺乏五穀的山林間，他不食五穀，拾橡充饑的獨立生活方式就是一種為維持生存需要而進行的維生辟穀，同時鮑焦的辟穀也似乎隱藏了他高於世俗並脫離世俗的願望。

春秋時期魯國的辟穀者單豹的故事也在後世廣為流傳。現在學者許富宏著《呂氏春秋先秦史料考訂編年》一書對其事蹟做了專門考訂，並指出《呂氏春秋·必己》、《莊子·達生》和《淮南子·人間訓》都記載了他的辟穀故事。書中引用的三處記載的原文如下：「《呂氏春秋·必己》：單豹好術，離俗棄塵，不食穀實，不衣芮溫，身處山林岩堀，以全其生。不盡其年，而虎食之。《莊子·達生》：魯有單豹者，岩居而水飲，不與民共利，行年七十而猶有嬰兒之色；不幸遇餓虎，餓虎殺而食之。《淮南子·人間訓》：單豹倍世離俗，岩居穀飲，不衣絲麻，不食五穀，行年七十，猶有童子之顏色，卒而遇饑虎，殺而食之。」〔註18〕這三處記載大體相同，具體細節略有差異。

單豹和鮑焦都屬於不與世俗同流的野居隱士，他們有自己獨特的精神追求，他們是春秋戰國時期的辟穀者。他們的辟穀都屬於求生辟穀，只是他們為求生存需要選擇的五穀代替物不同而已，鮑焦是拾橡充饑，單豹是飲山泉水。值得注意的是，單豹通過求生辟穀手段達到一般人難以企及的養生效果：「七十歲容顏猶如童子」。總之，隱士辟穀在先秦時期已經出現，相比同一時

〔註16〕〔漢〕韓嬰撰，朱英華整理，朱維錚審閱：《韓詩外傳》，上海書店出版社，2012 年 7 月，第 1 版，第 62 頁。

〔註17〕薛致玄：《道德真經藏室纂微手鈔》，《道藏》第 13 冊，文物出版社、上海書店、天津古籍出版社，1988 年，0763c 頁。

〔註18〕許富宏著：《呂氏春秋先秦史料考訂編年》，鳳凰出版社，2017 年 3 月，第 1 版，第 128 頁。

期有關辟穀相關記載，對單豹和鮑焦辟穀故事記載更為詳細，增加了一定可信度，雖然無法確證歷史上是否確有其人其事，但文字是文化的載體，透過這些文字描述，向我們展示了求生辟穀群體不但有社會底層老百姓還有些隱士，並可以感受到這些隱士通過辟穀活動，可能暗示了不與世俗同流、甚至脫離世俗成仙的願望。

3.1.3　西漢時期關於辟穀的記載

3.1.3.1　張良辟穀袪病

　　張良辟穀可以說是歷史上最具有影響力的辟穀事件，被廣為流傳。當今學界也有學者專門撰文研究張良辟穀的背景及其原因。《史記‧留侯世家》記載了張良為療病而退居辟穀的詳細情況：「留侯性多病，即道引不食穀，杜門不出歲餘。……願棄人間事，欲從赤松子游耳。乃學辟穀，道引輕身。會高帝崩，呂后德留侯，乃強食之，曰：『人生一世間，如白駒過隙。何至自苦如此乎！』留侯不得已，強聽而食。」〔註19〕此外，《漢紀‧高祖皇帝紀》中記載了張良養生辟穀的故事，有些細節的記載更為細膩：「張良素多疾病，乃稱疾，曰：臣家五世相韓，及韓亡，不愛萬金之資，為韓報仇強秦，天下震動。今以三寸舌為王者師，封萬戶，位為列侯，此布衣之極，於臣足矣。願棄人間事，欲從赤松子游耳。乃學道，不食穀，遂不仕。良為人容貌美麗，如婦人女子。」〔註20〕張良辟穀的故事在歷朝歷代都被廣泛傳頌。直至《嘉慶重修一統志》還記載了張良隱居陝西留壩紫柏山中辟穀修行的故事，因為其遺跡尚存：「壩廳西北四十五里，有留侯祠，祠後即紫柏山，留侯辟穀之處，叢篁古木，翠色參天。」〔註21〕如今在陝西留壩紫柏山建有「漢張留侯辟穀處」的石碑，旁邊的門廳有副楹聯道：「畢生彪炳功勳啟自授書始，歷代崇豐禮祀端由辟穀開。」可見張良辟穀故事流傳之廣，影響之大，至今不衰。

　　通過上述記載瞭解到張良辟穀的原因是為了療病，因為多年累積的疾病使得健康的身體成為他最迫切的需要。在辟穀過程中，張良主要依靠導引辟穀調養身體，即通過肢體動作做行氣導引，配合吐納內煉，使得機體獲得補

〔註19〕〔漢〕司馬遷著，史記〔M〕，烏魯木齊：新疆人民出版社 2003.06：295～296。

〔註20〕〔漢〕荀悅撰，張烈點校：《漢紀》，中華書局，2002 年 6 月，第 1 版，第 41頁。

〔註21〕《嘉慶重修一統志》卷二百三十八，《四部叢刊》清史館進呈鈔本，05983 頁。

益從而進入全新的平衡狀態，以達到祛除疾病和延年益壽的目的。從張良辟穀效果來看，雖然司馬遷在《史記》中沒有明確記載，但《漢紀·高祖皇帝紀》中有相關記載，即「良為人容貌美麗，如婦人女子」。意思就是張良修煉辟穀術後可能達到了祛病延年目的，而且容顏俊美，甚至用美若婦人女子來形容都不為過，這從側面反映了張良辟穀養生祛病保健的效果。

透過張良辟穀我們可以看到，漢初的辟穀已經不僅僅是維持生存的手段，它已成為一種養生的重要方式與手段。養生辟穀從滿足人對自身健康需要出發，注重療病、防病與延壽等，這滿足了上層社會群體特別是王權貴族群體的養生需求。在史籍的隻言片語中至少能夠看出張良在辟穀服藥的同時，還做行氣導引，這反映了當時的養生辟穀已經加入內煉元素，只是具體做法難以確知，這對後世道教辟穀的發展影響深遠。

3.1.3.2　漢武帝辟穀延年

《史記》和《漢書》都有關於李少君向漢武帝推薦祠灶、穀道、卻老三種成仙方術的記載，其中穀道就是指辟穀。《史記》中記載：「是時而李少君亦以祠灶、穀道、卻老方見上，上尊之。少君者，故深澤侯入以主方……其游以方遍諸侯。……食穀道引，或曰辟穀不食之道。」[註22] 李少君是最著名的向漢武帝宣揚成仙之道的方士，他向漢武帝推薦的祠灶、穀道、卻老三種成仙方術，結合道教早期外丹盛行的情況推斷，這裡的「祠灶」可能就是外丹燒煉之法，「穀道」就指辟穀。其他研究者也有類似考證，如鄭州大學 2005 年張文安的博士學位論文《周秦兩漢神仙信仰研究》中說：「穀道方就是卻穀使不老，祠灶方就是用丹砂煉製丹藥。」[註23] 由此可以推斷，先進行辟穀再服食外丹而成仙的理論方法，在漢武帝時期就已經出現。

那麼漢武帝對這些方術採用了沒有呢？評價又如何呢？經過查閱大量古籍，作者發現有兩段相關記載。題名〔漢〕班固撰的《漢武故事》被收錄在《四庫全書》中，其中提到了漢武帝的辟穀故事。其文記載了漢武帝辟穀的相關細節：「上乃為起通靈臺於甘泉上，年六十餘髮不白，更有少容。服食辟穀，希復幸女子矣。每見群臣自歎：愚惑，天下豈有仙人，盡妖妄耳，節食服

〔註22〕〔漢〕司馬遷撰，〔南朝宋〕裴駰集解，〔唐〕司馬貞索隱，〔唐〕張守節正義，
　　　　中華書局編輯部點校：《史記》，中華書局，1982 年 11 月，第 2 版，第 453～
　　　　454 頁。
〔註23〕張文安，周秦兩漢神仙信仰研究〔D〕，鄭州大學，2005：77 頁。

藥，差可少病。自是亦不服藥而體更瘠瘦，二三年中慘慘不樂，行幸五柞宮。」〔註24〕無獨有偶，《資治通鑒》的編年史中也收錄了漢武帝的這段話：「向時愚惑，為方士所欺。天下豈有仙人，盡妖妄耳！節食服藥，差可少病而已。」〔註25〕以上說明漢武帝對成仙之事徹底失望，同時又肯定了節食辟穀的養生抗病和延年的效果。漢武帝晚年實踐辟穀的目的還是在於滿足自己的欲望，而通過上述細節的描述，我們可以看出漢武帝的確一定程度上實現了延緩衰老的目的，達到了「年六十餘髮不白而更有少容」的效果。

《雲笈七籤》記載了漢武帝與太山下老翁偶遇後關於如何長生的一段對話。「敘曰：昔太山下老翁者，失其名字。漢武東巡，見老翁鋤於道，背上有白光，高數尺。帝怪而問之有道術否？老翁對曰：臣昔年八十五時，衰老垂死，頭白齒落。有道士者教臣，服棗飲水絕穀，並作神枕法，中有三十二物。其三十二物中，二十四物善，以當二十四氣；其八物毒，以應八風。臣行之，轉少，白髮返黑，墮齒復生，日行三百里。臣今年一百八十矣，不能棄世入山，顧戀孫子，復還食穀，又已二十餘年，猶得神枕之力，往不復老。武帝視老訪顏狀，當如五十許人，驗問其鄰，皆云信然，帝乃從受其方作枕，而不能隨其絕穀飲水也。」〔註26〕

這裡提到老翁的長生不老法主要有兩種，一是服棗飲水絕穀，二是神枕法；也說到漢武帝對這兩種長生不老法的深信，而後實踐，但是他仍不能絕穀飲水。這段記載的真偽暫且不討論，但可以說明的是漢武帝對辟穀有一定瞭解。透過李少君向漢武帝推薦辟穀方與太山下老翁與漢武帝交流服棗飲水絕穀的長生法的兩則事件可以看出，辟穀作為成仙與長生方術的一種，已經被上層統治階層熟悉瞭解，這也使促使辟穀得到進一步發展。另外關於神枕的配方在《道藏》中也有明確提到，茲錄於下：

神仙除百病枕藥方：用五月五日、若七月七日，取山林栢木板以為枕，長一尺二寸，高四寸，空中容一斗二升，以栢心赤者為蓋，厚四分，善致之令密，又當使可開閉也。又鑽蓋上為三行，行四十孔，凡一百二十孔，孔令容粟

〔註24〕〔漢〕班固撰，《漢武故事》，臺北：臺灣商務印書館影印文淵閣《四庫全書》本，第0886冊，0012c頁。

〔註25〕〔宋〕司馬光編著，〔元〕胡三省音注，標點資治通鑒小組點校：《資治通鑒》，中華書局，1956年6月，第1版，第738頁。

〔註26〕〔唐〕張君房：《雲笈七籤》，載《道藏》第22冊，文物出版社、上海書店、天津古籍出版社，1988年，0339b頁。

米也。其藥用：芎藭、當歸、白芷、辛夷、杜衡、白術、槁本、木蘭、蜀椒、桂、乾薑、防風、人參、桔梗、飛廉、栢實、白薇、秦椒、荊實。〔註27〕

3.1.3.3 《淮南子》有關辟穀論述

《淮南子·墜形訓》中明確提出了辟穀在修道成神中的特殊作用：「食水者善遊能寒，食土者無心而慧，食木者多力而拂，食草者善走而愚，食葉者有絲而蛾，食肉者勇敢而悍，食氣者神明而壽，食穀者知慧而夭，不食者不死而神。」〔註28〕此篇認為，食氣的人可以達到神志聰明，不食者更是能長生不死，很顯然這兩者都體現了辟穀的特徵。

如果再結合其在《淮南子·齊俗訓》中對王喬、赤松子兩位神仙的描述，就可以更清楚辟穀修煉在修道成仙中的重要作用：「今夫王喬、赤松子，吹嘔呼吸，吐故納新，遺形去智，抱素反真，以遊玄眇，上通雲天。今欲學其道，不得其養氣處神，而放其一吐一吸時詘時伸其不能乘雲升假亦明矣。王喬，蜀武陽人，為柏人令得道。而仙赤松子，上古人，病癘入山，道引輕舉假上也。五帝三王經天下細萬物齊死生同變化，抱大聖之心，以鏡萬物之情，上與神明為。」〔註29〕在《淮南子》中提出「享穀者」和「食氣者」，說明當時可能有食氣而生的人，其原文曰：「夫道，有形者皆生焉，其為親亦戚矣，享穀食氣者皆受焉。」〔註30〕

3.1.3.4 馬王堆出土的《卻穀食氣篇》

《卻穀食氣篇》於一九七三年在湖南長沙馬王堆三號漢墓中發掘出土。原由「馬王堆漢墓帛書整理小組」釋文，是我國現存最早的辟穀專著。它是記載道家卻穀食氣的帛書，其論述卻穀食氣，有理論，有方法，有用於治病的經驗，內容甚是豐富。原文刊於《馬王堆醫書研究專刊》1981 年第二期，其全文如下（加圓括號的是現代詞，加方括號的補，突出表現表示缺空，◇表示難以確認的缺字）：卻穀者食石韋。朔日食質，日賀（加）一節，旬五而

〔註27〕〔唐〕《上清明鑒要經》，載《道藏》第 28 冊，文物出版社、上海書店、天津古籍出版社，1988 年，0419b 頁。

〔註28〕〔漢〕劉安編，劉文典撰，馮逸、喬華點校：《淮南鴻烈集解》，中華書局，2013 年 5 月，第 2 版，第 142 頁。

〔註29〕〔漢〕劉安編，劉文典撰，馮逸、喬華點校：《淮南鴻烈集解》，中華書局，2013 年 5 月，第 2 版，第 361 頁。

〔註30〕〔漢〕劉安編，劉文典撰，馮逸、喬華點校：《淮南鴻烈集解》，中華書局，2013 年 5 月，第 2 版，第 690 頁。

［止］。［月］大始銚，日［去一］節，至晦而復質，與月進退。為首重、足輕、體軫，則昫（呴）炊（吹）之，視利止。食穀者食質而□，食氣者為吹，則以始臥與始興，凡中息而炊（吹）：年［二者朝才暮二。二日之］莫暮二而、年三十者朝三暮三，三日之暮百。以此數準之。春食二去濁陽，和以□光、朝霞，昏清可。夏食一去陽風，和以朝霞、行暨、昏清可。秋食一去□□、霜霧、和以輸陽、昏清可。冬食一去凌明，［和以流瀣］，□陽，光，輸陽輸陰，［昏清可］□□□：［凌氣者］□四塞，清風折首者。霜霧者◇。濁陽者，黑四塞，天之亂氣也，及日出而霧也。［陰風者］□風也。熱而中人者也。日□□者入骨□□□□。［四］者不可食也。朝暇（霞）者，◇者日出二幹，春為濁◇氣者食員，員者天也。卜◇者北方◇多食，則和以口陰、口氣，暇（霞）◇多陰日，夜分◇［清］附，清附即多朝暇（霞）。朝□失氣為日□，日□即多光，昏失氣為黑附，黑附即多輸［陽］。□得食毋食。〔註31〕

　　《卻穀食氣篇》是目前發現最早的系統地記述服氣辟穀的專著。其寫作年代，約相當高祖至惠帝時期，其內容源於先秦時期流傳下來的古佚書。儘管《卻穀食氣篇》的文字不長，但是對辟穀的各個方面都作了簡潔論述。開篇即謂辟穀者食用的是一種叫「石韋」的藥。石韋是一種蕨類水龍骨科植物，具有利水通淋，清肺泄熱的功效，神仙方士一般用它代替五穀。開頭首句就是「卻穀者食石韋」，就是說辟穀的人用吃石韋來代替糧食。緊接著詳細地介紹了具體服法，主張初一開始服食，每天增加一節，遞增到十五，從十六開始，每天遞減一節，一直到三十。如此循環往復，周而復始，按照初一月缺、十六既望、三十晦日這一月亮的消長盈虛來調整服用劑量。初行辟穀時，辟穀者往往產生頭重腳輕四肢乏力、頭重腳輕，一身疼痛的飢餓現象，須用「吹呴」食氣法加以克服。如果出現頭腦沉重，兩腿無力，肢體作痛時，可行氣呵吹，直到好轉為止。食氣應選擇在晚上臨睡之前，以及清晨初醒之後。凡吸滿氣後，要閉息微微停頓，而後呼氣。20歲的人，早晚各作20遍，每逢二日的晚上，須作二百遍，30歲的人早晚各作30遍，每逢三日晚上，須作三百遍。以此數為準類推。

　　關於食氣法的操作，《卻穀食氣篇》提到了食「六氣」，避「五氣」。即春食「銚光」和「朝霞」氣而避「濁陽」氣，夏食「朝霞」和「流瀣」氣而避「湯

〔註31〕長沙馬王堆醫書研究會編：《馬王堆醫書研究專刊》，1981年第2期，湖南中醫學院出版，第50～53頁。

風」氣,秋食「輸陽」和「銑光」氣而避「口口」和「霜霧」氣,冬食「端陽」、「銑光」、「輸陽」、「輸陰」之氣而避「陵陰」氣。同時對食氣的時間與頻率等,《卻穀食氣篇》也有詳細的說明。如食氣時間應在早上起床後和晚上上床前,食氣的頻率是吐氣吐到一半再呼氣,一呼一吸為息。20 歲的人早晚各 20 息,二日之暮 200 息;30 歲的人早晚各 30 息,三日之暮息,以此類推。

食氣的人練呼吸,每天以晚間剛臥和早晨剛起身之際為宜。年在二十歲者早晚各作 20 遍,每二日晚上作 200 遍年在三十歲者,早晚各作 30 遍,每三日晚上作 300 遍。對於其他年齡的人,食氣情況按年齡大小以此類推。

對食氣的環境條件提出了注意事項,食氣時春天要避免在渾濁不明的天氣,而適宜在朝霞或浩月當空時進行;夏天要避免熱風,日初或偏西之際均可;秋天避免箱霧冬天切忌在冰凍嚴寒時進行。如陽光暖人,月色清明則早晚均可練氣,以便吸日月之精光。《卻穀食氣篇》中又指出食氣者四忌,指出食氣有四種避忌;各天霜風四起吹得連頭也抬不起來;秋天濃霜漫四方,暗不見日;春天渾濁陰暗充四方;夏天熱風炎人等四種惡劣的條件,都不宜於食氣。

關於以上「食六氣」、避「五氣」之法以及食氣時間與頻率的科學性不去證實,但是這裡將辟穀與行氣聯在一起,和《莊子·刻意》將行氣與導引聯在一起一樣,似皆表明辟穀食氣術在先秦時已經起源並獲得發展。同時這個歷史文物的出土也是辟穀食氣術在西漢時期已經成為一個比較成熟的養生修煉方法的確鑿無疑的證據。

總結來看《卻穀食氣篇》文字雖少,但文簡意駭。從上面的注釋可看出《卻穀食氣篇》講述五方面內容,即:

一是卻穀之人可食石韋汁;

二是服氣次數;

三是及身體不適時應加強練功;

四是食氣中的忌諱,四時氣候變化及避免寒暑濁氣的傷害;

五是選擇服氣的有利時刻。

3.1.3.5　王莽時期的銅鏡

1963 年鄂城西山出土王莽時期規矩八禽鏡一面,其銘文曰:「尚方作鏡真巧,上有仙人不知老,饑食棗,飲真玄入口口」。武漢市博物館也有收藏王莽時期開頭二字為「尚方」的一種銅鏡數面。其銘文內容根據鏡的大小而定,

常有省字，有時顯得文句不通，但總的看來，省字還是在一定規範之內。完整的銘文曰：「尚方作鏡真大好，上有仙人不知老，渴飲玉泉饑食棗，浮遊天下敖四海，壽如金石為國保」〔註32〕。

　　這些銅鏡都說明當時辟穀，特別是咽津食棗辟穀已經得到社會的關注與重視，反映了人們對生命的期望和想像，對延年益壽的企盼與對神仙世界的嚮往，極其努力地探索長生奧秘。銅鏡上刻的主要修養方法是「渴飲玉泉饑食棗」，即咽津食棗辟穀，可歸納為服食辟穀。道教修煉者歷來相當重視唾液，在養生修煉過程產生的唾液稱為「金津玉液」，視為珍寶。辟穀經典有「饑食自然氣，渴飲華池漿」之說法。

　　總結來看，辟穀文化在我國古代應該很早就已經出現，這一點從歷史上的許多文獻敘述中可以看到。中華文明早期，在採集與狩獵為主的原始生存方式逐漸向農耕文明轉化的過程中，產生了中華文化特有的五穀文化和辟穀文化。不難發現早在先秦時，「辟穀」已經作為一個獨立的概念而存在，其核心意義是代穀，最早形式的辟穀起源於先民求生的需要。現存最早的言及辟穀文獻是先秦時期的，直到西漢，有關辟穀的記載還都是一些零星的，不成系統的，既沒有對辟穀機理的明確說明，也沒有對辟穀方法的具體闡釋，都是一些一般性的，或是想像性的說明。雖然《莊子》已經將辟穀作為神人的一個重要特性，並對神人的修煉有所闡述，但畢竟《莊子》的神人帶有明顯的藝術想像性，而不是嚴肅的理論方法闡釋。《淮南子》對辟穀的闡釋說明更能體現思想理論的探討，同時也將食氣、不食的辟穀與神人聯繫起來，並有對神仙修煉的闡釋，但其理論方法仍然缺乏完整系統的說明。先秦的辟穀相關神話傳說可以看作是當時的人對自然與世界認識的某種投射，因此神話傳說中的辟穀從某種程度反映了人類早期階段對辟穀的認識，如姑射山神人擺脫時空束縛，生命自在的狀態展現了辟穀的神仙境界。擅長辟穀服氣而成仙的王喬、赤松子展現了辟穀作為神仙修行的重要手段，這種手段隱含著由借助外力向依靠自身的修煉模式的轉變。從實踐層面來看，對張良辟穀的記載是最具影響力的事件。雖然在各種記載中並沒有張良辟穀的具體說明，更沒有談到其辟穀的思想理論指導，但是這足以說明在長期辟穀實踐中，人們對辟穀的訴求逐漸從原始的維生或求生，發展到追求養生甚至長生，而養生和長生的追求更多是統治階層的專利。養生辟穀無論是為了療病與防病，還是

〔註32〕蘇菊生，淺議漢鏡銘文中「饑食棗」〔J〕，江漢考古，1989（02）：93～94。

強身與延壽，都在關注人的現實需要，解決人的實際問題，這體現了比較成熟的尊崇生命的重生與貴生觀念。雖然在西漢時期已經出現了「祠灶、穀道、卻老」的綜合運用，這標誌著外丹燒煉和辟穀煉養與其他延年益壽方術互相配合使用以追求長生不死的早期外丹成仙術的基本邏輯初步建立，但是這一時期仍然只能是辟穀或道教辟穀的一種起源階段，有了一些思想意識，也有了一些實踐活動，但還是處於一種零散的初步摸索的狀態，談不上系統的辟穀思想方法。辟穀文化起源的動力主要來自與追求神仙境界的觀念基礎、戰勝飢餓的現實基礎、先秦道家與方士踐行推廣的社會基礎以及上層階層認同的傳播基礎，由此辟穀文化有形無形地滲透到人們日常生活與養生過程中，推動著辟穀理論與方法發展。

3.2　道教辟穀的早期發展：東漢至唐

東漢至唐這一時期，伴隨著道教的創立和發展，辟穀被正式納入道教的修道體系，由一般辟穀的簡單形式發展為豐富多樣的以內煉為重要特點的早期道教辟穀體系。早期道教辟穀的發展，與東漢至唐這一時期的政治不穩、多次朝代更迭、戰亂災難頻發、糧食匱乏等社會環境息息相關。在這種情況下，辟穀被道教承襲並加以運用和發展就可以說是歷史必然了。

道教興起之後，辟穀被道教承襲運用，逐漸演變改造成一種服務於修煉成仙的方術。以太平道為代表的早期道教認為辟穀是富國存民之道。東漢至唐時期道教辟穀經典注重繼承前期道教辟穀文化資源，對前人辟穀相關理論進行系統梳理。葛洪的《抱朴子內篇》對晉以前辟穀人物案例考察基礎上系統整理了道教辟穀理論方法；陶弘景的《養性延命錄》輯錄了上自炎黃、下至魏晉間包括辟穀在內的養生理論方法；孫思邈的《千金翼方·辟穀》收集了東漢到唐時期的辟穀方；司馬承禎的《服氣精義論》對唐之前服氣辟穀法進行詳細總結等。就辟穀的內涵而言，也在逐步演進，辟穀的內涵逐漸由一般意義上的辟穀向道教內煉辟穀發展，辟穀概念也逐漸成為專屬於道家道教語系的詞彙。現代學界對辟穀概念的理解都是往往指的道教的辟穀。成仙得道是道教所追求的終極目標，而養生延壽是道教人士成就仙道的重要基礎。道教養生修煉體繫傳遞了「我命在我不在天」和「自求多福」等理念，因此道教養生追求具有普遍的世俗認同性。道教辟穀作為道教修仙方術與養生重要

手段同樣具有神聖性與世俗性認同性。道教辟穀在發展過程，其求仙的神聖性與養生世俗性逐漸達到一種動態融合。東漢到唐，道教辟穀的社會影響主要集中體現在社會上層。王權貴族對道教辟穀的關注，使得東漢至唐朝的道教辟穀的社會影響愈來愈廣泛。這一時期，無論是道教的重要代表人物如葛洪、陶弘景、司馬承禎等，還是受辟穀養生思想影響的名人雅士，他們都以各種方式推廣和流播道教辟穀。

3.2.1　東漢時期關於辟穀的記載

3.2.1.1　《太平經》對道教辟穀的確立

在道教的歷史中，太平道應該是最早期的教團之一。東漢末年，有道士傳《太平經青領書》，一般認為就是《太平經》。漢靈帝時張角、張寶、張梁兄弟，信奉黃帝老子，以《太平經》為主要經典創立「太平道」。太平道是比較完整的早期道教體系。太平道由於其組織的黃巾軍起義失敗而消亡。據王明先生《太平經合校》所論，《太平經》為東漢道教太平道的典籍，是最早的道教經典，共 170 卷，其內容豐富博大，影響深遠。自東漢至唐代，《太平經》在道教中有重要地位。《太平經》也是道教辟穀術的正式產生的標誌。

道教辟穀術的正式產生是當時的社會局勢和修煉養生經驗積累共同作用的結果。東漢中葉時期的社會局勢政治腐敗、災難頻發、糧食匱乏，《太平經》認為對於國家來說，辟穀被認為富國存民之道，可以助國家養民。而先前方仙道、黃老道諸多方士辟穀養生修煉的成功經驗無疑成為《太平經》力倡辟穀的重要依據。因此《太平經》明確提出，辟穀不僅可以供個人修煉養生，還可以推廣為大眾在糧食匱乏的年代維持生存。《太平經》辛部從一百二十卷至一百三十六卷，可以說是專論辟穀的。把之前的辟穀文化流傳做了很好的承接，同時確立了辟穀在道教修煉、富國存民、救饑度荒中的地位，明確了辟穀的基本方法和操作。

《太平經第一百二十》云：是故食者命有期，不食者與神謀。食氣者神明達，不飲不食與天地相卒也。問曰：上中下得道度者，何食之乎？答曰：上第一者食風氣，第二者食藥味，第三者少食，裁通其腸胃。又云：天之遠而無方，不食風氣，安能疾行，周流天之道哉！又當與神吏通功，兵為朋，故食風氣也；其次當與地精並力，和五土，高下山川，緣山入水，與地更相通，共食功，不可食穀，故飲水而行也；次節食為道，未成固象；凡人裁小別耳，故少

食以通腸，亦其成道之人。〔註33〕

這些思想理論對後世辟穀方術的流傳和發展起到重要作用。太平道對辟穀進行專論之後，還做了總結曰：太平道，其文約，其國富，天之命，身之寶。近出胸心，周流天下。此文行之，國可安，家可富。〔註34〕

《太平經》裏記述太平道經典中至關重要的《靈書紫文口訣》有 24 個，其中涉及辟穀的將近 10 個：「請受靈書紫文、口口傳訣在經者二十有四：……三者起採飛根，吞日精；四者服開明靈符；五者服月華；六者服陰生符；七者拘三魂；八者制七魄；九者佩皇象符；十者服華丹；十一者服黃水；十二者服廻水；十三者食環剛；十四者食鳳腦；十五者食松梨；十六者食李棗。」〔註35〕

總結來看，《太平經》記載的辟穀養生術，已經初步具備了體系性，其理論也趨於完備，方法也相對更加系統，內煉的方法也不是單一的一種，而是可以有幾種內煉方法輔助辟穀。應該說辟穀的修煉在太平道的修煉文化中佔有極其重要的地位，太平道的辟穀文化的確立也標誌道教辟穀文化的正式開端。

3.2.1.2 王充對道教辟穀的研究與運用

王充是東漢著名人物，他的《論衡·道虛篇》以客觀理性的態度審視和批評了當時流傳的各種成仙術，關於服氣輕舉他指出了當時道家的一種想像的理論依據：「且凡能輕舉入雲中者，飲食與人殊之故也。龍食與蛇異，故其舉措與蛇不同。聞為道者，服金玉之精，食紫芝之英。食精身輕，故能神仙。若士者，食合蜊之肉，與庸民同食，無精輕之驗，安能縱體而昇天？聞食氣者不食物，食物者不食氣。若士者食物，如不食氣，則不能輕舉矣。」〔註36〕另外，王充對漢武帝和李少君的互動做了記載，而且明確使用了「辟穀」一詞：「武帝之時，有李少君，以祠灶、辟穀、卻老方見上，上尊重之。」〔註37〕這也明確的說明了《史記》中記載的「穀道」就是辟穀術。

王充對當時流行的成仙思想，進行了批判，如今被當作唯物主義哲學家。

〔註33〕王懸河：《三洞珠囊》，載《道藏》第 25 冊，文物出版社、上海書店、天津古籍出版社，1988 年，0318c 頁。

〔註34〕王明編：《太平經合校》，中華書局，2014 年 10 月，第 2 版，第 715 頁。

〔註35〕王明編：《太平經合校》，中華書局，2014 年 10 月，第 2 版，第 8 頁。

〔註36〕〔漢〕王充著，黃暉撰：《論衡校釋》，中華書局，1990 年 2 月，第 1 版，第 324 頁。

〔註37〕〔漢〕王充著，黃暉撰：《論衡校釋》，中華書局，1990 年 2 月，第 1 版，第 329 頁。

值得注意的是，王充雖然對辟穀能成仙的理論進行了批判，但是也客觀的承認了辟穀養生對身體健康的好處。

在王充年近 70 歲的時候，其身體健康狀況每況愈下，他自己也不得不用這些「養氣自守，適食則酒，閉明塞聰，愛精自保，適輔服藥引導」的辟穀導引的道術來尋求延年之法，同時他還匯總了當時的養生之法寫成書，其《論衡・自紀》做了詳細介紹：「年漸七十，時可懸輿。仕路隔絕，志窮無如。事有否然，身有利害。髮白齒落，日月蹭邁，儔倫彌索，鮮所恃賴。貧無供養，志不娛快。歷數冉冉，庚辛域際，雖懼終徂，愚猶沛沛，乃作《養性》之書凡十六篇。養氣自守，適食則酒，閉明塞聰，愛精自保，適輔服藥引導，庶冀性命可延，斯須不老。既晚無還，垂書示後。」〔註 38〕

可見王充對成仙是抱堅定批判態度的，但是他對於道家養生方法確不是一概否定，而是客觀理性的加以分析和運用。對於節食辟穀導引之術，他也是有其自身的實踐和受益的，另外他寫的《養性》十六篇雖不傳於世，但可以推論此書應該是王充對當時養生方法的梳理與總結。

3.2.1.3　世襲辟穀術的張天師道

張道陵，是最為著名的道教人物，很多學者編撰的道教史也多認為他是道教的真正創立者。《道藏》記載：張良，至其晚年，名遂功成，乃欲辟穀從赤松子游，實其初志，非曰託之以自逃也。故其九傳至漢天師。祖天師，諱道陵，……後自浙瑜淮，涉河洛入蜀山，得煉形合氣之書，辟穀少寐。〔註 39〕這裡的漢天師指的就是張陵，也叫張道陵，此處明確記載張道陵辟穀修煉的事情。史籍中關於張陵的記載較少。但是對其孫張魯的記載很詳細：《魏志》曰，張魯字公旗。祖父陵客蜀學道，在鵠鳴山，造作道書以惑百姓，從受道者出米五斗，世號米賊。陵死子衡傳業，衡死魯復傳之。陵為天師，衡為嗣師，魯為系師，自號三師也。……後漢皇甫嵩傳雲，鉅鹿張角自稱大賢郎師，奉事黃老行張陵之術，用符水祝法以治病，遣弟子八人，使於四方以行教化，轉相誑惑，十餘年間眾數十萬。〔註 40〕這些記載介紹了早期天師道的傳播情

〔註38〕〔漢〕王充著，黃暉撰：《論衡校釋》，中華書局，1990 年 2 月，第 1 版，第 1209 頁。

〔註39〕張國祥：《漢天師世家》，載《道藏》第 34 冊，文物出版社、上海書店、天津古籍出版社，1988 年，0820b 頁。

〔註40〕道宣撰：《廣弘明集》第十一，T52，T2103，p0167a。

況，後世的張姓天師道均以此為依據。

在當代《徐州市體育志》中張陵的家世傳承和辟穀修煉被整理的更加詳細，在此錄做參考：張道陵（公元 34～156 年）原名張陵，字輔漢。沛國豐（今江蘇豐縣）人。東漢末年天師道的創始者，養生家。張道陵的九世祖張良匿下邳（今江蘇那縣西南），遇黃石公，得《太公兵法》，以後幫助漢高祖取天下，封為留侯。他對劉邦說：「我願意放棄人間事，跟隨赤松子學習養生之法。」於是他就學習辟穀（不食五穀）、導引（靜居行氣）輕身（飛昇）之術。張良的兒子名不疑，不疑子名高，高子名通，通子名無妄，無妄子名里仁，里仁子名皓，皓子名綱，綱子名大順，大順就是張道陵的父親。張道陵於漢建武十年（公元 34 年）正月十五夜生於吳地天目山（在今浙江）。他七歲讀老子書，即能瞭解其義。對於天文地理、圖書讖緯等奧秘，都能融會貫通。他身長九尺二寸，眉毛花白，垂手過膝，龍踞虎步，望之儼然。跟他學習的有一千多人，天目山南三十里、西北八十里，都設有講誦之堂。後來他從浙江渡過淮河、黃河、洛水，到了四川，住在深山中，得到了練形合氣之書，不食五穀，很少睡眠。之後，他又在洛陽北鄺山中修煉了三年，有奇效。〔註 41〕

方志中的記載未必都是史實，因為在傳說流傳的過程中不可避免有所偏離。從這段記載我們可以看出，張姓天師道追張良為遠祖，追張道陵為始祖。張良和張道陵都是非常倚重辟穀術的修煉，其辟穀的主要方式是練形合氣、導引辟穀。

值得一提的是，受到張良和張陵的影響，後世的多代張姓的天師都追其為先祖且都有辟穀的故事和經歷被載入道書，我們簡單列舉如下：七代天師，張回，十歲嗣教，能辟穀，日行數百里，後入青城山，不知所終。〔註 42〕八代天師，張迥，白鶴一雙，猶騎麃鹿。月下星奔，使黃而綠。道氣常存，歲歲辟穀。〔註 43〕十三代天師，張光，居石室中，垂三十年。傳授經錄，居常蔬食，後能辟穀，壽一百四歲而化。幼子名梧，字君明，自幼修煉，能辟穀，飛

〔註41〕 徐州市體育運動委員會編，《徐州市體育志》　徐州市體育運動委員會出版，1988 年 7 月，288～289 頁。

〔註42〕 張國祥：《漢天師世家》，載《道藏》第 34 冊，文物出版社、上海書店、天津古籍出版社，1988 年，0823c 頁。

〔註43〕 《皇明恩命世錄》，載《道藏》第 34 冊，文物出版社、上海書店、天津古籍出版社，1988 年，0786c 頁。

行往來，不知所終。〔註44〕十六代張應韶，人皆辟穀。日食黃精，貌態異俗。歲月以來，亦復如復。〔註45〕

　　總結來看，張姓的天師道，對辟穀是情有獨鍾，這一方面可能跟他們歸祖於張良有關，另外一方面，從歷代天師的傳記當中，我們可以看出辟穀是張姓天師道的重要修煉方法，他們都在辟穀修煉中獲得很大的好處，其辟穀的方法是在內煉修煉的基礎上，以其他的藥物（如黃精等）代替五穀，通過長時間的修煉，以達到養生修煉神奇的效果。

3.2.2　三國時期關於辟穀的記載

3.2.2.1　曹操父子對辟穀方士的考驗

　　三國是東漢之餘緒，這個時期出現了很多能人異士可以辟穀。魏國曹操、曹丕、曹植父子就親自考察過很多辟穀方士。

　　曹操與辟穀方士的互動，記載在晉時的張華著作《博物志》其卷五《方士》中：「魏武帝好養性法，亦解方藥。招引四方之術士，如左元放，華佗之徒，無不畢至。魏王所集方士名：上黨王真，隴西封君達，甘陵甘始，魯女生，譙國華佗字符化，東郭延年，唐霅，冷壽光，河南卜式，張貌，薊子訓，汝南費長房，鮮奴辜，魏國軍吏，河南趙聖卿，陽城郤儉，字孟節，盧江左慈，字符放。右十六人，魏文帝，東阿王，仲長統所說，皆能斷穀不食，分形隱沒，出入不由門戶。左慈能變形，幻人視聽，厭勝鬼魅，皆此類也。《周禮》所謂怪民，《王制》稱挾左道者也。」〔註46〕可以說曹操聚攬的這批方士各有各的本事，能夠長期辟穀的也很多。曹丕《典論》裏也詳細的介紹了郤儉辟穀的一些細節：「潁川郤儉，能辟穀，餌伏苓。甘陵甘始，亦善行氣，老有少容。盧江左慈，知補導之術，並為軍吏。初，儉之至，市伏苓價暴數倍。」〔註47〕郤儉一上市場，市場上的茯苓就漲價。郤儉是「服食辟穀」或「丹藥辟穀」。辟穀要借助食藥，食藥可以幫助辟穀，辟穀可以輕身

〔註44〕張國祥：《漢天師世家》，載《道藏》第34冊，文物出版社、上海書店、天津古籍出版社，1988年，0824b頁。

〔註45〕《皇明恩命世錄》，載《道藏》第34冊，文物出版社、上海書店、天津古籍出版社，1988年，0787a頁

〔註46〕〔晉〕張華著，《博物志新譯》，上海：上海大學出版社，2010.01：123～124頁。

〔註47〕〔魏〕魏文帝撰，〔清〕孫馮翼輯；《典論》〔M〕，北京：中華書局，1985：4頁。

延年，從而達到延長壽命的目的。

裴松之注《三國志》載錄了曹植的《辯道論》：「世有方士，吾王悉所招致，甘陵有甘始，廬江有左慈，陽城有郄儉。始能行氣導引，慈曉房中之術，儉善辟穀，悉號三百歲。……自家王與太子及余兄弟咸以為調笑，不信之矣。……余嘗試郄儉絕穀百日，躬與之寢處，行步起居自若也。夫人不食七日則死，而儉乃如是。然不必益壽，可以療疾而不憚飢饉焉。」〔註48〕曹植對辟穀方士苛刻的考察的事蹟，也經常被後世引用，用現在的話來說，曹植也是一個求真和務實的人，他親自跑去和郄儉住在一起，測試郄儉辟穀達百日。最後他得出來的結論是，郄儉能長期辟穀是真實的，辟穀不一定能夠的讓人長生，但是卻可以治療疾病，而且不怕在饑荒中被餓死。曹植對辟穀的這個評價也可以說是理性而中肯的。

《神仙傳·左慈》記載：「孔元方者，許昌人也。常服松脂、茯苓實。始得此藥時，年已老。自後歲歲更少，常如四十許人。郄元節、左元放皆為親友，俱業五經及當世之事，專修道術。」〔註49〕葛洪《神仙傳》還記載了曹操對左慈辟穀的考驗：「曹公聞而召之（左慈），閉一室中，使人守視，斷其穀食，日與二升水，期年乃出之，顏色如故。」〔註50〕

根據上述文獻的記載，這些辟穀人物曾與曹操政治集團密切接觸，並被反覆確證辟穀不食的能力。這說明道教內煉辟穀方士在東漢至三國時期積極走向社會，被高層所關注。

3.3.2.2 嵇康對養生辟穀的推廣與傳播

三國時期竹林七賢之一嵇康在歷史上也非常著名。嵇康對養生的各種方術很有研究。嵇康在文章中也提到辟穀之術，並以之為「養生已備、至理已盡」之術，推崇備至，其文曰：「天地廣遠，品物多方，智之所知，未若所不知者眾也。今執辟穀之術，謂養生已備，至理已盡，馳心極觀，齊此而還。意所不及，皆謂無之，欲據所見，以定古人之所難言，得無似螳螂之議

〔註48〕〔晉〕陳壽撰，〔南朝宋〕裴松之注，中華書局編輯部點校：《三國志》，中華書局，1982 年 7 月，第 2 版，第 805 頁。

〔註49〕趙道一：《歷世真仙體道通鑒》，《道藏》第 5 冊，文物出版社、上海書店、天津古籍出版社，1988 年，0188b 頁。

〔註50〕〔晉〕葛洪撰，胡守為校釋：《神仙傳校釋》，中華書局，2010 年 9 月，第 1版，第 275 頁。

冰邪？」〔註51〕

　　嵇康有一篇《養生論》，談到人們最好節欲節食辟穀養生，否則難免中道夭亡而貽笑眾生：「世人不察，惟五穀是見，聲色是耽，目惑玄黃，耳務淫哇。滋味煎其府藏，醴醪鬻其腸胃，香芳腐其骨髓，喜怒悖其正氣，思慮銷其精神，哀樂殃其平粹。夫以蕞爾之軀，攻之者非一塗，易竭之身，而外內受敵，身非木石，其能久乎？其自用甚者，飲食不節，以生百病，好色不倦，以致乏絕，風寒所災，百毒所傷。中道夭於眾難，世皆知笑悼，謂之不善持生也。」〔註52〕

　　他的這些觀點在當時還引發了爭論，有人撰文反駁他，他又一次撰寫文章，據理力爭。嵇康在其《答難養生論》中進一步說明了多食五穀帶來的身心健康問題，並論證了辟穀養生的諸多好處和實例：「穰歲多病，饑年少疾。……養親獻尊，則菊苴粱；聘享嘉會，則肴饌旨酒。而不知皆淖溺筋腴，易糜速腐。初雖甘香，入身臭處，竭辱精神，染污六府。鬱穢氣蒸，自生災蠱。饕淫所階，百疾所附。味之者口爽，服之者短祚。豈若流泉甘醴，瓊蘂玉英。金丹石菌，紫芝黃精。皆眾靈含英，獨發奇生。貞香難歇，和氣充盈。澡雪五臟，疏徹開明。吮之者體輕。又練骸易氣，染骨柔筋。滌垢澤穢，志凌青雲。若此以往，何五穀之養哉？且螟蛉有子，果蠃負之，性之變也。橘渡江為枳，易土而變，形之異也。納所食之氣，還質易性，豈不能哉？故赤斧以練丹頳發，涓子以術精久延，偓佺以松實方目，赤松以水玉乘煙，務光以蒲韭長耳，邛疏以石髓駐年，方回以雲母變化，昌容以蓬蔂易顏，若此之類，不可詳載也。」〔註53〕應該說他的這些文章，旁徵博引，極盡論辯之能事，廣羅傳說中的辟穀神仙，極力的推崇辟穀養生。

　　顯然嵇康的這些關於辟穀的思想和論證方式現在看來還是有些牽強附會的地方，但是在當時影響很大，在後世也影響深遠。然而其辟穀有利於養生的觀點是明確而較為符合實際的。唐朝孫思邈在論著中就曾引用嵇康的觀點「穰歲多病，饑年少疾」，來說明辟穀養生的好處。作為一位壽超百歲的著名

〔註51〕〔清〕嚴可均編：《全上古三代秦漢三國六朝文》，中華書局，1958 年 12 月，第 1 版，第 2676 頁。

〔註52〕〔三國魏〕嵇康著，戴明揚校注：《嵇康集校注》，中華書局，2014 年 4 月，第 1 版，第 254 頁。

〔註53〕〔三國魏〕嵇康著，戴明揚校注：《嵇康集校注》，中華書局，2014 年 4 月，第 1 版，第 301～302 頁。

醫生，孫思邈當然有發言權，而這一觀點也被歷史所反覆證明。

3.2.3 兩晉南北朝時期關於辟穀的記載

3.2.3.1 葛洪對道教辟穀體系的總結

葛洪是歷史上著名的儒道兼修的學者，學識淵博，可謂晉以前道學的集大成者。他精通醫理藥理，並長期從事煉丹與內修。葛洪著述頗豐，《抱朴子內篇》是其道學的代表作，《肘後備急方》是他醫藥學的代表作。葛洪《抱朴子·金丹篇》載「左慈是葛玄之師，傳其《太清丹經》三卷，及《九鼎丹經》、《金液丹經》各一卷。」《後漢書·方術列傳下》記載了左慈：左慈字符放，廬江人也。少有神道。〔註54〕葛洪《抱朴子內篇》也專門敘述師承：「昔左元放於天柱山中精思，而神人授之金丹仙經，會漢末亂，不遑合作，而避地來渡江東，志欲投名山以修斯道。余從祖仙公，又從元放受之，凡受《太清丹經》三卷及《九鼎丹經》一卷、《金液丹經》一卷。余師鄭君者，則余從祖仙公之弟子也，又於從祖受之，而家貧，無用買藥。余親事之，灑掃積久，乃於馬跡山中立壇盟受之，並諸口訣，訣之不書者。江東先無此書，書出於左元放，元放以授余從祖，從祖以授鄭君，鄭君以授余，故他道士了無知者也。」〔註55〕根據仙傳記載和葛洪的記述，可以大致理出傳承脈絡，往上追溯，葛洪師承於鄭隱，鄭隱的老師是葛玄，葛玄的老師是左慈，左慈的老師是李仲甫，可謂傳承有序。往下傳承，葛洪有弟子黃野人，其後亦代有傳人。

葛洪可以說是古代系統的研究辟穀養生的第一人，他為什麼這麼重視辟穀呢？因為他的師承中有很多關於辟穀的故事。葛洪《抱朴子內篇·釋滯篇》說：「予從祖仙公（葛玄），每大醉及夏天甚熱，輒入深淵之底，一日許乃出者，正以能閉氣胎息故耳。」〔註56〕葛洪在《神仙傳·葛玄》記載了葛玄的傳記：「葛玄，字孝先，丹陽人也。生而秀穎，……服餌芝術，從仙人左慈。」〔註57〕《抱朴子內篇·遐覽》記載葛洪的老師鄭隱的辟穀事蹟：「鄭君時年出

〔註54〕〔南朝宋〕范曄撰，〔唐〕李賢等注，中華書局編輯部點校：《後漢書》，中華書局，1965 年 5 月，第 1 版，第 2748 頁。

〔註55〕〔晉〕葛洪著，王明校釋：《抱朴子內篇校釋》，中華書局，1985 年 3 月，第 2 版，第 71 頁。

〔註56〕〔晉〕葛洪：《抱朴子內篇》，《道藏》第 28 冊，文物出版社、上海書店、天津古籍出版社，1988 年，0199c 頁。

〔註57〕〔晉〕葛洪撰，胡守為校釋：《神仙傳校釋》，中華書局，2010 年 9 月，第 1 版，第 270 頁。

八十，先髮鬚斑白，數年間又黑，顏色豐悅，能引強弩射百步，步行日數百里，飲酒二斗不醉。每上山，體力輕便，登危越險，年少追之，多所不及。飲食與凡人不異，不見其絕穀。余問先隨之弟子黃章，言鄭君嘗從豫章還，於掘溝浦中，連值大風。又聞前多劫賊，同侶攀留鄭君，以須後伴，人人皆以糧少，鄭君推米以卹諸人，己不復食，五十日亦不饑。又不見其所施為，不知以何事也。」〔註58〕這些事情引起了葛洪的濃厚的興趣，進而萌生了他對辟穀的一探究竟式的各種總結研究。

　　《抱朴子內篇·仙藥》裏記錄過南陽文氏所述食術辟穀：「南陽文氏，說其先祖，漢末大亂，逃去山中，饑困欲死。有一人教之食術，遂不能饑，數十年乃來還鄉里，顏色更少，氣力勝故。自說在山中時，身輕欲跳，登高履險，歷日不極，行冰雪中，了不知寒。〔註59〕這說明文氏所述食術辟穀術可以輕身，可以抗寒。《抱朴子·仙藥》記載了任子季服茯苓辟穀的美容效果：任子季服茯苓十八年，仙人玉女往從之，能隱能彰，不復食穀，炙瘢皆滅，面體玉光。」〔註60〕本書所收集的文獻中，提到的辟穀美容修復效果，有多處。辟穀日久，身體的瘢痕自然消解，面容如玉而有光，的確有可能。《抱朴子·道意》曰：「吳大帝時，蜀中有李阿者，穴居不食，傳世見之，號為八百歲公。」〔註61〕

　　《抱朴子內篇·雜應篇》中對辟穀做了詳細的介紹和分析並記載了很多他考察過的真實辟穀人物，如董威輦、陳子敘、張太元全家及其弟子數十人的食石辟穀、馮生者吞炁辟穀、石春為人治病時的服水辟穀等等。原文如下：「洛陽有道士董威輦，常止白社中，了不食，陳子敘共守事之，從學道積久，乃得其方……。張太元舉家及弟子數十人，隱居林慮山中，以此法食石十餘年，皆肥健。……餘數見斷穀人三年二年者多，皆身輕色好，堪風寒暑濕，大都無肥者耳。……有馮生者，但單吞炁，斷穀已三年，觀其步陟登山，擔一斛許重，終日不倦。又時時引弓，而略不言語，言語又不肯大聲。問之云，斷

〔註58〕〔晉〕葛洪：《抱朴子內篇》，《道藏》第28冊，文物出版社、上海書店、天津古籍出版社，1988年，0245a頁。

〔註59〕〔晉〕葛洪：《抱朴子內篇》，《道藏》第28冊，文物出版社、上海書店、天津古籍出版社，1988年，0213c頁。

〔註60〕〔晉〕葛洪：《抱朴子內篇》，《道藏》第28冊，文物出版社、上海書店、天津古籍出版社，1988年，0214a頁。

〔註61〕〔晉〕葛洪著，王明校釋：《抱朴子內篇校釋》，中華書局，1985年3月，第2版，第173～174頁。

穀亡精費氣，最大忌也。……吳有道士石春，每行氣為人治病，輒不食，以須病者之愈，或百日，或一月乃食。吳景帝聞之曰，此但不久，必當饑死也。乃召取鎖閉，令人備守之。春但求三二升水，如此一年餘，春顏色更鮮悅，氣力如故。景帝問之，可復堪幾時？春言無限，可數十年，但恐老死耳，不憂饑也。乃罷遣之。按如春言，是為斷穀不能延年可知也。今時亦有得春之法者。〔註62〕石春的辟穀的方法，後世也有傳人。《雲笈七籤》中記載：朱庫者，不知何許人也。久服石春辟穀符水，不饑不渴，強丁不老。」〔註63〕

葛洪認為，辟穀還有一個在他看來可能更重要的作用，那就是服食金丹大藥之前的準備。《抱朴子內篇》詳細記載了其方法：「用古秤黃金一斤，並用玄明龍膏、太乙旬首中石、冰石、紫游女、玄水液、金化石、丹砂，封之成水、真經云，金液入口，則其身皆金色。老子授之於元君，元君曰，此道至重，百世一出，藏之石室，合之，皆齋戒百日，不得與俗人相往來，於名山之側，東流水上，別立精室，百日成，服一兩便仙。若未欲去世，且作地水仙之士者，但齋戒百日矣。若欲昇天，皆先斷穀一年，乃服之也。若服半兩，則長生不死，萬害百毒，不能傷之。〔註64〕葛洪求真窮理的研究精神和文獻綜述、實地調研訪談等研究方法是值得稱道的。葛洪研究辟穀非常注重實踐和實效，他總結說：夫炁出於形，用之其效至此，何疑不可絕穀治病，延年養性乎？仲長公理者，才達之士也，著昌言，亦論行炁可以不饑不病，云吾始者未之信也，至於為之者，盡乃然矣。」〔註65〕

在民間故事和道教傳記當中，也有葛洪的弟子的傳說，他有個重要的弟子叫黃野人。《歷世真仙體道通鑒》載：「黃野人，葛仙之弟子也。稚川棲山煉丹，野人隨之。……歌詩云：雲來萬嶺動，雲去天一色。長笑兩三聲，空山秋月白。」〔註66〕金心點校《湖海新聞夷堅續志》一書中有黃野人傳人辟穀術

〔註62〕〔晉〕葛洪著，王明校釋：《抱朴子內篇校釋·卷之十五雜應》，中華書局，1985年3月，第2版，第266頁。
〔註63〕〔宋〕張君房編，李永晟點校：《雲笈七籤·卷之一百一十一洞仙傳·朱庫》，中華書局，2003年12月，第1版，第2427頁。
〔註64〕〔晉〕葛洪：《抱朴子內篇》，《道藏》第28冊，文物出版社、上海書店、天津古籍出版社，1988年，0186c頁。
〔註65〕〔晉〕葛洪：《抱朴子內篇》，《道藏》第28冊，文物出版社、上海書店、天津古籍出版社，1988年，0191b頁。
〔註66〕趙道一：《歷世真仙體道通鑒》，《道藏》第5冊，文物出版社、上海書店、天津古籍出版社，1988年，0237c頁。

的記載：「黃野人，在惠州羅浮山中。近年有人入山失路，但見一小茅廬，一
村翁裏布巾，操刀破竹篾，不知其為仙人也。失路者告饑，時冬十月，野人摘
梅子與之喫。喫數枚，其味甘香，又不似梅子。歸家能辟穀不饑。又以竹篾數
條遺之，歸開其篾，長七八丈而無節。方知所遇即仙人黃野人也。」〔註67〕

　　葛洪在《抱朴子內篇》中所述鄭隱藏書共有 200 餘部經書，從經名判斷
至少有十餘部是關於辟穀的，如《食日月精經》、《食六氣經》、《丹一經》、《胎
息經》、《行氣治病經》、《日月廚食經》、《日精經》、《休糧經》三卷、《服食禁
忌經》等等。〔註68〕可見辟穀在晉之前的道家道教中的地位。

　　總結來看，葛洪是真正把辟穀養生作為一個專門的課題來研究和綜述的
人，把當時辟穀的方法理論和實際的案例做了非常詳盡的介紹，並給出了客觀
理性的結論和分析。葛洪指出辟穀之效在於：「可省肴糧之費」，即減食糧食的
消耗；「差少病痛，勝於食穀時」，即比正常飲食時少生病痛；「若遭荒世，隱竄
山林，知此法者，則可以不餓死也」，即遇到災荒年月或避兵災而隱遁山林時可
以不被餓死；「身輕色好，堪風寒暑濕」，即可以減肥美容增強抵抗力；「若欲昇
天，皆先斷穀一年，乃服之也」，即葛洪認為辟穀最重要的功能就是服食金丹之
前的準備階段。葛洪對晉之前辟穀的研究可以說是窮盡搜羅，無所不包，雖有
其時代的侷限性，但確是對早期道教辟穀的第一次客觀審慎的集中討論，把道
教辟穀的理論方法整理的趨於體系化，對後世的影響也很深遠。

3.2.3.2　劉景先濟饑辟穀方及其傳播

　　用於辟穀養生的辟穀方，是道教辟穀文化的重要組成部分。辟穀方的本
質是用於代替五穀的食用之物的配比和加工方法。歷史上最著名的辟穀方，
是劉景先所傳的《濟饑辟穀方》，學術界對其研究也比較多。劉景先是東晉十
六國時期後趙的大臣，他寫了一道奏摺，向當時的皇帝推薦太白山隱士傳授
給他的辟穀方。當時的情形是兵臨城下國都被圍困，城內馬上就要用盡糧絕，
劉景先在奏摺中，反覆強調這個辟穀方的效果，並說明了他們全家幾十口人
都是運用這個辟穀方而獲得奇效。為了保證讓皇帝相信這個方子的真實性，
他把全家幾十口人的性命都押上了，他說如果方子是假的，他們全家都甘受

〔註67〕金心點校：《湖海新聞夷堅續志‧後集卷一‧神仙門‧遇仙‧野人破竹》，中
　　　　華書局，2006 年 9 月，第 2 版，第 136 頁。
〔註68〕〔晉〕葛洪著，王明校釋：《抱朴子內篇校釋‧卷之十九遐覽》，中華書局，
　　　　1985 年 3 月，第 2 版，第 333～335 頁。

刑戮。他建議皇帝根據這個辟穀方，大量的製造辟穀丹以應對城內無糧的困境。此方傳出之後，因其所言涉及救荒救饑，而其方又有所效驗，被眾多的醫家、道家典籍所載錄，並有石刻本等傳世，可謂備受關注。

《道藏》中《神仙養生秘術》錄其方：「永寧二年二月十七日，黃門侍郎劉景先表言：臣遇太白山隱士，得此方。臣聞京師米糧大貴，宜以此濟之，令人不饑，耳目聰明，顏色光澤。如有誑妄，臣一家甘受刑戮。四季用黑豆五升，淨洗後蒸三遍，曬乾去皮，又用大火麻子三升，湯浸一宿，漉出曬乾，膠水拌曬，去皮淘淨，蒸三遍，碓搗。次下豆黃，共為細末，用糯米粥，合和成圓，如拳大。入甑蒸，從夜至子，住火，至寅取出，於磁器內盛蓋，不令風乾。每服三塊，但飽為度，不得食一切物。第一頓七日不饑，第二頓七七日不饑，第三頓三百日不饑，容貌佳勝，更不憔悴。渴即研火麻子漿飲，更滋潤臟腑。若要重喫物，用葵子三合杵碎，煎湯飲，開導胃脘，以待沖和無損。此方勒石漢陽軍別山太平興國寺。」〔註69〕

在多處傳載和時代歷久的情況下，此方的重要原料也曾被傳錯：將「大火麻子」誤寫為「大麻子」。直至《清光緒九年文水縣志》還在收錄這個辟穀方，文後按語糾錯曰：「方內之大麻子即火麻仁，本名大麻仁，本草入之穀部，乃神農服食。上品色褐，大於黍粒，晉省最多，呼為麻子，往往同麥仁炒食，味香而多脂，其性甘平，緩脾潤燥。黑豆補腎鎮心，活血解毒。合之一補一潤，故能辟穀療饑。若今所謂大麻子，乃藥中之蓖麻子，形如狗虱，白質絳黑班，只堪榨油，並敷治瘡毒等用。辛熱有毒，頗同巴豆，不可輕服。三年荒旱之際，曾有照方合服者，因誤用蓖麻仁，腹瀉而死，人遂不信，只以今古南北物名不同，遂致活人良方竟成鴆毒，不可不辨正之。又按，此方曾有都中好善之人照方配合，以身嘗試。據云：初服一頓未能七日不饑，二三日覺餓，不妨再服，但宜少不宜多。至第二頓後，可十餘日不饑，則誠有之。惟服此不可食一切物，食之，則不驗。四五日內，亦稍困倦，以後精神振發如常。至三頓雖未試過，想古人不為欺誑之談也云云。據此，則倘遇荒年，服此先耐數十日，以待米糧之接濟，當屬可信。」〔註70〕如今看來，此縣志中的載錄不可

〔註69〕陳顯微：《神仙養生秘術》，《道藏》第 19 冊，文物出版社、上海書店、天津古籍出版社，1988 年，0386c 頁。

〔註70〕文水縣史志辦公室整理：《清光緒九年文水縣志》，三晉出版社，2011 年 12月，第 1 版，第 302～303 頁。

謂不慎，考據不可謂不嚴。此方之所以能夠廣為傳世，從根本上說還是世人有所需，而此方行之有驗。

　　早期道教關注辟穀的維生與養生價值，這也體現了重生貴生的理念。鑒於道教教團是以普通民眾為主要組成的宗教組織，辟穀是其維持發展的最經濟的手段，因此道教辟穀從維持生存與養生需要出發，一直致力於探索辟穀方，劉景先所傳的《濟饑辟穀方》無疑是其傑出代表。因為此辟穀方言及救荒救饑，而且又有所效驗，所以此方為後世諸多醫籍、道籍反覆載錄。〔唐〕杜甫《九家集注杜詩》中有：「朱門酒肉臭，路有凍死骨。孟子：庖有肥肉，廐有肥馬，民有饑色，野有餓莩，又曰狗彘，食人食而不知檢。途有餓莩而不知發。」〔註71〕王磐《野菜譜序》曰：「穀不熟曰饑，菜不熟曰饉。飢饉之年，堯湯所不能免，……饑民枕藉，道路有司，雖有賑發，不能遍濟，率皆採摘。」〔註72〕明陳耀文在《天中記》中說：「後生有耳目所不見，聞者及水旱、風蟲、雷電之災，便能餓死滿道，白骨交橫，知而不種，坐致泯滅。悲夫！」〔註73〕古代災荒的多發頻發，是辟穀方被重視並加以廣泛流傳的根本原因。根據四川大學周斌教授專門撰文考察，劉景先辟穀方被道藏《神仙養生秘術》及其所據石本、宋董謂《救荒活民書》、明屠隆《鴻苞集》、明龔廷賢《壽世保元》、明高鐮《遵生八箋》、元王禎《農書》、明徐光啟《農政全書》、清陳芳生《先憂集》〔註74〕都收錄其中，可見其影響之大。

3.2.3.3 上清派的辟穀傳承

　　上清派早期最著名的經典是《黃庭經》，《黃庭經》有《內景經》和《外景經》，主要以詩詞形式敘述道要，辟穀為其至關重要的修煉方法。此經傳承者魏華存是一位女性。關於魏華存的記載很多，較早的文獻見於陶弘景《真靈位業圖》，《真靈位業圖校理》曰：「夫人姓魏，諱華存，字賢安，任城人。晉司徒文康公魏舒女也。少讀老莊、春秋三傳、五經百子事。常別居一園，獨立

〔註71〕〔唐〕杜甫：《九家集注杜詩》，臺北：臺灣商務印書館影印，文淵閣《四庫全書》本，第1068冊，0046c頁。

〔註72〕〔明〕徐光啟：《農政全書》，臺北：臺灣商務印書館影印，文淵閣《四庫全書》本，第0731冊，0901a頁。

〔註73〕〔明〕陳耀文：《天中記》，臺北：臺灣商務印書館影印，文淵閣《四庫全書》本，第0967冊，0535b頁。

〔註74〕周斌，雕版印刷術始於後趙道教辟穀方說不可信〔J〕，宗教學研究，2010（02）：12～15。

閒處，服餌胡麻。父母逼之，強適太保公掾南陽劉幼彥。疇昔之志，存而不虧。後幼彥為修武令，隨之縣舍，閉齋別寢，入室百日，所期仙靈。」〔註75〕

　　根據王沐先生的梳理，上清派歷代傳承的主要人物，都修煉辟穀。陸修靜為上清派第七代傳人。他當時作為天師道道士和教制儀式改革者，吸收上清經、靈寶齋儀對天師道進行了改革，所以成為道教歷史中的重要人物。他於廬山撰成第一部道藏《三洞經書目錄》。《三洞珠囊·道學傳第七》云：「陸修靜，……少已習斷穀，別床獨處也。」〔註76〕上清派第八代傳人是孫遊嶽。《歷世真仙體道通鑒》載：「孫遊嶽，……後茹芝卻粒，又專服穀仙丸。六十七年，顏色精爽，久而愈少。」〔註77〕可見辟穀修煉是此派傳承的重要方法。

　　上清派第九代傳人陶弘景，在道教史上地位卓著。其辟穀修道的事蹟被寫入正史，《梁書》和《南史》都有詳細記載。《梁書》的記載如下：「陶弘景字通明，丹陽秣陵人也。……天監四年，移居積金東澗。善辟穀導引之法，年逾八十而有壯容。深慕張良之為人，云古賢莫比。」〔註78〕《南史》記載為：「陶弘景性好著述，尚奇異，顧惜光景，老而彌篤。尤明陰陽五行、風角星算、山川地理、方圖產物、醫術本草……國家每有吉凶征討大事，無不前以諮詢。月中常有數信，時人謂為山中宰相。……弘景善辟穀導引之法，自隱處四十許年，年逾八十而有壯容。仙書云：「眼方者壽千歲。」弘景末年一眼有時而方。……大同二年卒，時年八十一。顏色不變，屈申如常，香氣累日，氛氳滿山。」〔註79〕

　　陶弘景十分重視養生學的研究，為總結古人在養生方面的探索成果，專門撰寫了《養性延命錄》一書。該書輯錄了上自炎黃、下至魏晉之間的有關養生的理論與方法的各種闡述，共分上下兩卷計六篇，其中《食誡篇》闡述飲食調養與辟穀養生；《服氣療病篇》闡述行氣辟穀的疾病調養方法。在理論

〔註75〕〔梁〕陶弘景纂，〔唐〕閭丘方遠校訂，王家葵校理：《真靈位業圖校理》，中華書局，2013 年 6 月，第 1 版，第 66 頁。

〔註76〕王懸河：《三洞珠囊》，《道藏》第 25 冊，文物出版社、上海書店、天津古籍出版社，1988 年，0308c 頁。

〔註77〕趙道一：《歷世真仙體道通鑒》，《道藏》第 5 冊，文物出版社、上海書店、天津古籍出版社，1988 年，0240b 頁。

〔註78〕〔唐〕姚思廉撰，中華書局編輯部點校：《梁書》，中華書局，1973 年 5 月，第 1 版，第 742 頁。

〔註79〕〔唐〕李延壽撰，中華書局編輯部點校：《南史》，中華書局，1975 年 6 月，第 1 版，第 1899 頁。

上，該書採擷前人養生言論，並加以系統歸納提煉，建構起了以養神、行氣、煉形為核心的養生學的系統理論，使養生學真正成為一門成熟的學問。在方法上，陶弘景對古人的各種養生修道方法進行了系統的總結，全面論述了包括金丹、服食、辟穀、服氣、導引、按摩、房中等在內的各種養生修道方法，使養生修道方法更為完善和系統。《食誡篇》對飲食之道做了總結並推食氣辟穀為最高境界。食誡篇將食分為三個層次：「多酒食肉，名曰下士，憂狂無恒；食良藥，五穀充悅者，名曰中士，猶慮疾苦；食氣，保精存神，名曰上士，與天同年。」〔註80〕《服氣療病篇》中特別提出服氣療病所用的行氣之法，必須要「少食自節」，即在辟穀狀態下進行。《養性延命錄》說：「行氣當少飲食，飲食多則氣逆，百脈閉，百脈閉則氣不行，氣不行則生病。」〔註81〕俗世也流傳這樣一句話：常帶三分饑，一世不求醫。總之，辟穀在陶弘景性命養生學問體系中佔有重要的地位。

上清派因為重視辟穀養生的修煉，所以被後世部分研究者稱為辟穀派。其核心經典《黃庭經》的修持要點之一是誦經、觀想存神、服氣辟穀。觀想存神也是內煉辟穀重要方法。魏晉以降，上清派奉《黃庭經》為圭臬，其主要傳人都是辟穀名師，其主要代表人物多次與皇帝有密切的交往和接觸，所以其事蹟也多次被寫入正史。

3.2.3.4 北天師道的辟穀傳承

嵩山道士寇謙之利用北魏皇權整頓道教，創立北天師道。《魏書》記載：「世祖時，道士寇謙之，……早好仙道，有絕俗之心。少修張魯之術，服食餌藥，……謙之守志嵩嶽，精專不懈，以神瑞二年十月乙卯，忽遇大神，乘雲駕龍，導從百靈，仙人玉女，左右侍衛，集止山頂，稱太上老君。謂謙之曰：「往辛亥年，嵩嶽鎮靈集仙宮主，表天曹，稱自天師張陵去世已來，地上曠誠，修善之人，無所師授。嵩嶽道士上穀寇謙之，立身直理，行合自然，才任軌範，首處師位，吾故來觀汝，授汝天師之位，賜汝《雲中音誦新科之誡》二十卷。號曰『並進』。言：「吾此經誡，自天地開闢已來，不傳於世，今運數應出。汝宣吾《新科》，清整道教，除去三張偽法，租米錢稅，及男女合氣之術。大道

〔註80〕〔梁〕陶弘景集，王家葵校注：《養性延命錄校注》，中華書局，2014年9月，第1版，第111頁。

〔註81〕陶弘景：《養性延命錄》，載《道藏》第18冊，文物出版社、上海書店、天津古籍出版社，1988年，0481b頁。

清虛，豈有斯事。專以禮度為首，而加之以服食閉練。」使王九疑人長客之等十二人，授謙之服氣導引口訣之法。遂得辟穀，氣盛體輕，顏色殊麗。弟子十餘人，皆得其術。〔註82〕

寇謙之時代的多位道教隱士及其的眾多弟子都修煉辟穀之術，史書也有多處記載。《魏書》記載：穎陽綘略、聞喜吳劭，道引養氣，積年百餘歲，神氣不衰。……河東羅崇之，常餌松脂，不食五穀，自稱受道於中條山……東萊人王道翼，少有絕俗之志，隱韓信山，四十餘年，斷粟食荵，通達經章，書符籙。常隱居深山，不交世務，年六十餘。〔註83〕又如《北史・李先傳》記載：李先之子李皎，為寇謙之弟子，遂服氣絕粒數十年，隱於恒山。年九十餘，顏如少童。〔註84〕《南史・隱逸傳》載：南嶽鄧先生名郁，荊州建平人也。少而不仕，隱居衡山極峻之嶺，立小板屋兩間，足不下山，斷穀三十餘載，唯以潤水服雲母屑，日夜誦大洞經。〔註85〕《北史》中云：陳道士徐則，因絕粒養性，所資唯松術而已，雖隆冬沍寒，不服綿絮。〔註86〕《消搖墟經》介紹五代著名道士譚峭的生平說：譚峭，字景升。幼而聰敏，文史涉目無遺，獨好《黃老仙傳》。一日，告父母出遊終南山，師嵩山道士。十餘年得辟穀養氣之術。常醉遊，夏則服烏裘，冬則衣布衫。或臥風雪中，人謂已斃，視之氣休休。然頗似風狂，每行吟曰：線作長江扇作天，屐鞋拋在海東邊。蓬萊通道無多路，只在譚生拄杖前。後居南嶽煉丹，丹成服之，後遂仙去。〔註87〕

3.2.3.5 兩晉南北朝道教辟穀文化的社會傳播

兩晉南北朝時期道教辟穀文化對社會高層影響很大，上到皇帝下到士大夫，文臣武將都在學習辟穀。《晉書・郗愔傳》：「（愔）與姊夫王羲之、高士許

〔註82〕〔北齊〕魏收 撰，中華書局編輯部 點校：《魏書・卷一百一十四釋老志十第二十》，中華書局，1974年6月，第1版，第3053～3054頁。

〔註83〕〔北齊〕魏收 撰，中華書局編輯部 點校：《魏書・卷一百一十四釋老志十第二十》，中華書局，1974年6月，第1版，第3054～3055頁。

〔註84〕〔唐〕李延壽撰，中華書局編輯部點校：《北史・卷二十七列傳第十五・李先》，中華書局，1974年10月，第1版，第979頁。

〔註85〕〔唐〕李延壽撰，中華書局編輯部點校：《南史・卷七十六列傳第六十六・鄧郁》，中華書局，1975年6月，第1版，第1896頁。

〔註86〕〔唐〕李延壽撰，中華書局編輯部點校：《北史・卷八十八列傳第七十六・徐則》，中華書局，1974年10月，第1版，第2915頁。

〔註87〕洪應明：《消搖墟經》，載《道藏》第35冊，文物出版社、上海書店、天津古籍出版社，1988年，0385c頁。

詢並有邁世之風，俱棲心絕穀，修黃老之術。」〔註88〕王羲之一生涉獵很廣，他以書法聞名於世，其實他的官職是武官。其交往的人際圈子也涵蓋了當時的名流，包括道教的辟穀方士。所以受其影響，他「有邁世之風而棲心絕穀」也很正常。

在民間，《顏氏家訓》流傳甚廣，為北齊顏之推所撰，被後世很多著名家族引用而成為家訓文化的典型代表。《顏氏家訓》也涉及養生的部分，其中談到「禁忌食飲，將餌藥物」的辟穀術：「性命在天，或難鍾值。……禁忌食飲，將餌藥物，遂其所稟，不為夭折者。諸藥餌法……得益者甚多。」〔註89〕這裡首先明確了人的生命，因為自然的屬性所以一定會有終結，希圖長生不死是不現實的追求。但是注意食物的禁忌，節制飲食、服餌辟穀，加以藥物以治療疾病，卻可以使人能夠盡其天年而不中途夭折。與此同時，《顏氏家訓》還注意到了有諸多的辟穀養生藥餌的製造方法，並指出因此受益的人很多，所以建議子孫後代要重視養生，重視飲食的禁忌，重視服餌辟穀。

這一時期很多名人雅士在災荒之年不得以而想到用辟穀之法，保命護生。陶淵明隱居的事人所共知，然而其辟穀的經歷卻鮮為人知。陶淵明詩詞作品中多次提到辟穀：「人生理氣合，衣食固有道。苟非辟穀人，焉能終我老？世人慾困我，我已安長窮。窮甚當辟穀，徐觀百年中。蕭蕭髮垂素，晡日迫西隅。道人閔我老，元氣時卷舒。歲惡風雨交，何不完子廬？萬法滅無餘，方寸可久居。將掃道上塵，先拔庭中蕪。一淨百亦淨，我物皆如如。」〔註90〕〔隋〕王通《中說》記載五斗先生能辟穀：「其人甚精，無愛憎喜怒。吸風飲露，不食五穀，其寢於於，其行徐徐。」〔註91〕從以上的這些記述可以看出陶淵明首先是因為沒有更多的糧食維生，才想到用辟穀之法維持生存，同時他也具備一些辟穀內煉的方術和方法。

兩晉南北朝時期國家戰亂、時局動盪不安，苦難的社會環境讓人們更加意識到生命的可貴，辟穀不僅用於維持生存，還成為當時的名士追求更高人

〔註88〕〔唐〕房玄齡等撰，中華書局編輯部點校：《晉書》，中華書局，1974 年 11 月，第 1 版，第 1802 頁。

〔註89〕〔北齊〕顏之推撰，王利器撰：《顏氏家訓集解》，中華書局，1993 年 12 月，第 1 版，第 356 頁。

〔註90〕〔東晉〕陶淵明撰，袁行霈箋注：《陶淵明集箋注》，中華書局，2003 年 4 月，第 1 版，第 644～645 頁。

〔註91〕〔隋〕王通著，張沛校注：《中說校注》，中華書局，2013 年 7 月，第 1 版，第 97 頁。

生境界的一種選擇。嵇康與陶淵明等名士的辟穀，某種程度上可看作是在尋求精神解脫，他們在辟穀中不僅僅著眼於肉體的維生與養生，同時也是在追求精神的自由超越。

3.2.4 唐朝關於辟穀的記載

3.2.4.1 集唐之前辟穀方大成的孫思邈

孫思邈為唐代著名醫道大家，自唐朝至今在道教乃至民間信仰中地位很高。據《唐太宗全集》記載，唐太宗曾親自為其撰文讚頌，其文曰：「賜真人孫思邈頌：鑿開徑路，名魁大醫；羽翼三聖，調和四時；降龍伏虎，拯衰救危；巍巍堂堂，百代之師！」〔註92〕史料載唐初名士盧照鄰等拜孫思邈為師。盧照鄰在文章中頌讚孫思邈「道合古今，學殫數術」。孫思邈在後世地位越來越高，宋徽宗年間，孫思邈被追封為妙應真人，時至今日人們仍尊崇他為「藥王」。

孫思邈著作很多，但在流傳中大多亡佚。今存《千金方》、《存神煉氣銘》、《福壽論》、《攝生論》、《保生銘》等。在這些著述中可以看出孫思邈本人非常重視辟穀養生。查閱古醫籍，孫思邈《保生銘》可見於〔宋〕張杲所著《醫說》，其中有句「飽食終無益，思慮最傷神」。〔註93〕孫思邈對辟穀內煉的總結主要體現在《存神煉氣銘》，銘中寫道：「煉氣之法，須先辟穀絕粒……其訣曰：安心氣海，存神丹田，攝心靜慮，氣海若聚，自然飽矣。」〔註94〕

到了宋朝孫思邈更加被神化，《雲笈七籤》記載其辟穀傳說：「孫思邈，華原人。七歲日誦千言，獨孤信見之曰：聖童也。顧器大，難為用耳。及長好談老莊，隱於太白山學道，煉氣養神，求度世之術。洞曉天文，精究醫藥，務行陰德。……王者命設酒饌，妓樂宴思邈。思邈辭以辟穀服氣，惟飲酒耳，留連三日，問其欲，對曰：山居樂道，思真煉神，目雖所窺，心固無欲。」〔註95〕

歷史上各代的醫學家和道學家都在收集辟穀的方子，東漢到唐對辟穀方

〔註92〕吳雲、冀宇校注：《唐太宗全集校注》，天津古籍出版社，2004年2月，第1版，第154頁。

〔註93〕〔宋〕張杲：《醫說》，臺北：臺灣商務印書館影印，文淵閣《四庫全書》本，第0742冊，0195c頁。

〔註94〕孫思邈：《存神煉氣銘》，《道藏》第18冊，文物出版社、上海書店、天津古籍出版社，1988年，0458b頁。

〔註95〕〔宋〕張君房編，李永晟點校：《雲笈七籤》，中華書局，2003年12月，第1版，第2499頁。

的收集貢獻最大的當屬孫思邈。孫思邈撰寫的《千金翼方》卷十三《辟穀》中，記載了辟穀方 54 首，分為 6 個大的部分，辟穀服茯苓第一、服松柏脂第二、服松柏實第三、酒膏散第四、服雲母第五、服水第六。孫思邈的作品，版本很多，材料豐富，學界研究也多，在此不多介紹。

值得一提的是，孫思邈還編集了華佗的醫術和藥方而成《華佗神醫秘傳》，傳世至今。此書中記載的有華佗的辟穀丹方多首，現舉幾例如下：「華佗茯苓酥神方：本品主除萬病，久服能延年。製法取上品茯苓，連皮乾蒸，取出以湯淋之，俟色白味甘為度。曝乾搗篩，得三斗。取陳酒一石，蜜一斗，和茯苓末。入容一石五斗之甕中，熟攪之百遍，密封勿令洩氣。冬日五十日，夏日二十一日，其酥即浮於酒上。接取酥飲之，味甘美如甘露。亦可作餅，大如掌，空屋中陰乾。服一餅，能終日不饑。華佗杏仁酥神方：本品主治要病，除諸風虛勞及感冷。製法取味極甘香之家杏仁一石（切忌用山杏仁因有大毒能殺人也），須擇其顆粒完全者，去皮尖微炒，搗作細末。取美酒兩石，研杏仁取汁，得一石五斗，再以蜜一斗，拌杏仁汁，煎令極濃.與乳相似。內兩石甕中攪之，密封泥，勿令洩氣。與上茯苓酥同法。三十日看之，酒上出酥，接取酥，內瓷器中封之。取酥下酒，別封之。團其藥如梨大，置空屋中乾之，服之令人斷穀。華佗天門冬圓神方：凡天門冬苗，作蔓有鉤刺者是。採得後當以酢漿水煮之使濕，去心皮曝乾，搗篩，以水蜜中半和之，仍更曝乾，又搗末，水蜜中半和之，更曝乾。每取一丸含之，有津液輒咽之，常含勿絕，行亦含之，久久自可絕穀，禁一切食，僅能食大麥。」〔註 96〕

元人所著《文獻通考》對孫思邈的貢獻做了評價：「思邈著千金方，復掇集遺軼以羽翼其書，成一家之言。」〔註 97〕辟穀是孫思邈著作中重要的一個部分。校正千金翼方序有段總結：「養性者莫善於養氣，故次之以辟穀。氣之盈乃可安閒，故次之以退居。退居者當事補養，故次之以補益。」〔註 98〕可見辟穀養生在孫思邈養生體系中的重要地位和作用。

孫思邈之後的歷代中醫典籍如《醫心方》、《聖濟總錄》、《重修政和證類

〔註 96〕〔漢〕華佗撰；〔唐〕孫思邈編集；彭靜山點校；《華佗神醫秘傳》，遼寧人民出版社，1982 年 5 月版，第 303～304 頁。

〔註 97〕〔元〕馬端臨撰，上海師範大學古籍研究所、華東師範大學古籍研究所點校：《文獻通考》，中華書局，2011 年 9 月，第 1 版，第 6150 頁。

〔註 98〕曾棗莊、劉琳主編：《全宋文第四十三冊》，上海辭書出版社；安徽教育出版社，2006 年 8 月，第 1 版，第 291 頁。

本草》、《本草綱目》、《食物本草》、《救荒本草》等對道教辟穀方進行了大量徵引載錄和豐富完善。

3.2.4.2 葉法善對內丹辟穀的倡導

葉法善是唐朝重要的道教人物，對道教在唐朝的發展有重要的影響。目前關於葉法善的學術研究論文和專著很多，可謂當今學界對道教人物研究的熱點，其中較為全面深入的研究有香港中文大學吳真的專著《唐宋時期道士葉法善崇拜發展研究》等。根據相關文獻記述，葉法善早年曾服用外丹幾乎中毒身亡，所以他後來明確反對爐灶煉丹，並借助皇室的影響力開展了取消丹爐的運動。《舊唐書》詳細記載了葉法善的生平：「道士葉法善，括州括蒼縣人。自曾祖三代為道士，皆有攝養占卜之術……時高宗令廣征諸方道術之士，合煉黃白。法善上言：金丹難就，徒費財物，有虧政理，請復其真偽。帝然其言，因令法善試之，由是乃出九十餘人，因一切罷之。……法善生於隋大業之丙子，死於開元之庚子，凡一百七歲。詔曰：故道士鴻臚卿員外置越國公葉法善，天真精密，妙理玄暢，包括祕要，發揮靈符，固以冥默難源，希夷罕測。而情棲蓬閬，跡混朝伍，保黃冠而不杖，加紫綬而非榮，卓爾孤秀，泠然獨往。勝氣絕俗，貞風無塵，金骨外聳，珠光內應。斯乃體應中仙，名升上德。朕當聽政之暇，屢詢至道；公以理國之法，數奏昌言。謀參隱諷，事宣弘益。」〔註99〕

葉法善的內丹思想主要記錄在《真龍虎九仙經》中，經中他明確說，金丹大藥不在身外，而在人身內，運用龍虎水火，心腎離坎相交，能夠起到理病癒患、補顏延年的效果，其文曰：「夫水火者，古聖大藥也，不在於外，凡人身上有水有火，雖互說不同，其歸一也。心為火，應離；腎為水，應坎。凡修道造金丹，須憑龍虎水火也。先靜地戶如水，後下龍虎，交之有度，用之有數，下心火燒，能理眾病虛者，補顏如童，故曰龍虎金丹大藥也。故諸患皆愈也。」〔註100〕

《唐葉真人傳》寫了一段葉法善可以長久辟穀，又可以一餐吃掉大量的食物的故事。原文曰：「真人慾示神變，謂侍郎曰：貧道辟穀日久，疲羸無力，希一飽飯，當即為治。侍郎即遣家人具蔬飯。真人一飯一斛，面三碩。瓜菜果

〔註99〕〔後晉〕劉昫等撰，中華書局編輯部點校：《舊唐書》，中華書局，1975 年 5 月，第 1 版，第 5107～5018 頁。

〔註100〕〔唐〕葉法善：《真龍虎九仙經》，《道藏》第 4 冊，文物出版社、上海書店、天津古籍出版社，1988 年，0317c 頁。

實，莫以數計，見者皆驚，尚云未飽。」〔註101〕在後世的傳記中，難免有誇張的成分，如按文中所述確實不可思議。《武義縣志》記載：「葉法善（616～720），唐代著名道士，人稱葉真人。13 歲，雲游學道，在豫章學辟穀、導引、胎息、煉丹之術，學成諸多道術，為民治病驅邪。高宗、睿宗、武則天、中宗50 年間，法善曾幾次被召入宮，闡述道法。法善常理氣自強，故臨老益壯。開元八年（720），終老景隆觀，年 105 歲。」〔註102〕

　　葉法善的辟穀有其家族的傳承，其祖上幾代都是著名道士，他祖父道術高深被皇室倚重的故事被立碑傳頌，碑名《葉有道碑》，其中提到其祖父的辟穀丹功，碑文中關於辟穀的文字是：「雲臥牝壑，林巢仙居……挏五石之髓，擷三芝之英……不飲不食，數十載於茲。」〔註103〕從這些文字中可以想見其祖父辟穀修道多年，用到的辟穀術應該包括服石和服芝辟穀。這些內丹辟穀養生的方法，因家族傳承自然融入了葉法善的內丹思想，使葉法善成為唐朝內丹辟穀孕育時期的重要代表人物。

3.2.4.3　服氣辟穀的集大成者司馬承禎

　　史籍中多處記載司馬承禎的傳記及其辟穀故事。如《舊唐書》記載：「道士司馬承禎，字子微，河內溫人。周晉州刺史、琅邪公裔玄孫。少好學，薄於為吏，遂為道士。事潘師正，傳其符籙及辟穀導引服餌之術。師正特賞異之，謂曰：我自陶隱居傳正一之法，至汝四葉矣。承禎嘗遍遊名山，乃止於天台山。」〔註104〕〔唐〕劉肅撰《大唐新語》記載：司馬承禎，字子微，隱於天台山，自號白雲子，有服餌之術。則天中宗朝，頻徵不起。睿宗雅尚道教，稍加尊異，承禎方赴召。睿宗嘗問陰陽術數之事，承禎對曰：「經云：『損之又損之，以至於無為。』且心目一覽，知每損之尚未能已，豈復攻乎異端而增智慮哉！」睿宗曰：「理身無為，則清高矣；理國無為，如之何？」對曰：「國猶身也，老子曰：『遊心於澹，合氣於漠，順物自然，而無私焉，而天下理。』易曰：『聖人者，與天地合其德。』是知天不言而信，不為而成。無為之旨，理國之要也。」睿宗深加賞異。無何，苦辭歸，乃賜寶琴、花帔以遣之。工部侍

〔註101〕《唐葉真人傳》，《道藏》第 18 冊，文物出版社、上海書店、天津古籍出版社，1988 年，0081a 頁。

〔註102〕武義縣編纂委員會編，《武義縣志》，浙江人民出版社，1990 年版，第 755 頁。

〔註103〕〔清〕董誥等編：《全唐文》，中華書局，1983 年 11 月，第 1 版，第 2663 頁。

〔註104〕〔後晉〕劉昫等撰，中華書局編輯部點校：《舊唐書》，中華書局，1975 年 5月，第 1 版，第 5127 頁。

郎李适之賦詩以贈焉。當時文士，無不屬和。散騎常侍徐彥伯撮其美者三十一首，為製序，名曰白雲記，見傳於代。〔註 105〕

在道教的道經典籍及仙傳中，也有多處對司馬承禎辟穀的記載。如《歷世真仙體道通鑒》載：「司馬承禎，後周琅琊公司馬裔玄孫，名承禎，字子微，洛州溫人也。事潘師正，傳辟穀導引術，無不通。師正異之，曰：我得陶隱居正一法。逮汝四世矣。久之，辭几席，遍遊名山……東華君所召，必須往。俄頃化去，如蟬脫蛻，弟子葬其衣冠焉，時年八十有九。詔贈銀青光祿大夫，諡正一先生。帝親文其碑，韋渠牟作傳。嘗撰《修真秘旨》《天地宮府圖》《坐忘論》《登真系》等行於世。」〔註 106〕

作為道教上清派的重要傳承人，司馬承禎繼承了上清派的系列理論，比如《黃庭經》確立的三丹田學說等等。《坐忘論》是司馬承禎的重要的養生修煉作品，主要講的是修道的次第，修道求仙要依次進階。關於「坐忘」方法他尤其強調抑制和消除各種俗欲在修道中的作用：「棄事則形不勞，無為則心自安。恬簡日就，塵累日薄，跡彌遠俗，心彌近道。至聖至神，孰不由此乎！」〔註 107〕司馬承禎在《天隱子》指出通任督是修養之大綱的觀點，對後世內丹學影響深遠。其論述原文曰：「其要在存想篇，歸根覆命，成性眾妙者是也。夫人之根本，由丹田而生，能復則長命，故曰歸根覆命。夫人之靈識，本乎理性，性通則妙，萬物而不窮，故曰成性眾妙。然而呼吸由氣而活，故我有吐納之訣，津液由水藏而生。故我有漱咽之訣，思慮由心識而動，故我有存想之訣。人身榮衛血脈，寤即行於外，寐即行於內，寤寐內外，相養和平。然後每日自夜半子時，至日中午時，先平臥舒展四肢，次起身導引，喘息均定，乃先叩當門齒小鳴，後叩大齒大鳴，以兩手摩面及眼，身覺煖暢，復端坐盤足，以舌攪華池，候津液生而漱之，默記其數，數及三百而一咽之。凡咽津候呼定而咽，咽畢而吸，如此則吸氣與津順下丹田也，但子後午前，食消心空之時，頻頻漱咽，无論遍數，意盡則止。凡五日為一候，當焚香於靜室中，存想自身，從首至足，又自足至丹田，上脊膂，入於泥丸，想其氣如雲，直貫泥丸，想畢復漱咽，乃以兩手掩

〔註 105〕〔唐〕劉肅撰，許德楠、李鼎霞點校：《大唐新語》，中華書局，1984 年 6 月，第 1 版，第 158 頁。

〔註 106〕趙道一：《歷世真仙體道通鑒》，《道藏》第 5 冊，文物出版社、上海書店、天津古籍出版社，1988 年，0246b 頁。

〔註 107〕司馬承禎：《坐忘論》，《道藏》第 22 冊，文物出版社、上海書店、天津古籍出版社，1988 年，0892c 頁。

兩耳，搭其腦如鼓聲三七，下伸兩足，端足俛首，極力直頸，兩手握固，又於兩脇下接腰骻骨傍，乃左右聳兩肩甲，閉息頃刻，候氣盈面赤，即止。凡行七遍，氣從脊膂，上徹泥丸，此修養之大綱也。然更有要妙，在乎與天地真氣冥契同運，能識氣來之時，又辨氣息之所，若是則與天地齊其長久，謂之神仙矣，法起冬至夜子時，一陽氣始來，或遲或早，先須辨識氣來形候，才覺氣來，則運自己之氣，適與天地之氣偕作。次日，復候此氣而消息之，此是神仙至妙至精之術，人罕達之，倘三百六十日內，運氣適合真氣三兩次，則自覺身體清和，異於常時矣，況久久習之，積累冥契，則神仙之道，不難至矣。」〔註108〕

　　司馬承禎在《服氣精義論》系統總結了唐之前的服氣之法並提出服氣作為袪病健身延年益壽的重要手段。《服氣精義論》可謂集唐之前服氣辟穀法之大成。《服氣精義論》共有九大篇，詳細總結了服氣、行氣之法，還專列一篇《服氣療病論》總結了辟穀服氣療病的具體理論和方法：故天氣下降，則寒暑有四時之變；地氣上騰，則風雲有八方之異。兼二儀而為一體者，總形氣於其人。是能存之為家，則神靈儼然；用之於禁，則功效著矣。況以我之心，使我之氣，適我之體，攻我之疾，何往而不愈。〔註109〕

3.2.4.4　融合內外辟穀丹道的張果

　　八仙傳說中的張果老，在歷史上確有其人，本名張果。《雲笈七籤》載：「張果，隱於恒州條山，往來汾晉間，時人傳有長生秘術。耆老云，為兒童時，人見之，自言數百歲矣。唐太宗、高宗徵之，不起。則天召之出山，佯死於妒女廟前。時方炎暑，須臾臭爛生蟲，於是則天信其死矣。後有人於恒州山中復見之。開元二十三年，明皇詔……每云：余是堯時丙子年人。時人莫能測也。又云堯時為侍中，善於胎息，累日不食。時進美酒，及三黃丸。明皇留之內殿，賜之酒，辭以小臣飲不過二升，有一弟子可飲一斗。……累試仙術，不可窮紀。乃下詔曰：恒州張果先生，遊方之外者也，跡先高尚，心入窅冥，是混光塵，應召城闕。莫知甲子之數，且謂羲皇上人，問以道樞，盡會宗極。今則將行朝禮，爰升寵命，可銀青光祿大夫，號通玄先生。」〔註110〕

〔註108〕　陳尚君輯校：《全唐文補編》，中華書局，2005 年 9 月，第 1 版，第 389 頁。

〔註109〕　司馬承禎：《修真精義雜論》，《道藏》第 4 冊，文物出版社、上海書店、天津古籍出版社，1988 年，0959a 頁。

〔註110〕　〔唐〕張君房：《雲笈七籤》，載《道藏》第 22 冊，文物出版社、上海書店、天津古籍出版社，1988 年，0783b 頁。

　　盧國龍老師曾專門撰文，分析張果的內丹養生思想，從唐朝和宋朝的相關文獻記載明確張果生活在唐玄宗時代，其師承關係雖不可考，但是其著作中多次引用《參同契》和《黃庭經》，並提到青霞子，元陽子等人，所以認為張果的內丹養生思想與隋朝開皇時期的青霞子、元陽子等人一脈相承，其共同特點是把《周易參同契》內外丹道與《黃庭經》的系列修煉方法結合起來，形成一個綜合的內丹養生術，並同時重視煉形寶精與養性，以內丹之道，貫通融合多種內煉方術，其中就包括辟穀術。〔註111〕

3.2.4.5　唐朝道教辟穀文化的社會傳播

　　道教修煉者借辟穀的修煉以延年益壽，各代的歷史名人也有很多實行辟穀而獲得延年益壽的，唐朝的很多詩人都在辟穀實踐中受益。著名的詩人王維也有辟穀的詩作《春日上方即事》:「好讀高僧傳，時看辟穀方。鳩形將刻杖，龜殼用支床。柳色春山映，梨花夕鳥藏。北牕桃李下，閒坐但焚香。」〔註112〕另外王維也寫過一篇《皇甫岳寫真贊》，讚歎皇甫岳的辟穀有成:「有道者古，其神則清。雙眸朗暢，四氣和平。長江月影，太華松聲。周而不器，獨也難名。且未婚嫁，猶寄簪縷。燒丹藥就，辟穀將成。雲溪之下，法本無生。」〔註113〕從這些詩文可以看出，王維的身邊有很多能夠辟穀的高人，佛家道家的都有，言辭之間王維也顯露出了對辟穀之人的羨慕之情，親近之意，他自身也成了辟穀養生的實踐者和受益者，壽過甲子。

　　唐朝詩人中因為實踐辟穀的而益壽延年的還有白居易。他享年七十五歲，在唐代詩人中是比較少見的，這得益於辟穀養生術的修煉。首先他有道士朋友堅持辟穀養生。為此，他專門寫過一些詩，如《贈朱道士》:儀容白皙上仙郎，方寸清虛內道場。兩翼化生因服藥，三尸餓死為休糧。醮壇北向宵占斗，寢室東開早納陽。盡日窗間更無事，唯燒一炷降真香。〔註114〕此外《續仙傳》中記載了白居易的另一個道士朋友李升:「李升，字雲舉……為性高古，師於少室山道士，學煉氣養形之術。常布衣遊行天下。……飲酒二斗不醉。絕穀

〔註111〕盧國龍，試析張果內丹道的思想秘奧〔J〕，中國道教，1989（04）:29～34。

〔註112〕〔唐〕王維撰，陳鐵民校注:《王維集校注》，中華書局，1997年8月，第1版，第612頁。

〔註113〕〔唐〕王維撰，陳鐵民校注:《王維集校注》，中華書局，1997年8月，第1版，第1158頁。

〔註114〕〔唐〕白居易撰，謝思煒校注:《白居易詩集校注》，中華書局，2006年7月，第1版，第2047頁。

養氣，雪中單衣而顏益紅白……翌日俄氣絕，顏色不變。舉之就棺，空衣耳。已年一百四十又七歲矣。」〔註115〕白居易還有一首《贈王山人》寫出了世外道觀王山人辟穀有成，越老越發精神的狀態，其詩曰：「玉芝觀裏王居士，服氣餐霞善養身，夜後不聞龜喘息，秋來唯長鶴精神。容顏盡怪長如故。名姓多疑不是真，貴重榮華輕壽命，知君悶見世間人。」〔註116〕

在這些辟穀道士朋友的影響下，白居易自己也學習「休糧清腸」。他自己力行辟穀後的體會寫成了一首詩《仲夏齋戒月》：「仲夏齋戒月，三旬斷腥羶。自覺心骨爽，行起身翩翩。始知絕粒人，四體更輕便。初能脫病患，久必成神仙。禦寇馭冷風，赤松遊紫煙。常疑此說謬，今乃知其然。我年過半百，氣衰神不全。已垂兩鬢絲，難補三丹田。但減葷血味，稍結清淨緣。脫巾且修養，聊以終天年。」〔註117〕

從白居易的這首詩當中我們可以看出，他是從過了 50 歲才開始學習使用辟穀術養生的，因為當時已經氣衰神衰，明顯的感覺到力不從心，所以才選擇辟穀以養壽延年。可能他有辟穀有成的道士朋友做指導，所以在辟穀的過程中，他很快體會到，辟穀能夠讓人神清氣爽，能夠調理甚至治癒一些慢性的疾患，他也真正的開始體會到了辟穀修煉的樂趣與實實在在的養生好處。

這麼多的名人雅士在其生活經歷當中重視辟穀養生，可以看出辟穀在當時有著很高的社會認可度和較廣的社會傳播，一是用於對抗災荒，二是用於養生延年，三是用於修道長生成仙。

總而言之，道教興起之後，辟穀被道教承襲運用並蓬勃發展，逐漸形成以養生為基本需求，以求仙為終極理想的修煉方術。道教辟穀早期的蓬勃發展離不開道教教團如太平道、上清派等的普及傳承，離不開各代道學的集大成者葛洪、陸修靜、陶弘景、孫思邈、司馬承禎等人物的提升與推動，也離不開如曹操、曹丕、曹植、吳景帝等不斷地以審視的眼光關注道教辟穀真偽的王權貴族的辨別和考驗，也離不開如王充、嵇康、劉景先、王羲之、顏之推、陶淵明、王維、白居易等眾多社會名士與道教辟穀的互動體驗與撰文推廣。

〔註115〕〔南唐〕沈汾：《續仙傳》，《道藏》第 5 冊，文物出版社、上海書店、天津古籍出版社，1988 年，0090a 頁。

〔註116〕〔唐〕白居易：《白香山詩集》，臺北：臺灣商務印書館影印，文淵閣《四庫全書》本，第 1081 冊，0376b 頁。

〔註117〕〔唐〕白居易撰，謝思煒校注：《白居易詩集校注》，中華書局，2006 年 7 月，第 1 版，第 697～698 頁。

道教辟穀早期的代表文獻有以下代表：東漢主要以《太平經》辛部為代表，魏晉南北朝以葛洪所著的《抱朴子內篇》、陶弘景撰寫的《養性延命錄》中的食誡等篇為代表，唐朝以孫思邈撰寫的《千金翼方·辟穀》、司馬承禎所著的《服氣精義論》為主要代表。這些經典著述系統闡釋辟穀理論與方法，使得道教辟穀發展迅速。

　　東漢至唐這一時期辟穀被正式納入整個道教修道修仙體系，從一般辟穀轉化為道教辟穀，在此過程中《太平經》、葛洪、陶弘景、孫思邈等的發揮了重要作用。道教辟穀早期階段可以分為三個層面：首先是維持生存的層面，道教教團是以普通民眾為主要組成的宗教組織，辟穀是其維持發展的最經濟的手段。道教辟穀從開創以來一直致力於探索辟穀方，劉景先所傳的《濟饑辟穀方》之所以為後世諸多醫籍、道籍反覆載錄，一方面說明其方的合理有效性，另一方面反映出歷代民眾經常面臨無糧的困境，醫家、道家為救其饑荒而載錄此方；其次是健康長壽的層面，無論是王充晚年對節食辟穀導引術的養生總結，還是曹植等對辟穀方士驗證後的益於養生的結論等，都可以看到道教辟穀的養生作用不斷得到肯定。正是源於道教辟穀對社會上層的養生需求的滿足，道教養生辟穀才發展迅速，社會影響愈來愈大；再次是修道成仙的層面，辟穀養生的諸多功效讓修道者看到了希望，試圖把通過辟穀以獲得理想生命存續的方式推向極致，而長生不死得道成仙是道教的終極目標，所以道教在求生辟穀、養生辟穀的基礎上自然發展出來第三種形式的辟穀，即長生辟穀。早期道教辟穀最顯著特點不是簡單的不食五穀，而是以一系列煉化自身精氣神的內煉方法為核心。在外丹為主導的修煉體系之下，辟穀還承擔了服食金丹大藥之前所謂去除三尸九蟲的任務。葛洪的《抱朴子內篇》中詳細研究了當時的各種服食與內煉辟穀之術，並闡述了服食金丹之前斷穀一年的辟穀法。陶弘景的《養性延命錄》中專門闡述行氣辟穀的疾病調養方法，即服氣療病所用的行氣之法，必須要「少食自節」，需在辟穀狀態下進行。孫思邈的《存神煉氣銘》中提出了「煉氣之法，須先辟穀絕粒」的辟穀內煉原則。司馬承禎的《服氣精義論》詳細總結了服氣、行氣之法，尤其是辟穀服氣療病的具體理論和方法等。由此可見，這一時期道教辟穀理論方法不斷獲得促進與提升。這期間的道教辟穀主要圍繞行氣服氣等等內煉手段而展開。道教辟穀正是通過多種內煉手段達到對人體形氣神的綜合調養。

3.3　道教辟穀的成熟發展：唐末至近代

3.3.1　內丹的興起與道教辟穀的成熟

　　從唐代開始，內丹學逐漸取代外丹學而成為道教的修仙最主要方法。內丹學思想的確立有一個較長的過程。《南嶽思大禪師立誓願文》說：「借外丹之力修內丹，欲安眾生先自安。」〔註118〕唐末五代，內丹修煉之術已成為一種風氣，其中以鍾離權、呂洞賓、崔希範、譚峭、陳摶等最為著名。從內丹學的最早經典魏伯陽的《周易參同契》開始，到推動內丹學興盛的張伯端的《悟真篇》，中間還有很多重要的人物的理論推動了內丹學的逐步發展成熟。《黃庭經》確立了三丹田的學說，司馬承禎《天隱子》「氣從於脊脈上徹於泥丸，此修養之大綱也」〔註119〕，同時《服氣精義論》提出服氣作為祛病健身延年益壽的重要手段。崔希範《入藥鏡》認為，人一生受酒色財氣名利情等誘惑干擾，惟有入「藥鏡」（靜定），即修煉內丹才能降邪歸正、忘形養神而致長生久視。

　　在內丹初興，內丹外丹交替的階段，某些丹道理論家，還是執定修外丹才可飛昇的理論，認為內丹術只不過是心腎交會，精氣般運等等，同時把服餌、辟穀諸術均納入內丹範疇。吳悞《指歸集》：「雖修內丹，未有不煉外丹而飛昇者也。內丹之說，不過心腎交會，精氣般運，存神閉息，吐故納新。或專房中之術，或採日月精華，或服餌草木，或辟穀休妻。」〔註120〕但是這種觀點很快就被新的思想所替代。在內外丹的作用定位上，丹道理論家也提出了內丹為仙道成就之根本，外丹是輔助的治病手段的觀點。曾慥《道樞》載：「內丹者，真藥也；外丹者，治疾而已。內丹之始，本乎二氣交者也。其凝結在於丹田，變精為汞，汞變為砂，砂變為丹，於是真氣自生，以氣煉氣，氣合神聚，神聚而道成矣。豈外丹之可比乎？故吾之丹者，龍交虎合，結為玄珠，火候無差，而成大藥者也。」〔註121〕

〔註118〕慧思撰：《南嶽思大禪師立誓願文》，《大正藏》第46冊，第0786頁。
〔註119〕曾慥：《道樞》，《道藏》第20冊，文物出版社、上海書店、天津古籍出版社，1988年，0674c頁。
〔註120〕吳悞：《指歸集》，《道藏》第19冊，文物出版社、上海書店、天津古籍出版社，1988年，0281b頁。
〔註121〕曾慥：《道樞》，《道藏》第20冊，文物出版社、上海書店、天津古籍出版社，1988年，0820a頁。

　　內丹術是比擬於外丹術的爐鼎、藥物、火候等要素而創立的在人體之內
煉成金丹的長生之術，其主要思想是以人體丹田為爐鼎，以精氣神為藥物、
以呼吸意念運用為火候，而構成丹道修煉的要素，經過一系列修煉程序，最
終在體內煉成金丹大藥，以成就仙道。內丹之術也出現了很多的宗派，如早
期的鍾呂派、南宗、北宗等等，不同宗派的修煉思路也不盡相同，但是大致
的步驟是一致的，即：煉己築基、煉精化氣、練氣化神、煉神還虛。內丹修
煉思想完善之後，道教的內煉之術就系統完整的統合於內丹之中。內丹修
煉更加注重層次性和程序性，每一步的修煉都有其標準或標誌。自動出現
辟穀現象是內丹修煉過程中必備的驗證。內丹辟穀是對道教早期各種理論
方法的總結、綜合和提升、發展，真正形成了一套完整系統的闡釋道教辟穀
的理論和方法的體系，標誌著道教辟穀理論從早期的不成熟狀態走上了成
熟狀態。這種成熟體現在內丹辟穀是通過內丹原理的闡釋來展現辟穀的理
論與方法，它將辟穀看作是內丹修煉的一個重要組成部分，辟穀既是內丹
修煉重要的方法手段，更是內丹修煉的一種自然結果和境界標誌，而且內
丹辟穀是在整個內丹修煉的過程中進行，它遵循內丹修煉的機理和原則，
並按照內丹修煉的步驟程序進行，正因為如此，內丹辟穀理論也是所有辟
穀理論中對辟穀原理做出最為完整系統闡釋的理論。根據內丹的各派丹法
理論，內丹修煉是一個系統完善、層層遞進的嚴密程序，並不是每一個想修
煉內丹的人，都能夠真正進入內丹的修煉程序，進入內丹修煉之後的人工
夫每上一層都有其標準和所謂景驗。在這樣一種思想的影響下，辟穀再一
次體現出了獨特的意義和價值。

3.3.2　內丹辟穀早期代表人物

　　早期內丹辟穀的代表人物除了前文提到的唐代早期就開始倡導內丹辟穀
修煉的葉法善之外，還有中唐時期的施肩吾。在道教史中有兩個施肩吾，一
個是唐朝的施肩吾，一個是宋朝的施肩吾。《直齋書錄解題》指出：「唐有施
肩吾，能詩。元和中進士也。而曾慥集仙傳稱，呂岩之後有施肩吾，撰會真
記。蓋別是一人也。」〔註122〕他們兩個都是力倡內丹修煉的。唐代的施肩吾
在卿希泰先生主編《中國道教史》（第二卷）中被認為是中唐時期力主內丹的

〔註122〕　〔宋〕陳振孫：《直齋書錄解題》，臺北：臺灣商務印書館影印，文淵閣《四
　　　　庫全書》本，第 0674 冊，0737a 頁。

代表人物。〔註123〕在本書看來，他不僅是中唐內丹的代表人物，也是早期內丹辟穀的代表人物。根據史料和相關資料記載，唐施肩吾在高中進士之後沒有做官而是轉入道門修煉，他的這段經歷還被寫入了詩中。詩名《人間早白頭》：「一居京洛十餘春，未肯閒趨富貴門。攝養不教元氣散，修行常遣穀神存。饑餐舌下津還飽，寒發丹田火便溫。取性自怡兼自樂，且無慚色感人恩。」〔註124〕詩中直言他不慕富貴，安心修道攝養，存神丹田，運用咽津辟穀，不畏飢寒，怡然自得的狀態。為什麼說他重視辟穀修丹呢？通過他生活的一些細節可以看出，他把自己的房子命名為「餐霞閣」，並有一首《春日餐霞閣》的詩，詩曰：「灑水初晴物候新，餐霞閣上最宜春，山花四面風吹入，為我鋪床作錦茵。」〔註125〕在書中唐施肩吾記載了自己內丹的修煉過程和心得體會，被《雲笈七籤》收錄：「余慕道年久，修持沒功，夙夜自思，如負芒棘。嘗因暇日，竊覽三清經云：夫修煉之士，當須入靜三關，淘煉神氣，補續年命。大靜三百日，中靜二百日，小靜一百日。愚雖不敏，情頗激切，神道扶持，遂發至懇。且試以小靜，即開成三年戊午歲起，正月一日，閉戶自修，不交人事，尅期百日，方出靜堂。雖五穀並絕，而五氣長修，幸免瘦羸，不知饑渴。未逾月而神光照目，百靈集耳，精爽不昧，此三者皆應，則知仙經秘典，言不虛設也。人不修，即不知。」〔註126〕唐施肩吾說到，他一直慕道修道，但是修持很久沒有工夫進展，他前思後想，非常著急。《三清經》的「當須入靜三關」給了他方法啟迪，於是他小靜閉關 100 天，這給他帶來了不曾有過的體驗，工夫進展非常迅速，最後他說仙經秘典所言不虛。從他的描述中，我們可以看出他實際上是使用了辟穀的方法才正式進行內丹的修煉，斷絕了五穀之後，長修五臟六腑的內氣，竟達到了不知饑渴，也不疲憊瘦弱的狀態。然後他倡導大家必須用真修實證的態度，來對待經典上的記錄，要依教實修，只有真正做到了，才能真正知道經典中所言的境界。

〔註123〕卿希泰：《中國道教史》修訂本，第二卷，四川人民出版社，1996 年 12 月第2 版，510 頁。

〔註124〕劉希岳：《太玄朗然子進道詩》，《道藏》第 4 冊，文物出版社、上海書店、天津古籍出版社，1988 年，0919a 頁。

〔註125〕〔清〕聖祖玄燁：《御定全唐詩》，臺北：臺灣商務印書館影印，文淵閣《四庫全書》本，第 1427 冊，0851a 頁。

〔註126〕張君房：《雲笈七籤》，《道藏》第 22 冊，文物出版社、上海書店、天津古籍出版社，1988 年，0672c 頁。

唐施肩吾的辟穀修內丹也並非完全不食，也要尋桂枝、靈草等為代食，有其詩為證，詩名《夜岩謠》：「夜上幽岩踏靈草，松枝已疏桂枝老，新詩幾度惜不吟，此處一聲風月好。」〔註127〕唐施肩吾的故宅，也是歷史上有名的古蹟。清朝方志還在記載其宅：紹興府志在山陰，陳堯佐《過施肩吾故宅詩》：「幽居正想餐霞客，夜久月寒珠露滴。千年獨鶴兩三聲，飛下岩前一株柏。」〔註128〕因為唐施肩吾當年修煉的時候特別強調服氣餐霞，把自己的屋子也命名為「餐霞閣」，所以後世詩人稱其為「餐霞客」，進而我們可以想知施肩吾在內丹修煉中是多麼倚重服氣辟穀。可以說服氣辟穀是他真正進入內丹修煉的敲門磚。

3.3.3　鍾呂派對內丹辟穀的認識

根據馮廣宏的考據〔註129〕，呂洞賓是真實存在的歷史人物，根據相關文獻和考古資料，他推測呂洞賓大約生於唐朝元和年間，並認為其最重要的學術功績是建立了系統的內丹學說，成為道教內丹南北宗的共同始祖。這基本上是道教內乃至世俗朝野的共識。從古代帝王到現代學者一直都在考據，如清乾隆《欽定日下舊聞考》中有：「原釋有南北宗道自東華少君授漢鍾離權，權授唐呂嵒，亦分為二宗：一授遼進士劉操，操授宋張伯端，伯端授石泰，泰授薛道光，道光授陳楠，楠授白玉蟾，玉蟾授彭耜，此南宗也。一授金王嘉，嘉授七弟子：邱處機，譚處端，劉處元，王處一，郝大通，馬鈺，鈺妻孫不二，世謂之七真，此北宗也。七真之跡，皆在東海嶗山，而邱處機為元太祖所聘，弟子十八人，從遊漠北，居燕之長春宮化焉。」〔註130〕從清朝的這個考據可以看出呂洞賓是內丹興起的標誌性人物，自呂洞賓傳道之後，內丹學才真正的逐漸的佔據了道教養生的核心地位，求仙路徑實現了由外丹服食為主向內丹修煉為主的轉化。

呂洞賓的內丹養生之法，將傳統的內煉辟穀整合其中，成為內丹辟穀之

〔註127〕〔宋〕洪邁：《萬首唐人絕句》，臺北：臺灣商務印書館影印，文淵閣《四庫全書》本，第 1349 冊，0399a 頁。

〔註128〕〔清〕嵇曾筠：《浙江通志》，臺北：臺灣商務印書館影印，文淵閣《四庫全書》本，第 0520 冊，0162d 頁。

〔註129〕馮廣宏，呂洞賓形跡考〔J〕，文化遺產研究，2012（00）：228～237。

〔註130〕〔清〕于敏中：《欽定日下舊聞考》，臺北：臺灣商務印書館影印，文淵閣《四庫全書》本，第 0498 冊，0465c 頁。

法。呂洞賓的辟穀故事則鮮為人知，但是民間確有記載：呂岩，即宋以來俗傳八仙之一，道教全真教奉為純陽祖師，尊為呂祖、呂帝。唐代文獻未見其人，其傳說起於宋初。宋初張靚《雅言雜載》云：「呂仙翁名岩，字洞賓，本關右人，咸通初舉進士不第。巢賊為梗，攜家隱於終南山，學老子法，絕世辟穀，變易形骸，尤精劍術。」〔註131〕

　　《歷世真仙體道通鑒》載：「呂嵒，字洞賓，號純陽子。……少聰敏，日誦萬言。……武宗會昌中，兩舉進士不第，因於長安道中，擬遊華山。酒肆憩息，……不覺睡著，夢舉進士，登科第，歷任顯官。……居朝三十餘年。……忽然夢覺，髯者飯猶未熟。倏然笑曰：黃糧猶未熟，一夢到華胥。先生驚曰：公安知我有夢耶？髯者曰：公適來之夢，富貴不足喜，貧賤不足憂，大抵窮通榮辱，壽夭得喪，往古來今，皆如一夢……先生大悟，因拜曰：公真異人也，敢問貴姓，居何鄉邦？髯者曰：吾乃天下都散漢鍾離權也，……先生於是棄儒業而從遊，師事之而得道。復於僖宗廣明元年，遇崔公，傳入藥鏡，即知修行性命，不差毫髮。……其自作傳云：吾乃京兆人，唐末累舉進士不第，因遊華山，遇鍾離子，傳授延命之術，尋遇苦竹真人，傳授日月交並之法。再遇鍾離，盡獲金丹之妙。吾得年五十，道始成。……世言吾賣墨飛劍取人頭，吾聞哂之。實有三劍，一斷煩惱，二斷貪嗔，三斷色慾，是吾之劍法也。世有傳吾之神，不若傳吾之法。傳吾之法，不若傳吾之行。何以見為人若反是，雖攜手接武，終不成道。先生自沖升之後，時降人間，化度有緣。」〔註132〕

　　在《呂祖志》中有一系列的丹法次第詩，其中有一首《自無憂》，談到了斷欲辟穀是修內丹的初階，其詩曰：「學道初從此處修，斷除貪愛別嬌柔。長守靜，處深幽，服氣餐霞飽即休。」〔註133〕這一首丹詩明確的指出，學道之人必須從斷除各種欲念開始。中國從古至今就有一個「飲食男女為人之大欲」的說法，所以斷除飲食之欲就成了辟穀修丹的第一步，離開世俗，身居幽靜之處，無憂守靜辟穀養生，開創丹基。

〔註131〕〔元〕辛文房著，傅璇琮主編：《唐才子傳校箋》，中華書局，1995年11月，第1版，第392頁。

〔註132〕趙道一：《歷世真仙體道通鑒》，《道藏》第5冊，文物出版社、上海書店、天津古籍出版社，1988年，0358a～0359a頁。

〔註133〕《呂祖志》，《道藏》第36冊，文物出版社、上海書店、天津古籍出版社，1988年，0487c頁。

鍾呂派丹經《鍾呂傳道集》中提及丹道修證中辟穀為不可缺少之景驗一是真氣足時辟穀，二是胎完成就時辟穀：「若已遇明師而得法，行大法以依時，何患驗證而不有也……依法區分，自一日之後，證驗次序以至脫質升仙，無差毫末……次真氣漸足而似常飽，所食不多而飲酒無量，終不見醉……次胎完氣足以絕飲食。」〔註134〕

綜合來看，鍾呂派已經重視在內丹修煉中運用辟穀了。開創丹基時期的辟穀要「長守靜處深幽，服氣餐霞飽即休」，而內丹進階之後辟穀現象會自動出現，同時丹成胎完氣足之時，也會有絕飲食的景驗。

3.3.4 南宗對內丹辟穀的認識

張伯端（984年～1082年）的丹道淵源與呂洞賓相關，開創內丹南宗。張伯端不提倡閉息、辟穀。對服氣餐霞、辟穀絕粒，評價不高，不是說此等道術根本無用，而是說此等道術與內丹相比還是小術，易遇而難成。張伯端《悟真篇》載：「且今人以道門尚於修命，而不知修命之法理出兩端，有易遇而難成者，有難遇而易成者。如煉五芽之氣，服七耀之光，注想按摩，納清吐濁，念經持咒，噀水叱符，叩齒集神，休妻絕粒，存神閉息，運眉間之思補腦還精，習房中之術以至服煉金石草木之類，皆易遇而難成。已上諸法，於修身之道，率多滅裂，故施力雖多，而求效莫驗。若勤心苦志，日夕修持，止可以辟病，免其非橫，一旦不行，則前功漸棄，此乃遷延歲月，事必難成，欲望一得永得，還嬰返老，變化飛昇，不亦難乎？深可痛傷。蓋近世修行之徒，妄有執著，不悟妙法之真，卻怨神仙謾語。殊不知，成道者皆因煉金丹而得，恐泄天機，遂託數事為名。其中惟閉息一法，如能忘機絕慮，即與二乘坐禪頗同，若勤而行之，可以出定出神。奈何精神屬陰，宅舍難固，不免長用遷徙之法。既未得金汞還返之道，又豈能回陽換骨，白日而昇天哉？夫煉金液還丹者，則難遇而易成。」〔註135〕張伯端的這些論述還是肯定了包括辟穀在內的諸多方術的積極功能，即「可以辟病，免其非橫」，之後進一步指出要成就仙道則需要修煉金丹。

但是同是內丹家，也有在傳統煉養基礎上再求內丹的。徐天隱是和黃庭

〔註134〕 《修真十書·鍾呂傳道集》，《道藏》第4冊，文物出版社、上海書店、天津古籍出版社，1988年，0681c頁。

〔註135〕 張伯端：《修真十書·悟真篇》，《道藏》第4冊，文物出版社、上海書店、天津古籍出版社，1988年，0711c頁。

堅同時代的官員，而且兩者互動很頻繁，單是黃庭堅寫給徐天隱的詩詞就有
《再作答徐天隱》《重贈徐天隱》《以十扇送徐天隱》等多首。《為徐進士天隱
賦辟穀和吟》是宋朝另一位著名文學家和道士衛宗武的代表作品之一，是他
寫給徐天隱的辟穀的和詩。全詩如下：物盈宇宙皆有窮，一氣先天常浩浩。
榮華富貴能幾何，百歲光陰如電掃。開闢由來莫幾年，聖哲英雄骨俱槁。勳
名蓋世文瑞時，豈若玄玄窮徽妙。古仙率多山澤腰，方平通經後從老。伯陽
隱士著參同，援述宣尼辭可考。人身口腹乃大患，舉世凡夫為此惱。厚味臘
毒尤傷生，甘旨肥醴偏害道。學仙萬慮要屏除，有累俱為方寸擾。希夷辟穀
功始成，抱樸休糧法宜效。所以丹丘諸羽人，莫不餐松茹靈草。誰云不食胃
徒空，入道門衢此為要。天隱良士工詞章，經傳百家仍探討。孰知搞志乃松
喬，濁利浮榮非所好。年當強仕捨壯圖。勇辭館餐棲窈窕。欲仁仁至天所資，
道藏仙方過鴻寶。衛生有藥可忘饑，不愁煮字那能飽。一從易置冰玉腸，不
假青精顏色好。會驅乾馬及坤牛，捕虎擒龍歸鼎灶。易骨洗髓由此基，三島
十洲輕可到。縱未能嘗方朔桃，亦須先致安期棗。世儒悉被客塵迷，志在衣
錦而食稻。惟群高蹈出凡流，見謂秋陽同暠暠。從此詩詞中可以看出衛宗武
是非常熟悉道教養生修煉方術的，並且對辟穀術推崇有加。從《永樂大典》
的相關記載可以確認衛宗武也是道士身份。原文如下：道士號宋衛宗武，《秋
聲集‧為雲侶天游賦》汗漫可以期，列缺可以至，豈不高且遠，未足語超詣，
至人悟重玄，妙境此融會。〔註136〕

　　南宗四祖陳楠著《翠虛篇》中有一首言及內丹辟穀境界的詩詞：「身之殼
兮心之內，心中自有無價珍，可以生我復死我，既能饑人亦飽人，尋其義路
取其原，逍遙快樂無飢寒。似此景象與證驗，總在一日工夫間，工夫如此譬
似閒，藥不遠兮採不難。誰知火候萬丈紅，燒殺三尸玉爐寒，丹田亦能生紫
芝，黃庭又以生紅蘗。紅蘗一餐永不饑，紫芝一服常童顏，滿身渾是白乳花，
金筋玉骨老不昏。功成行滿鶴來至，一舉便要登雲端。」〔註137〕這是內丹修
煉到了高層境界而出現的辟穀現象。《武夷山志》記載陳丹樞在武夷山雲窩鐵
象岩上結廬修煉，絕粒辟穀。白玉蟾記其「騫而丹樞陳先生辟穀不粒，年已

〔註136〕官修：《永樂大典》卷之八千八百四十五，明嘉靖隆慶間內府重寫本，8845
　　　　～0004 頁。
〔註137〕陳楠：《翠虛篇》，《道藏》第 24 冊，文物出版社、上海書店、天津古籍出版
　　　　社，1988 年，0204b 頁。

七八旬，猶方瞳漆髮，其顏猶童，未知何許人。而終日凝神不語，興寢笑談與常人異，所附身僅一破衲。」〔註138〕其廬即稱「雲窩」。

陳楠將丹法傳給五祖白玉蟾，進而將南宗丹法發揚光大。白玉蟾本人也重視修煉辟穀。《歷世真仙體道通鑒》中記載：「白玉蟾，先生姓白，母以玉蟾名之，應夢也，得翠虛陳泥丸先生之道。自得道之後，蔬腸絕粒凡九年，而四方學者如牛毛。」〔註139〕

白玉蟾的《上清集》有一首《題丹樞先生草庵》的丹詩：「數朵奇峰如削玉，一溪秋水生寒綠。幸有白雲探處茅，更兼明月壇前竹。誅茅伐竹結蓮廬，現成山水可樵漁。隨緣隨分山中住，收拾摩尼如意珠。草廬道人貧徹骨，一廬瀟灑空無物。身中有寶不求人，價大難酬不擔出。朝朝暮暮了身心，山自開花鳥自吟。未見桑田成海水，夕陽幾度鎖平林。住此草廬無別衛，終日凝神惟兀兀。不是十洲三島仙，亦非十方三世佛。是箇逍遙無事人，廬中涵蓄一壺春。窗前明月千年影，枕上清風萬劫聲。廬內主人那箇是，古今占斷清閒地。忽然洗面摸得鼻，不飲不食亦不寐。廬空人去煙濛濛，白鶴呼雲滿碧空。一瞻元始天尊面，處處為廬處處同。有箇草廬小復小，此是虛空那一竅。頂頭不掛一莖茅，萬象森羅為拱斗。劫火洞然毫末盡，此廬不壞人如舊。」〔註140〕

《海瓊玉蟾先生事實》載白玉蟾：「始而蓬頭跣足，辟穀斷葷；晚而章甫縫掖，日益放曠。不知先生者，往往以是而竊議之，先生亦頗厭世而思遠遊。〔註141〕白玉蟾還留有丹詩一首：千古蓬頭赤腳，一生伏氣餐霞。笑指武夷山下，白雲深處吾家。」〔註142〕

不難看出，再南宗丹法流傳中也是重視辟穀在修煉內丹過程中的作用的，是完成了對辟穀方法的整合，即不單純為辟穀而辟穀，而在在丹法次第中很

〔註138〕白玉蟾：《修真十書‧上清集》，《道藏》第4冊，文物出版社、上海書店、天津古籍出版社，1988年，0769b頁。

〔註139〕趙道一：《歷世真仙體道通鑒》，《道藏》第5冊，文物出版社、上海書店、天津古籍出版社，1988年，0386a頁。

〔註140〕白玉蟾：《修真十書‧上清集》，《道藏》第4冊，文物出版社、上海書店、天津古籍出版社，1988年，0777a頁。

〔註141〕傅璇琮、程章燦主編：《宋才子傳箋證》，遼海出版社，2011年12月，第1版，第546頁。

〔註142〕白玉蟾：《修真十書‧上清集》，《道藏》第4冊，文物出版社、上海書店、天津古籍出版社，1988年，0796a頁。

好的運用辟穀作為提升內丹修煉效果的重要手段。

3.3.5　北宗對內丹辟穀的認識

　　全真派開教祖師王重陽的修煉也重視辟穀。學界關於王重陽的研究也很豐富。本書著重參考了較有代表性的蜂屋邦夫著、川大欽偉剛翻譯的《金代道士研究：王重陽與馬丹陽》。其書主要由論考與資料兩大部分，研究了全真教王重陽和馬丹陽的修道傳道生涯及其教說，研究系統資料翔實。王重陽在北方興起新的道派—全真派。王重陽在甘河橋邊的鍾呂傳道之後，起草庵潛修一年，後又修一墳穴，謂之活死人墓，居穴不出辟穀修煉。這種修煉方法在歷史上鮮有所聞，在歷代幾乎前無古人後無來者，若在地穴之中居之不出，自是飲食不便，那只有辟穀才能繼續修煉。《重陽全真集》中有一首較長的丹詩證實了這一點，其詩名：《活死人墓贈寧伯功》，全詩如下：「活死人兮活死人，自埋四假便為因。墓中睡足偏渥灑，擘碎虛空踏碎塵。活死人兮活死人，不談行果不談因。墓中自在如吾意，占得逍遙出六塵。活死人兮活死人，與公今日說洪因。墓中獨死真嘉話，並枕同棺悉做塵。活死人兮活死人，火風地水要知因。墓中日服真丹藥，換了凡軀一點塵。活死人兮活死人，活中得死是良因。墓中闃寂真虛靜，隔斷凡間世上塵。活死人兮活死人，害風便是我前因。墓中這箇真消息，出水白蓮肯惹塵。活死人兮活死人，須知五穀助身因。墓中觀透真如理，喫土餐泥糞養塵。活死人兮活死人，晝眠夜寢自知因。墓中有箇真童子，笑殺泥團塵裏塵。活死人兮活死人，空空空裏是空因。墓中常有真空景，悟得空空不作塵。活死人兮活死人，活人珠玉問余因。墓中境界真家計，不免臨頭總化塵。天地高深覆載人，人心奸巧不憑因。只知名利為身寶，不悟身為物裏塵。尋思到岸下船人，笑指白雲便是因。丹橘在身無價寶，自然光耀絕纖塵。人人不作是非人，遠此無由地獄因。三界超昇靈物在，仙宮那得有飛塵。有箇逍遙自在人，昏昏默默獨知因。存神養浩全真性，骨體凡軀且渾塵。人能弘道道親人，人道從來最上因。若把黑雲俱退盡，放開心月照繁塵。風月為鄰也是人，水雲作伴得真因。便攜鸞鶴歸蓬島，此去無由卻墮塵。忽然認得岸頭人，不可思量議厥因。謂甚便教成一曲，曲中識破隙中塵。我今嗟彼世間人，來路前生作甚因。但恐性乖來路失，歸時轉轉入灰塵。胎生卵濕化生人，迷惑安知四假因。正是泥團為土塊，聚為身體散為

塵。酒色昏迷惱殺人，用斯濁惡轉推因。將來失腳輪迴去，甘作沉淪泉下
塵。外人不識裏頭人，喚出門來得此因。明月清風休笑我，這回似你遠紅
塵。笑殺愚迷枉做人，人人皆說養家因。家人便是燒身火，乾了泥團卻變
塵。我今欲勸世中人，正好追尋道果因。稍悟這般知這箇，風前揚卻一堆
塵。陽人不合戀陰人，都被陰人損善因。煉取純陽身七寶，無生路上不生
塵。閒來默坐睹常人，箇箇鑽尋無路因。恰似水魚魚戀水，只知塵體體投
塵。世上輪迴等等人，各分神性各分因。百年大限從胎死，五蘊都歸塵下
塵。穩駕青牛古聖人，白牛支葉出斯因。儒醫夫子成三教，墾闢愚迷怕落
塵。生來死去萬千人，善果良因間有因。嫉妒慳貪誇富貴，我今與你不同
塵。誰識鄩中這箇人，無為無作任其因。白雲接引隨風月，脫得塵勞出世
塵。往往來來人看人，人心廝算各論因。三光塵外分明鑒，照爾身形盡土
塵。〔註143〕從這首長詩中，我們可以看出王重陽為什麼選擇在活死人墓中
修煉，他的內丹修煉的工夫次第也蘊含其中。他論及五穀對於人體的意義
以及修煉過程如何處理與五穀的關係，即如何以內丹辟穀的方式逐漸展開
內丹的各步修煉，最終成就丹道。《重陽全真集》中有一首丹詩《夜遊宮》，
其詩曰：身向深山寄寄，步青峰，恣情如意。冷即草衣慵即睡。餐松渴來後，
飲綠水，養就神和氣，自不寒不饑不寐。占得逍遙清淨地。樂真閒，入紅霞
翠霧裏。」〔註144〕

後來王重陽東出潼關，雲游至山東半島，收了全真七子，此後全真派廣
傳天下，以丘處機開創的龍門派影響最大。據《永樂宮志》記載：大定十年
王重陽仙逝。馬丹陽化錢負遺骨入關，葬之京兆劉蔣村，於劉蔣村重陽舊庵
居喪三年。「修真功，積真行。服紙麻之服，食糯糧之食。隆冬嚴寒，露體
跣足，恬然之不顧，唯一志於道。」丹陽修道，安貧慈下，不接人一錢，不
用人一物。馬丹陽修道，繼承王重陽全真道思想，重視煉養，主張以修煉內
丹（亦稱「修性命」）為主，不煉外丹。他主張「清淨」、「無為」，「柔弱謙
下」，認為「道以無心為體，以忘言為用，以柔弱為本，以清淨為基。若施
於人，必節飲食，絕思慮。」〔註145〕馬丹陽的《滿庭芳・贈姜師兄》裏也

〔註143〕王嚞：《重陽全真集》，載《道藏》第25冊，文物出版社、上海書店、天津
　　　　古籍出版社，1988年，0702b～0703b頁。
〔註144〕《重陽全真集》，載《道藏》第25冊，文物出版社、上海書店、天津古籍出
　　　　版社，1988年，0715c頁。
〔註145〕張亦農，景昆俊等編，永樂宮志，山西人民出版社，2005年12月，100頁。

提到了辟穀：「持功打坐，禮上哦吟，餐霞辟穀看經，符水精專存想，漱咽勞形。」〔註146〕

丘處機在《大丹直指・三田返復肘後飛金精訣義》裏談到初修丹道的證驗，其中有自在辟穀：「一百日口內生甘津，身有神光，骨健顏紅，肌白腹暖；二百日漸厭葷腥，常聞異香，行步如飛，睡夢自然減少；三百日飲食自絕，寒暑自耐，涎汗涕淚自無，疾病災難自除。靜中時聞遠樂之聲，默室漸見紅光之色，若見此景，勿疑，是為小驗。至誠行之，神異不可備載。」〔註147〕修煉丹功三百天或一年，可以「飲食自絕」而辟穀，在丹道修煉家看來完全有可能，當然這絕對不是普通人可以輕易做到。龍門派的清淨丹法在煉精化氣的小周天丹功完成後，便經過「入圈」（閉關）的過渡階段，轉入煉氣化神的大周天丹法，這個階段又稱為中關仙術。中關養胎階段隨丹功進程會出現辟穀現象的證驗：約在三個月後，神氣已入定，人體元氣充盈，則飢餓感消失，便會出現辟穀現象。《煙臺人物志》記載：丘處機（1148～1227）字通密，號長春子。……嚮往修煉成仙，棲身村北之公山，過著「頂帶松花吃松子，松溪和月飲松風」的生活……在石香溪（今陝西省寶雞市西南）潛修7年，後又遷隴州龍門山修煉6年。期間，他「煙火俱無，簞瓢不置」，「破衲重披，寒坑獨坐」，生活極其清苦。……二十八年（1188）三月，丘處機應召去燕京（今北京），從此丘處機名聲大振。〔註148〕

劉一明是全真道龍門派第十一代宗師。劉一明修內丹到一定的時機而入定辟穀也有明確記載。劉一明弟子張志陽在記述劉一明生平的《素樸師雲游記》裏寫了劉一明39歲時入定七天，是「入定辟穀」境界，更是內丹工夫，是辟穀的高深境界。《素樸師雲游記》第四章云：「至岷縣二郎山菩薩洞掛單。時屆中秋，忽四大不收，百脈俱息，自知時候已到，謹閉六門（眼耳鼻舌身意），返照神庭，昏昏迷迷，無識無知，如是七日。」〔註149〕按照內丹修煉次第來看，可能此時劉一明的定境還沒有達到極高境界，但能入定七天，已經很不容易，能夠念住脈停了。

〔註146〕馬鈺：《丹陽神光燦》，《道藏》第25冊，文物出版社、上海書店、天津古籍出版社，1988年，0625b頁。

〔註147〕丘處機：《大丹直指》，《道藏》第4冊，文物出版社、上海書店、天津古籍出版社，1988年，0396a頁。

〔註148〕尚慶元，張振寶編，《煙臺人物志》，華齡出版社，1998年07月，19頁。

〔註149〕《劉一明棲雲筆記》，孫永樂評注，社會科學文獻出版社2011年版

全真七子中孫不二是北派丹法女性成就者的代表，其修煉的心得被集為《孫不二元君法語》。其全卷共兩部分：第一部分是《坤道工夫》，內收五言詩 14 首，即《收心》、《養氣》、《行功》、《斬龍》、《養丹》、《胎息》、《符火》、《接藥》、《煉神》、《服食》、《辟穀》、《面壁》、《出神》、《沖舉》。第二部分是《女功內丹》，內收七言詩 7 首，不設標題。兩部分內容都是闡明婦女煉功修道要旨。值得我們注意的是，在目前可見的眾多的丹經典籍之中，只有孫不二的女丹訣直接把《辟穀》作為一個內丹修煉的重要階段。孫不二《辟穀》詩云：「既得餐靈氣，清冷肺腑奇。忘神無相著，合極有空離。朝食尋山芋，昏饑採澤芝。若將煙火混，體不履瑤池。」〔註150〕孫不二運用的辟穀，一是服氣，二是服食，食用山芋、靈芝等仙藥，認為如果食用五穀煙火之物，不能成仙。自此辟穀成了女子內丹修習的一個必經的環節。這無疑體現了辟穀在孫不二女丹修煉乃至整個北宗丹法中的重要性。

清朝也有記載女性全真修士內丹辟穀的事蹟：烈婦邢氏，山右人，少寡撫其孤，孤長娶有室，經理家政井然，足自立，而烈婦年四十餘矣。烈婦自少得神仙吐納之術，常獨坐一室，終夜不寢。所居屋負山，見子已成立，乃築室於其顛，足跡不下。子若媳率數日一往問起居，如是者數十年。烈婦有殊色，自居山辟穀導引，益妍好，恒如十六七許人。有李三者，樵於山，於精舍外望見之，大驚，以為世所未有。念烈婦獨居，可脅也。夜持利刃踰垣抉門入，烈婦方趺坐，李三直前持之，烈婦驚力拒，李三露刃迫之，烈婦不從。而時倉猝無可抵，乃以手格之，被七八創，戀不能拒。李三復犯之，則又躍然起，搏如故。凡絕而甦，甦而拒者數四，飲三十餘刃，卒不受污而死。時將曉，李三踰垣出，棄刃與血轃於溝，而歸告其妻曰：「余不得生矣。」妻怪問故，曰：「余往奸山頂邢嫗，不從，殺之矣。」妻以為戲也。曰：「吾方少，而何求於老人？」李三曰：「子不如邢之美也。」言訖而逃。烈婦子謁烈婦，見屍，訟於官。官謂烈婦耄而色少艾，疑有姦殺事，蹤跡之，得血襪於溝中，獲李三妻訊得實，因捕李三論如律。〔註151〕

胡孚琛先生著《丹道實修真傳：三家四派丹法解讀》中提到，仙姑名謝

〔註150〕閻鳳梧、康金聲主編：《全遼金詩》，山西古籍出版社，1999 年 11 月，第 1版，第 379～380 頁。

〔註151〕〔清〕錢儀吉纂，靳斯校點：《碑傳集‧卷一百五十五列女七烈義下之上‧烈婦邢氏傳》，中華書局，1993 年 4 月，第 1 版，第 4541 頁。

自然，十餘歲童女即修道，故又名童女派。童女尚未行經，身中元氣充盈，可免去築基工夫及斬赤龍一節，以辟穀休糧入手，行服氣、安神、內視、靜坐之功，以清淨無為丹法得道。此派傳《太清中黃真經》功法，再參以《雲笈七籤》之「諸家氣法」。特別指出，歷代《神仙傳》所記女仙以辟穀休糧入手者居多，是辟穀術最宜女修，非獨童女為然。在我國文學中有《不食姑》的詩詞作品流傳：國朝宋長白柳亭詩話云：唐人有《不食姑詩》，蓋女冠而辟穀者也。于鵠一首絕佳：「不食非關藥，天生是女仙。見人還起拜，留伴亦開田。無窟尋溪宿，兼衣掃葉眠。不知何代女，猶帶剪刀錢。」張籍亦有此題云：「幾年山裏住，已作綠毛身。」按此女惜不傳名氏，所帶鷔刀錢不知何代之物。考刀布之制，秦漢以後惟王莽一行之，此女必數百年人矣。〔註 152〕

　　古今丹家概認為辟穀是女性修煉的基本法門，對於女性修煉意義重大。據學界內丹研究專家分析，魏華存、謝自然、孫不二，乃至眾多女丹成就者無不走此辟穀化形之路。

3.3.6　正史中內丹辟穀代表人物

3.3.6.1　陳摶

　　陳摶在中國文化中影響很大，其在世時就名重朝野。《宋史·陳摶傳》云：「陳摶字圖南，亳州真源人。始四五歲，戲渦水岸側，有青衣媼乳之，自是聰悟日益。及長，讀經史百家之言，一見成誦，悉無遺忘，頗以詩名。後唐長興中，舉進士不第，遂不求祿仕，以山水為樂。自言嘗遇孫君仿、麞皮處士二人者，高尚之人也，語摶曰：武當山九室岩可以隱居。摶往棲焉。因服氣辟穀歷二十餘年，但日飲酒數杯。移居華山雲臺觀，又止少華石室。每寢處，多百餘日不起。」〔註 153〕時至今日，陳摶的辟穀修煉活動遺跡尚存。《鄂西北勝境志》記載：陳摶，北宋初著名道士，字圖南，自號扶搖子。亳州真源（今安徽省亳縣）人。後周世宗賜號「白雲先生」，北宋太宗賜號「希夷先生」據《宋史》本傳稱，陳摶有撥亂濟世之志。後唐長興年間，舉進士不第，隱居武當山九石崖，服氣辟穀二十多年，誦讀易經。《總真集》載：煉丹池、自然庵，按

〔註152〕〔清〕俞樾撰，卓凡、顧馨、徐敏霞點校：《茶香室四鈔·卷二十一·不食姑》，中華書局，1995 年 2 月，第 1 版，第 1813 頁。
〔註153〕〔元〕脫脫等撰，中華書局編輯部點校：《宋史》，中華書局，1985 年 6 月，第 1 版，第 13420 頁。

《圖記》，馬明生故居，陳希夷次居之此處，感五炁龍君，授以睡法，得畫前之妙。如今在五龍宮尚存陳摶誦經臺、煉丹池、自然庵遺址，並在五龍宮、靈虛岩等處供有陳摶仙象，南岩皇經堂牆壁上還刻有他親書「壽福」二個大字。後陳摶移居華山，留下很多道家著作和詩文，享年118歲。〔註154〕

陳摶被推為丹道睡仙派的祖師。陸游的《老學庵筆記》說陳摶曾跟道士何昌一學過「鎖鼻術」：道門弟子圖南上，其詩云：我謂浮榮真是幻，醉來捨轡謁高公。因聆玄論冥冥理，轉覺塵寰一夢中。末書太歲丁酉，蓋蜀孟昶時當石晉天福中也。天慶本，唐天師觀詩，後有文與可跋大略云：高公者，此觀都威儀何昌一也。希夷從之，學鎖鼻術。〔註155〕鎖鼻術應該就是「胎息術」，學成之後似乎不用口鼻呼吸，這是陳摶辟穀的重要方法。

陳摶善辟穀，有史為證，而關於可以長睡不起達百日，實在令人驚奇。查閱古書，並非沒有類似記載，先秦典籍《列子》當中有一段，茲錄於此，做參考研究：「西極之南隅有國焉，不知境界之所接，名古莽之國。陰陽之氣所不交，故寒暑亡辨；日月之光所不照，故晝夜亡辨。其民不食不衣而多眠。五旬一覺，以夢中所為者實，覺之所見者妄。」〔註156〕這看上去有些荒誕不經，但其描述似乎又與極晝和極夜現象有相似。但那裡的人「五旬一覺」的記載的確為陳摶的睡功做了一個傳奇色彩的注腳。

陳摶在世時的交往甚廣，很多人都受到他的影響。比如，與陳摶同時且與其有交往和交流的道士有張虛白。《中國名人誌》記載：張虛白，北宋鄧州南陽人，一作邢州人。舉進士不第，遂辟穀學道，通太乙六壬術。相傳至武陵，遇真人得秘訣。又嘗從劉易、陳摶遊。宋徽宗召管太乙宮，官太虛大夫，號「金門羽客」。出入宮禁，終日論道，無一語及時事。金人亦重之，以為神仙。〔註157〕

3.3.6.2 張三豐

《明史・張三豐傳》云：「張三豐，遼東懿州人，名全一，一名君寶，三豐其號也。以其不飾邊幅，又號張邋遢。頎而偉，龜形鶴背，大耳圓目，鬚髯

〔註154〕陳禾原編著，《鄂西北勝境志》，中國文聯出版社，2003年1月，163頁。

〔註155〕〔宋〕陸游：《老學庵筆記》，臺北：臺灣商務印書館影印，文淵閣《四庫全書》本，第0865冊，0052d頁。

〔註156〕楊伯峻撰：《列子集釋》，中華書局，1979年10月，第1版，第104頁。

〔註157〕澹泊編，《中國名人誌第六卷》，中國檔案出版社，2001年12月，1042頁。

如戟。寒暑惟一衲一蓑，所啖升斗輒盡，或數日一食，或數月不食。」〔註158〕
道教傳說中有人認為張三豐是南宋末年或金時人。張三豐入山辟穀修煉內丹，
一般認為他成道於元，顯化於明，跨越三個朝代，也是史上著名的長壽者。
明代李賢的《明一統志》最早記載張三豐，其文曰：「張三豐，不知何許人。
洪武初至太和山，修煉結庵玉虛宮五樹邊。身長七尺，美髯如戟。經書一覽
即成誦。寒暑惟一箬笠，日行千里。靜則瞑目旬日。所啖斗升輒盡，或辟穀數
月自若也。應顯不測，莫知所在。」〔註159〕

《欽定盛京通志》記載：「張三豐，遼東懿州人，名全一，一名君寶，
三豐其號也。生有異質，龜形鶴骨，大耳圓目，鬚髯如戟，以其不飾邊幅，
又號張邋遢。洪武初，入武當山，修煉寒暑，惟一衲一蓑，或處窮寂，或遊
市井，或數日一食，或數月不食。浩浩自得書，經目不忘，有問之者，終日
不答。若與論三教經書，則吐辭滾滾，皆本道德忠孝。行則一日千里，靜則
瞑目旬日。太祖聞其名，嘗遣三山道士訪之不至。其在揚州《詠瓊花》詩云：
瓊枝玉樹屬仙家，未識人間有此花，清致不沾凡雨露，高標猶帶古煙霞。厯
年既久何曾老？舉世無雙莫浪誇。便欲載回天上去，擬從博望借靈槎。蓋自
況也。既而羽化於甘州張指揮園中，復屢見他處，或言三豐金時人，元初與
劉秉忠同師後學道於鹿邑之太清宮。」〔註160〕明朝史籍《皇明通紀》記載
朱元璋求張三豐的事蹟：「詔求仙人張三豐。三豐，一名玄玄，始不知何許
人。洪武初，入武當山修煉。丰姿魁偉，美髯如戟。寒暑惟衣一衲，或處窮
寂，或遊市井，浩浩自如，傍若無人，時呼為「張邋遢」。有問之者，終日
不答一語。或與論三教經書，則吐辭袞袞，皆本道德忠孝。每事來，輒先知
之。所啖升斗輒盡，或辟穀數月，自若也。登山，其行如飛。或隆冬臥雪中，
鼽齁如常時。」〔註161〕

通過上面的多處記載，本書認為張三豐達到了辟穀修煉和內丹修煉的極
高境界，食與不食，隨心所欲。他能一次吃很多而無妨，也能數月不吃任何

〔註158〕〔清〕張廷玉等撰，中華書局編輯部點校：《明史》，中華書局，1974年4月，
　　　　第1版，第7641頁。
〔註159〕〔明〕李賢：《明一統志》，臺北：臺灣商務印書館影印，文淵閣《四庫全書》
　　　　本，第0473冊，0252b頁。
〔註160〕〔清〕阿桂：《欽定盛京通志》，臺北：臺灣商務印書館影印，文淵閣《四庫
　　　　全書》本，第0503冊，0004b頁。
〔註161〕〔明〕陳建著，錢茂偉點校：《皇明通紀》，中華書局，2008年12月，第1
　　　　版，第272頁。

東西，還可以一坐就是十幾天，這應該是內丹成就。丹道家中有人認為食多則念多，食少則念少，食物與心念有關。善於辟穀，自然容易修到無念的境界，至少有助於止念和靜心。

3.3.6.3　周顛

《御製周顛仙人傳》是明朝開國皇帝朱元璋為周顛寫的一部傳記。趙翼在《廿二史劄記校證》中說修訂《明史》時務求確核，《周顛仙人傳》確為朱元璋御筆，其原文曰：「明史太祖本紀，大概多本之實錄，及御製皇陵碑……周顛仙人傳……無慮數十百種，類皆資其採掇……明史則博攬群書，而必求確核。蓋取之博而擇之審，洵稱良史。不參觀於各家記述，不知修史者訂正之苦心也。」〔註162〕

皇帝與道士有緊密交往，在歷史上並不鮮見，但是皇帝為道人寫傳記，這在歷史上是非常罕見的，可見周顛在朱元璋心目中的地位是非常高的。此篇傳記文字如下：「顛人周姓者，自言南昌屬郡建昌人也。年一十有四歲，因患顛疾，父母無暇常拘，於是顛入南昌，乞食於市，歲如常。……命寄食於蔣山寺，主僧領之。月餘，僧來告：「顛者有異狀，與沙彌爭飯，遂怒不食，今半月矣。」朕奇之。明日，命駕親往，詢視之。至寺，遙見顛者來迓，步趨無艱，容無饑色，是其異也。因盛肴饌，同享於翠微亭。膳後，朕密謂主僧曰：「令顛者清齋一月，以視其能否？」主僧如朕命，防顛者於一室。朕每二日一問，問至二十有三日，果不飲膳，是出凡人也。朕親往以開之，諸軍將士聞之，爭取酒肴，以供之大飽。弗納，所飲食者盡出之。……又四年，朕患熱症，幾將去世。俄赤腳僧至，言天眼尊者及周顛仙人遣某送藥至。朕初又不欲見，少思之：既病，人以藥來，雖真假，合見之。出與見，惠朕以藥。藥之名，其一曰溫涼藥，兩片；其一曰溫涼石，一塊。其用之方，金盆子盛著，背上磨著，金盞子內吃，一盞便好。朕遂服之，初無甚異。初服在未時，間至點燈時，周身肉內搐掣，此藥之應也。當夜病癒，精神日強。一日服過三番，乃聞有菖蒲香，盞底有丹砂沉墜，鮮紅異世有者。」〔註163〕從這篇傳記的敘述中，本書認為周顛是一個能夠長期辟穀的修煉有成的人，不僅內丹修煉有成，

〔註162〕〔清〕趙翼著，王樹民校證：《廿二史劄記校證》，中華書局，2013年3月，第2版，第834頁。

〔註163〕〔明〕江盈科撰，黃仁生點校：《江盈科集》，嶽麓書社，2008年12月，第1版，第828～830頁。

而且對醫藥也非常熟悉，在朱元璋病重期間，派人給朱元璋送去丹藥，神奇般的治好了朱元璋的病。這也難怪朱元璋對他念念不忘，甚至親筆為其書寫傳記了。

3.3.7　近代內丹辟穀代表人物

3.3.7.1　青城道人李八百

蕭天石先生《道海玄微》中記載了他的道人老師青城道人李八百：「李八百，道號玄真子，乃青城山一雲游道人。在道士中屬潛修丹道一派。……李之為人，一生不近煙酒女人，門人中亦無女弟子，詢之則謂，主張「以乾修乾，以陽存陽」。閒居恒正襟危坐，坐如泥塑人，一坐一日或數日數月不等，小坐即在其睡房行之，大坐則必在丹室。……常曰：修通脊髓後，如竹之鑿通竹節，則上下兩頭皆空，下接地氣，上接天氣，是人之氣，可借修通其節而與天地之氣相接通相涵融，渾而為一也。天地之氣不竭不盡，則吾人之氣亦不竭不盡！二氣交流，添『生氣』，絕『死氣』，生生不息，則亦自可與天地同在，而不老不死矣。同在者，吾人之氣，永存天地之間。形體即死，而神氣不滅也。」〔註164〕

3.3.7.2　余教海至伍止淵

近代陳攖寧先生主辦的《揚善》刊物上登過戴源長、葛中和所寫《余教海真人事蹟》，寫到過清末民初龍門派十七代余教海真人的一位道長師父，達到了不食不寢不息，浸入水底多日而不死的境界。洪建林編《仙學解秘：道家養生秘庫》將其故事錄入其中，文字如下：

「余真人名教海，清季末代人，曾為清廷軍官。當洪楊作亂之際，時真人正在天津。及後洪楊兵潰，移軍進駐一道觀中。事前該觀道眾，聞洪楊兵至，即欲相偕逃避。時內中有一老道，以年高不願逃避，囑諸道眾，以石縛其身，垂而沉浸於觀外湖邊大樹下之湖水中，以渡被長毛亂兵之凌辱。且謂：「待戰事平後，汝等回來，以大樹為記，曳索起屍，託煩殮葬。」治清軍進駐不久，地方平靜，道眾返觀，遵老道遺囑，前往湖畔，收屍安葬。從水中撈起老道，面色如生。道眾擬代其換上乾衣，以便收殮。詎換至裏褲時，老道忽挺身而起曰：「青天白日，眾目瞪瞪之下，豈可暴露下體。」眾皆大驚。時清軍

〔註164〕蕭天石著：《道海玄微》，北京：華夏出版社，2007 年 4 月：518～519。

官余教海亦正在場，余真人見而異之，知非凡流，乃日夕求度，始得老道授以丹還金液之功，超塵濟世之道。隨後辭去軍職出家。修煉道成後，雲游四海名山，以渡有緣。至於道觀及其師老道之名，如詢現代天台之伍止淵師，當能知之。……山頂有一座高塔，故有塔嶺之稱。祐聖觀下院，適在塔嶺旁之山中，據余真人云：「此處山脈來龍，乃太白山出秀氣結聚薈萃之所，將來可出仙人。」一下院院主之師，為理字輩，不詳其名。院主本人，乃龍門第三十三代梅宗林道人，後為伍止淵巡人之師。梅道人見真人冬夏皆穿一件單衣，寒暑不侵，夜不睡眠，六七日不飲不食，亦不飢餓，偶或多食亦不覺飽。知為異人，乃叩求道要執孫輩禮，旋乃盡得其傳。及至後來，方知其留此授梅者，實為度伍止淵而來，將藉梅道人而再傳與伍也。」〔註165〕

道家內丹功法有大周天過關，人即入定的理論和實踐，一定七日，甚至二七……直至七七四十九日，不眠不食。這就是說，練道家內丹功法有素者，甚至可以入定辟穀四十九天。經查閱《黃岩縣志》和《黃岩文史資料》，伍止淵是余教海真人的弟子梅宗林的徒弟，他也能夠長時間入定辟穀，可以說得到師傳真髓。查詢文獻，本書發現其靜定辟穀有兩個記載，一個連續21天，一個連續7天，分列於下：

《黃岩縣志》記載：「伍止淵，少時患肺癆，久治難愈，……拜全真龍門二十三代梅宗林為師。21歲入定21日，時間之久，近代少見。」〔註166〕

《黃岩文史資料》對伍止淵的事蹟記載更為詳細，由其弟子吳乾庭整理，其全文曰：「伍止淵大師事略：中國道教龍門正宗第二十四代傳人伍大師止淵（公元1890～1966）法名成鼎，別號陵源子、筆名寄廬主人，城內管驛巷人。1906年拜寧波東鄉塔玲祐聖觀下院院主、龍門第二十三代傳人梅宗林為師（梅曾從師劉理貴、余教海真人），1924年任寧波鎮海縣都神殿住持，1925年獲道大師稱號；1929年回鄉，1932年始定居九峰山麓玄都現。建國後任縣人民代表、政協委員。……大師向道之時，便潛修氣功，日積月累，頗有成就。曾於寧波鎮海縣都神殿靜坐閉關，入定七日七夜，不需飲食，事後精神矍鑠，一如常人。1920年寄居城內童橋里王氏故庵，創辦追源學社，講習靜坐氣功

〔註165〕洪建林編，《仙學解秘：道家養生秘庫》，大連出版社，1991年9月，811～812頁。

〔註166〕黃岩縣志辦公室編，《黃岩縣志》，三聯書店上海分店出版，1992年3月，623頁。

法，門下弟子多至五六十人。玄都觀建成後，更常以氣功療治病人，自此聲名大振，桃李滿天，桃花潭亦隨大師揚名海外。是山川靈秀育成一代異人，抑或一代異人為青山綠水增輝？大師仙風道骨，清俊逸秀，能詩善賦，平易近人。遺骸葬於九峰魁星岩。」〔註167〕

從天津道觀中的老道長到余教海，再到梅宗林，然後到伍止淵，可謂一脈相承，他們都具備內丹高境界辟穀的本領，能夠在靜定之中完成內丹的修煉和境界的提升，辟穀養生的境界至此已臻化境。從內丹修煉來看，辟穀既是入門的初步工夫，又是完成內丹修煉境界突破的關鍵一步。

3.3.7.3 光厚禪師與李八百

蕭天石先生（1908～1986）是新道學代表人物。先生致力於研究和發揚中華道學，竭盡了畢生的精力，被海內外讚譽為"刊萬世不刊之書，傳千聖不傳之學"，是公認的在 20 世紀研究與弘揚中華道教養生學者。蕭天石先生《道海玄微》中記載了其本人的一位老師光厚和尚的案例：上光下厚老禪師，為近代一不世出之奇僧。一般多以「四川活羅漢」稱之，……光厚老和尚係童年出家，早歲先後拜朝四大名山，遍訪百千古剎；初習淨土，中習密宗，兼修丹道，最後歸於禪宗。其靜坐方法，則係兼採道密二家上乘不傳功法。自證道後，四十餘年，不睡不眠，每夜均靜坐達旦。其臥室無床幾，無被蓋，無蚊帳，僅一蒲團而已（按：在其三年閉關期中，所用者為石蒲團）。冬夏一衲衣，無寒無暑。一九四四年冬，與傳西法師、昌圓法師等群宿峨嵋金頂寺，曾於萬仞峭壁懸崖間，冥坐七日夜始歸。雲封千山，冰鎖萬嶺，漫天風雪，一望無垠；彼則仍是單衣一襲，不食不饑，不飲不渴，晏如也。群隨往視其坐處，則周圍三四尺內，冰銷雪化，蒼岩畢露，見者無不歎為稀有！老和尚自奉極儉，得財即以施捨，光行善事。一年四季，係相同之百結衲衣不易。冬不冷，夏不熱，暑中衣皮裘於烈日之下，不張傘，不戴笠，不揮扇，不用巾，健步如飛，行十數里或數十百里，不息不汗；不喘不倦，行所無事然。此則為婦孺皆知之事也。〔註168〕

蕭天石先生《道海玄微》中還記載了他的另一位老師：青城道人李八百：李八百，道號玄真子，乃青城山一雲游道人。在道士中屬潛修丹道一派。……

〔註167〕黃岩市委員會文史資料委員會編，《黃岩文史資料》第 13 輯，1991 年 6 月，114～115 頁。

〔註168〕《道海玄微》蕭天石著，北京：華夏出版社，2007 年 4 月：509～510。

李之為人，一生不近煙酒女人，門人中亦無女弟子，詢之則謂，主張「以乾修乾，以陽存陽」。閒居恒正襟危坐，坐如泥塑人，一坐一日或數日數月不等，小坐即在其睡房行之，大坐則必在丹室。……常曰：「修通脊髓後，如竹之鑿通竹節，則上下兩頭皆空，下接地氣，上接天氣，是人之氣，可借修通其節而與天地之氣相接通相涵融，渾而為一也。天地之氣不竭不盡，則吾人之氣亦不竭不盡！二氣交流，添『生氣』，絕『死氣』，生生不息，則亦自可與天地同在，而不老不死矣。同在者，吾人之氣，永存天地之間。形體即死，而神氣不滅也。」〔註169〕

「四川活羅漢」光厚禪師與青城道人李八百都是蕭天石先生在四川學道時候的老師，兩位的高深修為實在令人歎為觀止，是內丹辟穀高深工夫的典型代表。

3.3.7.4 李真果

李遠國教授主編的《李真果》一書，記載了清末至新中國的一代高道李真果的一生修道行醫的故事：「李真果在武當山白雲洞內，依陳摶秘傳先天胎息睡功，辟穀入定，不飲不食。……一天，李真果信步山中，忽遇一位老道。道人風骨清峻，神態瀟灑自如，談吐隱含玄機。李真果叩頭求教，道人見他骨相清靈，神氣脫俗，便接納他為徒，引入修真洞府，秘授李真果以先天五龍睡功、天遁劍法及內外金丹之道。並囑其仍當隱修山中，待煉至丹凝神化，方可離山雲游，歸鄉佈道。據說，這位身懷絕技的老道長，就是名揚四海的「火龍真人」……他常年居住在廁所旁的破房中，在糞池邊修行……一次，時值冬月，天寒地凍，李真果跌進了蓄水的深坑之中，水深滅頂，……他連衣帶水慢慢地爬上河岸，搖搖晃晃走回家中。他關門便睡，一睡半月，不吃不喝，把全身濕透的衣服都睡乾了。……為此李真果總結說，人只要還有一點火，一口氣，都可以得活。顯然他的這種超常旺盛的生命力，是與他深厚的內功修持分不開的。」〔註170〕

《李真果》這一本書是李遠國教授及其團隊親自到李真果生活過的地方進行田野調查和大量訪問，收集材料整理出來的，因其有親歷者、傳聞者等不同的材料來源，故事雖無法確證為真實歷史，但實屬來之不易。從書中的

〔註169〕《道海玄微》蕭天石著，北京：華夏出版社，2007 年 4 月：518～519。
〔註170〕李遠國 吳野主編，《李真果》，四川人民出版社，2002 年 6 月。

記載我們可以知道，李真果是一個修煉有成的著名道士，他內外兼修武功高強，內丹成就，尤其是他的內丹辟穀，堪稱一絕。他在醫藥方面也有很深的修為，在他生活過的地方有非常多的人，都得到過他的醫藥，有些人甚至因他而重獲新生。他的最著名的弟子繼承了他的一系列的獨門的藥方，開創了醫藥集團，讓他的醫術和道術發揚光大，為人類造福。

　　從唐代開始內丹逐漸興起，隨著內丹學的發展各派丹家逐漸確立起基於內丹學理論和方法的完整系統的道教內丹辟穀的理論和方法。唐施肩吾的內丹辟穀實踐無疑推動了內丹辟穀理論和實踐方法的提升。唐末以降，諸多丹道流派相繼出現，丹法雖不盡相同、各有其法，但是主要步驟基本一致，理論框架也趨於共識，重視人體精氣神的逐步煉化，即煉精化氣、煉氣化神、煉神還虛。就南宗而言，起初張伯端幾乎全盤否定了包括辟穀在內早期道教諸多的內煉之法，並不是說其完全無用，只是對於成就仙道的目標而言，諸多內煉方法皆為易遇而難成，張伯端宣揚其所傳至之內丹的金丹大道則是難遇而易成。為此有人專門還就辟穀在丹道修煉中的重要性展開論戰以反駁張伯端。就張伯端所著諸多丹經及後世所解析的步驟來看，南宗丹法還是要用到辟穀，並把辟穀作為內丹修煉過程中進境的標準或標誌。再觀其後世弟子，如四祖陳楠五祖白玉蟾等無不是把辟穀作為內丹修煉的重要方法加以運用，只是此時的辟穀是被整合進入內丹修煉程序之中了，已不是早期道教的單一辟穀內煉了。北宗較之南宗而言，興起時間稍晚，丹法理路也有不同。但是其丹法修煉一樣倚重辟穀，從王重陽的活死人墓中修丹的方式，到丘處機居山靜修食松花的辟穀方式，再到孫不二在其女丹丹經中直接把辟穀作為一個必經的進境階段，不難看出內丹辟穀在北宗內丹修煉的重要意義。內丹傳佈，百花齊放，各派丹理都不約而同的重視辟穀，內丹辟穀不是為辟穀而辟穀，而是隨著內丹的修煉程序的不斷推進，不辟穀而穀自辟，辟穀是內丹景驗的重要標誌。眾多的丹家如陳摶、張三豐等人的辟穀故事被寫入正史，也說明內丹修煉之術得到社會包括皇家的認可乃至追捧。直至近代，內丹辟穀之術依然代有傳人，並有突出的代表人物如伍止淵、李真果等，他們丹法成就之後服務社會，造福於世，其人其事也被載錄於方志和傳記等而傳播。

3.3.8 辟穀方的完善與豐富

3.3.8.1 朱橚的《救荒本草》

《救荒本草》的作者是朱元璋的第五子朱橚，他花了大量的時間和精力完成了我國歷史上最早的一部以救荒為宗旨的專著，同時也一部很有影響的一部農學、植物學專著，對後世的農學、植物學、醫藥學的發展都產生了積極的作用。《明史》對其做了詳細記載：周定王橚，太祖第五子。洪武三年封吳王。……橚好學，能詞賦，嘗作元宮詞百章。以國土夷曠，庶草蕃廡，考覈其可佐飢饉者四百餘種，繪圖疏之，名救荒本草。辟東書堂以教世子，長史劉淳為之師。洪熙元年薨。〔註171〕

從辟穀的分類來看，為了躲避災荒而不得不進行的辟穀，可以稱為避荒辟穀。從這個角度來講，朱橚是避荒辟穀的集大成者，朱橚的《救荒本草》其立意可謂悲天憫人，為人們提供了在災荒之年的活命之法。得書者可以按圖索驥去尋找一些植物代替食品，保身活命，以度荒年。該書在本草學中首開野菜一門，前無古人亦鮮有來者，影響深遠。有人甚至認為《救荒本草》是可以和《本草綱目》並立的明代植物和本草學傑作。

3.3.8.2. 薛己等的《食物本草》

明代有位著名醫學家薛己，他從御醫走向民間，懸壺濟世造福一方，他對明清乃至後世的醫學思想發展有很大的貢獻。從醫學的角度出發，他也主張適當的採取禁食辟穀有利於疾病的恢復。山東中醫藥大學姚文軒等專門撰寫文章，選取了薛己的幾個醫案進行分析，這些醫案都是「不藥而愈」的醫學案例。其中涉及到一位官員，一個孕婦，還有一個小兒，都是因為「內傷飲食」而致病，薛己精通醫理，臨症合診，心有定見，囑咐無需用藥，以斷食和養護為主，待脾胃之氣漸漸自復，則諸症即愈。〔註172〕薛己有一本值得介紹的著作《食物本草》。據考證，明代被稱為《食物本草》的書有多種，如薛己著《食物本草》二卷；盧和著《食物本草》四卷；汪穎著《食物本草》七卷；錢允治校訂《東垣食物本草》等；明末姚可成在諸多版本的「食物本草」之基

〔註171〕〔清〕張廷玉 等 撰，中華書局編輯部 點校：《明史‧卷一百十六列傳第四諸王一‧太祖諸子一‧周王橚》，中華書局，1974 年 4 月，第 1 版，第 3566 頁。

〔註172〕姚文軒，劉桂榮，薛己不藥而愈的醫案分析〔J〕，四川中醫，2012，30（10）：22～23。

礎上予以修訂增輯，撰成《食物本草》二十二卷。該書至今仍是常用的中醫食療類著作的經典代表，具有很好的社會影響和很廣的讀者認可。

第四章　道教辟穀的思想

　　道教辟穀文化的發展有其深刻的思想理論基礎，這種理論基礎不僅僅來自於道教，還來自於中華文化發展的思想源頭。古人對辟穀的思想進行了各種各樣的探索，提出了一系列的辟穀思想：從最初的一般辟穀維生的認識，到從道教養生修仙的認識，最後到內丹學形成完整系統的成熟道教辟穀理論。本章就對道教辟穀的一系列思想進行梳理闡釋，以便更好地理解把握辟穀的機理，並進一步把握道教辟穀的方法。本章將分為兩節討論，第一節討論道教早期內丹興起前提出的各種辟穀思想，第二節討論成熟的內丹辟穀思想。

4.1　內丹興起前的辟穀思想

4.1.1　節食尚儉思想

　　所謂節食尚儉辟穀思想，就是通過節制飲食、崇尚簡樸生活來實現辟穀養生目的的思想理論。節儉是中華民族的傳統美德。在道家看來節儉不僅是一種美德，也是一種辟穀養生延年益壽的重要理論。節食尚儉思想是節儉思想在飲食方面的集中體現。《周易‧頤》中有：「《象》曰：山下有雷，頤；君子以慎言語，節飲食。君子因此慎發言語以養德，節制飲食以養身。」慎言語，節飲食——這是說明君子效法《頤》卦「養正」之道，「慎言」養德、「節食」養身。〔註1〕《老子》有著名的三寶之論：「吾有三寶，一曰慈，二曰儉，

〔註1〕黃壽祺、張善文：《周易譯注》，中華書局，2016 年 7 月，第 1 版，第 203 頁。

三曰不敢為天下先。」〔註2〕三寶之一就是儉，強調生活的簡樸，飲食的節儉。

文子也是先秦時期重要道家人物。在《漢書》及〔宋〕王應麟《困學紀聞注·卷十·諸子》，都有「文子為老子弟子」〔註3〕的說法。文子約與孔子同時代，著有《文子》一書，又被稱為通玄真經，是道家早期的重要經典。從行文來看，《文子》多處引用老子的話，而且在用詞、語句、段落等方面，都與《老子》密切相關，處處體現《老子》思想的痕跡〔註4〕。《文子·上仁篇》記載：老子曰：君子之道，靜以修身，儉以養生。〔註5〕《通玄真經》，符言篇載：夫道之為宗也，有形者皆生焉，其為親也亦戚矣，饗穀食氣者皆壽焉，其為君也亦惠矣，諸智者學焉，其為師也亦明矣。把人分成兩種即享穀者和食氣者，這段話也被淮南子引用，影響較大。《通玄真經》：「治身養性者，節寢處，適飲食，和喜怒，便動靜，內在己者得，善不外求，而邪氣無由入。」〔註6〕這是對老子生活簡樸思想的繼承。

《黃帝內經》的《上古天真論》謂：「上古之人，其知道者，法於陰陽，和於術數，食飲有節，起居有常，不妄作勞，故能形與神俱，而盡終其天年，度百歲乃去。」〔註7〕此段論述強調的飲食要點就是「食飲有節」。這裡的節，可以理解為節制、節儉。

節食尚儉辟穀思想除了體現在道家思想理論中之外，先秦諸子的各家都有類似的思想。《墨子·辭過》曰：「古之民，未知為飲食時，素食而分處。故聖人作誨男耕稼樹藝，以為民食。其為食也，足以增氣充虛、強體適腹而已矣。故其用財節，其自養儉，民富國治。……君實欲天下之治而惡其亂，當為食飲不可不節。……儉節則昌，淫佚則亡。」〔註8〕在《呂氏春秋》中，呂不韋也認為節飲食為重要的保養身體的方法：「修宮室，安床第，節飲食，

〔註2〕〔漢〕嚴遵著，王德有點校：《老子指歸》，中華書局，1994 年 3 月，第 1 版，第 87~88 頁。

〔註3〕〔宋〕王應麟 著，〔清〕翁元圻 輯注，孫通海 點校：《困學紀聞注·諸子》，中華書局，2016 年 3 月，第 1 版，第 1331 頁。

〔註4〕裴健智，簡本《文子》解老〔J〕，中國文化，2019（01）：26~38。

〔註5〕彭裕商著，文子校注〔M〕，成都：巴蜀書社，2006.07：193。

〔註6〕〔唐〕徐靈府：《通玄真經》，《道藏》第 16 冊，文物出版社、上海書店、天津古籍出版社，1988 年，0692b 頁。

〔註7〕〔唐〕王冰注編，黃帝內經〔M〕，北京：中醫古籍出版社，2003.11：8~10。

〔註8〕吳毓江撰，孫啟治點校：《墨子校注》，中華書局，2006 年 2 月，第 2 版，第 47 頁。

養體之道也。」〔註9〕《春秋繁露》謂:「民皆知愛其衣食,而不愛其天氣。天氣之於人,重於衣食。衣食盡,尚猶有閒,氣盡而立終。故養生之大者,乃在愛氣。……衣欲常漂,食欲常饑。體欲常勞,而無長佚,居多也。……飲食臭味,每至一時,亦有所勝,有所不勝之理不可不察也。」〔註10〕《太平兩同書》載:夫人者異乎松栢之永矣,養之失其所,則安可以不朽乎。豈徒冰雪之倏忽也,養之得其道,則安可以不延乎。故壽之有長短,由養之有厚薄也。悲夫。飲食男女者,人之大欲存焉。人皆莫不欲其自厚而不知其厚所以薄也,人皆莫不惡其為薄而不知薄之所以厚也。何以言之。昔信陵孝惠為縱長夜之娛,淫酒色之樂,極情肆志,此不自厚也。然卒逢夭折之痛,自殞於泉壤之下,是則為薄亦已甚矣。老氏、彭公修延年之方,遵火食之禁,拘魂制魄,此非不自薄矣。然克保長久之壽,自致於雲霄之上,是則為厚亦已大矣。夫外物者,養生之具也。苟以養過其度,則亦為喪生之源也。是故火之所宜者膏也,木之所宜者水也。今以江湖之水清其尺蘗,斛庾之膏沃其皇燭,則必見壞滅也。故性命之分,誠有限也;嗜欲之心,固無窮也。以有限之性命逐無窮之嗜欲,亦安可不困苦哉。是以易存飲食之節,禮誠男女之際,蓋有由矣。〔註11〕

可見,以道家為主的古代各家都主張生活節儉、食飲有節的辟穀生活,認為這可以減少飲食積聚,有利於氣血流通,從而促進健康,達到養生目的。

4.1.2　天氣地味思想

天氣地味思想源於《黃帝內經》,認為天地之間的「氣」和「味」都是人類的食物。《黃帝內經》有「天食人以五氣,地食人以五味」〔註12〕的論述,參照天地將人之食進行分類,形成了天氣地味的思想,認為五氣與五味並舉,都是人類之食物。這裡的「五氣」和「五味」都是五行學說的運用。五行學說認為,天地萬物無不是五行所屬,人自身也稟五行之氣。五行之氣也有陰陽

〔註9〕　〔秦〕呂不韋編,許維遹集釋,梁運華　整理:《呂氏春秋集釋》,中華書局,2009年9月,第1版,第308頁。

〔註10〕　〔漢〕董仲舒　撰,朱方舟　整理,朱維錚　審閱:《春秋繁露》,上海書店出版社,2012年7月,第1版,第191頁。

〔註11〕　羅隱:《太平兩同書》,載《道藏》第24冊,文物出版社、上海書店、天津古籍出版社,1988年,0915c頁。

〔註12〕　王冰:《黃帝內經素問補注釋文》,《道藏》第21冊,文物出版社、上海書店、天津古籍出版社,1988年,0049a頁。

之分，天之五行之氣為五星之氣，日月星辰的陽氣，地之五行氣為陰氣，為五穀五味之氣。《春秋左傳》有一句描述氣和味的關係的話：味以行氣，氣以實志。〔註13〕《黃帝內經素問》還有「形不足者溫之以氣，精不足者補之以味」的說法。〔註14〕可見古人視天地之氣如一種食物。

天氣地味思想也是陰陽學說在飲食上的具體體現。陰陽學說是道教養生文化的根源性理論，也是辟穀術修持者依仗的根本性原理：人之所以產生各種欲望，其根本原因皆在於服食五穀。因五穀生長在土地上，土地乃水汽陰質所凝結，所以穀物便成了陰精之食。五穀食物雖然口味誘人，但穀氣陰華所化生出的涎膜，纏羅五臟六腑和關節筋脈，使臟腑停留，阻塞經脈氣血的流通，使人年敗氣衰，形神枯憔。又由於涎膜玷污神明，神氣不凝於丹田之中，靈光不照於臟腑之內，才會使人產生各種私欲，而消除私欲最有效的方法，就是「卻穀」。此類觀點道經中也可找到。《太清服氣口訣》云：「夫萬物之生，稟陰陽而成形匯兆。陰陽施化，從元氣而寒暑成分。故太陽興也，有暄暄之色，以生眾品；太陰動也，有蒼蒼之氣，以殺群萌。莫不感氣而生滅，斯即月前常覿，君子所知。故云夫食元氣天不能殺，地不能藏者，佳矣！且交接元氣於腎鼻之間，分陰陽於臟腑之內，吐納無爽，持攝不乖，則長生之端，可以期矣。」〔註15〕劉溫舒在《素問入式運氣論奧》中說：「人在氣中，豈不應於天道。蓋人之呼吸天地氤氳之氣，以食飲五行造化之物以養，共保其形，豈不隨氣運陰陽之盛衰。經曰天食人以五氣，地食人以五味，此之謂也。夫人之胸鬲者，蓋飲食之所納，呼吸之所經。〔註16〕

後世道家道教在辟穀養生理論中，沿用《黃帝內經》的天氣地味理論，並結合陰陽理論提出要多食氣，少食味，以延緩衰老。如《道樞》云：氣，陽也；味，陰也。味歸形，形歸氣，氣歸精，其初豈不相資耶，而後皆相反焉。於是精食氣而其精傷矣，形食味而其形傷矣，故穀氣盛而元氣衰，以至於老

〔註13〕〔清〕洪亮吉 撰，李解民 點校：《春秋左傳詁》，中華書局，1987年10月，第1版，第690頁。

〔註14〕王冰：《黃帝內經素問補注釋文》，《道藏》第21冊，文物出版社、上海書店、天津古籍出版社，1988年，0035b頁。

〔註15〕〔唐〕《太清服氣口訣》，載《道藏》第18冊，文物出版社、上海書店、天津古籍出版社，1988年，0414a頁。

〔註16〕劉溫舒：《素問入式運氣論奧》，《道藏》第21冊，文物出版社、上海書店、天津古籍出版社，1988年，0504a頁。

焉。」〔註17〕《黃庭內景五臟六腑補瀉圖》亦云：「夫天主陽，食人以五氣；地主陰，食人以五味。氣味相感，結為五臟。……若能存神修養，克己勵志，其道成矣。然後五臟堅強，則內受腥腐諸毒不能侵，外遭疾病諸氣不能損，聰明純粹，卻老延年……通神明之理，把握陰陽，呼吸精神，造物者翻為我所制……精是吾神，氣是吾道，髒精養氣，保守堅貞，陰陽交會，以立其形是也。五藏六府，各有所主。修身潔白，絕穀勿食。飲食太和，周而更始，故不失節也。」〔註18〕

朱橚在《普濟方》中還借孕婦對食物的選擇偏好來說明氣味需求問題：「妊娠所以擇食者，蓋孕假五氣五味生成五臟。氣味各隨所喜而歸之，陰陽相應。論曰：酸生肝，苦生心，甘生脾，辛生肺，鹹生腎，假五味以生也。六節藏象傳曰：燥氣湊肝，焦氣湊心，香氣湊脾，腥氣湊肺，腐氣湊腎。此五臟，假五氣以成形也。若形藏未備，則隨其不足而孕，婦必欲其氣味食之蓋，陽為氣，陰為精，氣化則精生，味化則形長。誠以人之生也，氣本於天，形本於地。《內經》謂，天，食人以五氣，地，食人以五味，正此之謂。若夫天地既分質不完者，皆孕婦擇食之時，不得其氣味。」〔註19〕認為當人出生之後，天氣和地味共同作用，氣化則精生，味化則形長，使人不斷成長。但是當人體生長完成後，就不再需要那麼多的五穀五味了。五穀五味雖然能夠保養身形，但是對人體也有害處，讓人快速變老。如《中黃篇》也說：「五穀養形，亦以害生；餐服元和，安而延齡。」〔註20〕《莊周氣訣解》云：「太公聖人謂之五賊，天下謂之五德。人食五味，死無有怨而奔者，心之所味亦然。夫聖人以至真之體，觀乎五者，皆欲也，故謂之五賊；天下之人食五味者，死無有怨而奔者，心之所味亦然，蓋言眾庶貪溺五味終也，五欲使自為也。人皆欲其生，欲其養，欲其成，欲其通，欲其安。隨而與之，因而制之，天下奔逐其性，咸獲所欲，特謂造化自成，我不知自為利也。其天下之人不達其要者，但

〔註17〕曾慥：《道樞》，《道藏》第 20 冊，文物出版社、上海書店、天津古籍出版社，1988 年，0687c 頁。

〔註18〕胡愔：《黃庭內景五臟六腑補瀉圖》，《道藏》第 6 冊，文物出版社、上海書店、天津古籍出版社，1988 年，0686c 頁。

〔註19〕〔明〕朱橚：《普濟方》，臺北：臺灣商務印書館影印，文淵閣《四庫全書》本，第 0758 冊，0031a 頁。

〔註20〕曾慥：《道樞》，《道藏》第 20 冊，文物出版社、上海書店、天津古籍出版社，1988 年，0687b 頁。

以味適口，充腹飽胃，以養其性命，恐隔滋味而已。然其腑藏長欲蒸心亂神，反資百疾，以至天殂。故太公曰：人食五味而死，無有怨而卉之。不食五味者，仙真也。廣成子以為積火焚五毒。五毒者，五味也。若去五味，盡可以長生。以此驗之明矣！予以為積火則心，積煉其心，陽和氣充，布氣流液，如心在陽，故五味消，滋味自淡也。」〔註21〕

　　道教辟穀家根據天氣地味思想，提出人體可以主要依靠天氣維生。如《太平經》云：「夫人，天且使其和調氣，必先食氣。故上士將入道，先不食有形而食氣，是且與元氣合，故當養置茅室中，使其齋戒，不覩邪惡，日練其形，毋奪其欲，能出無間去，上助仙真元氣天治也。」〔註22〕《文始真經》曰：「苟吸氣以養其和，孰能饑之？」〔註23〕《雜戒忌禳災祈善篇第三》載：「貪美食令人泄痢。俗人但知貪於五味，不知有元氣可飲。聖人知五味之毒焉，故不貪；知元氣可服，故閉口不言，精氣息應也。」〔註24〕張理的《易象圖說外篇》中云：「人稟天地沖和之氣，受五行生化之形，陰陽剛柔萃於一身，通上下而為三才。生氣根於中，命曰神機。六氣和於外，六味養於內，起居有時，食飲有節，然後能致其和，而宅神氣以為機發之主，故身安而無病。由夫利害，牽乎外情，欲耗其中，然後六氣、六味始得以撓之，而病主焉。」〔註25〕

　　根據天氣地味的理論，道教認為辟穀養生修煉的過程，就是人體逐漸倚重服用天氣，而慢慢地摒棄地味的過程。在辟穀修煉中，服用天氣的同時，逐漸的減少五穀的攝入而食用各種藥物替代五穀，服用各種藥物不僅可以很好的代替五穀，而且能夠治療身體的各種舊病。

4.1.3　食氣者壽思想

　　所謂食氣者壽辟穀思想，即認為常吸食天地元氣以辟穀者，可以健康長

〔註21〕〔唐〕《莊周氣訣解》，《道藏》第18冊，文物出版社、上海書店、天津古籍出版社，1988年，0416c頁。

〔註22〕〔六朝〕《太平經》，《道藏》第24冊，文物出版社、上海書店、天津古籍出版社，1988年，0401a頁。

〔註23〕牛道淳：《文始真經注》，《道藏》第14冊，文物出版社、上海書店、天津古籍出版社，1988年，0665b頁。

〔註24〕〔唐〕張君房：《雲笈七籤》，《道藏》第22冊，文物出版社、上海書店、天津古籍出版社，1988年，0232a頁。

〔註25〕張理：《易象圖說外篇》，《道藏》第3冊，文物出版社、上海書店、天津古籍出版社，1988年，0247c頁。

壽。最先提出食氣者壽思想的是《淮南子》：「食水者善遊能寒，食土者無心而慧，食木者多力而拂，食草者善走而愚，食葉者有絲而蛾，食肉者勇敢而悍，食氣者神明而壽，食穀者知慧而夭，不食者不死而神。」〔註26〕這段表述在《大戴禮記》和《孔子家語》中也出現而略有不同。

曾慥《道樞》載：「資穀以強，資氣以靈；強則有衰，靈則長生。至遊子曰：夫人稟天地元氣而生，故一吐一納，內外相應焉。六氣者，分屬於五臟，餘一氣則包乎三焦者也。能服其氣，一年則氣通矣，二年則氣行矣，三年則氣成凝結為玄珠矣。氣者，道也；道者，虛無也；虛無者，自然也；自然者，無為也；無為者，心也。心不動者何也？內心不起則外境不入，內外安靜則神和，神和則氣和，氣和則元氣自充，元氣自充則五臟滋潤，五臟滋潤則百脈流通，百脈流通則津液上應，津液上應則五味止絕，饑渴不生，反老還童當自茲始矣。故始也，氣化為血，血化為精，精化為神。一年易氣，二年易血，三年易脈，四年易肉，五年易髓，六年易筋，七年易骨，八年易髮，九年易形。三萬六千神居於其身，化為仙人矣。夫神者，無形之至靈也。故神稟於道，靜而合乎性焉；人稟於神，動而合乎情焉。是以率性則神凝，久則神止，極則神遷，止則生，遷則死，皆情之所移，非神之所使也。」〔註27〕

食氣者壽思想提出的時間很早，且採用者眾多，可謂早期辟穀思想理論的重要思想之一，其影響非常久遠，後世也經常被提及和討論。胡祇遹在《紫山大全集》對「食氣者壽」的辟穀機理做了清楚的論述：「養生者，形消而神不散者，聚天地久長之氣也。故曰：食氣者壽。易於復卦曰：先王以至日閉關，商旅不行，後不省方者，安靜而無擾乎陽也。孟子曰：夫志，氣之帥也，氣體之充也。持其志，無暴其氣，食氣之法，滿吸天地之氣，入腹至踵，盈滿充塞，閉而勿出，直至本身生氣盈餘不能容，然後徐徐綿綿而出，息息如是，至於臨睡收斂，卷局四肢，握固存神，毋使氣粗，但覺而復如前法。」〔註28〕這段論述應該說是從理論和操作兩個層面，提出了「食氣者壽」的基本辟穀理論和方法原則。

〔註26〕〔漢〕劉安編，劉文典撰，馮逸、喬華點校：《淮南鴻烈集解》，中華書局，2013年5月，第2版，第142～143頁。
〔註27〕曾慥：《道樞》，《道藏》第20冊，文物出版社、上海書店、天津古籍出版社，1988年，0649a頁。
〔註28〕〔元〕胡祇遹：《紫山大全集》，臺北：臺灣商務印書館影印，文淵閣《四庫全書》本，第1196冊，0245a頁。

4.1.4 減食增壽思想

減食增壽辟穀思想是基於道教定數理論而演化出來的通過減緩進食來延長壽命的辟穀養生理論。道教認為，人的吉凶禍福皆有所由。人一生的壽命是有定數的，這跟人的福報有關係。《水鏡錄》云：「太上曰：禍福無門，惟人自召，善惡之報，如影隨形，是以天地有司過之神，依人所犯輕重以奪人算。算減則貧耗，多逢憂患，人皆惡之，刑禍隨之，吉慶避之，惡星災之。算盡則死」。〔註29〕《老子說法食禁誡經》說：人民所以夭折多病眾厄亡、不盡天算者，以其不奉禁誡、縱情侈欲、生煞無度、飲食不慎故也。〔註30〕道教還認為人一生的食量是有定數的，人適當處於飢餓狀態，慢慢的消受自己的飲食福報，就能延年長壽。陶弘景《養性延命錄·教誡篇》也明確主張少食而延年益壽：「雜食者百病妖邪所鍾。所食愈少，心愈開，年愈益；所食愈多，心愈塞，年愈損焉。」〔註31〕所以，道教徒的飲食文化就以素食、少食和辟穀為其精要。

關於減食增壽，道教做過不少的探索和論述，如陶弘景《養性延命錄》說：「人生大期，百年為限，節護之者，可至千歲。如膏之用，小炷與大耳。眾人大言而我小語，眾人多煩而我少記，眾人悖暴而我不怒，不以人事累意，不修仕祿之業，淡然無為，神氣自滿，以為不死之藥，天下莫我知也。」〔註32〕《黃帝陰符經集解》云：「愚人徇物以貪生，為生之理者，促壽也；賢人損己以求生，道德真妙者，固躬而不亡，此言人之在世，貪生而惡死，皆自厚養其身，恐致滅亡也。鞠育身命，必須飲食衣服，此亦天然自合之理。故莊周云：耕而食，織而衣，其德不離，織而衣，耕而食，是謂同德，故知人生資衣食之育養也。然在於儉約處中則吉，若縱恣奢溢過分則凶，而反害其生也。至若上古之人巢居穴處，情性質樸，亦不知有長生短促之理，任自然，而逍遙，年壽長永；後代真源道喪，浮薄將興，廣設華宇，衣服紈彩，滋味肴膳，

〔註29〕 《水鏡錄》，《道藏》第36冊，文物出版社、上海書店、天津古籍出版社，1988年，0312b頁。

〔註30〕 李德範輯，《敦煌道藏》，中華全國圖書館文獻縮微複製中心，1999年12月，第4卷，2159頁。

〔註31〕 〔梁〕陶弘景集，王家葵校注：《養性延命錄校注》，中華書局，2014年9月，第1版，第37頁。

〔註32〕 〔梁〕陶弘景：《養性延命錄》，《道藏》第18冊，文物出版社、上海書店、天津古籍出版社，1988年，0477a頁。

越分怡養，恐身之不康，殊不知養之太過，役心損慮，反招禍患，為促壽之根本。故曰：生者死之根，死者生之根者。至如道德之士，損己忘劬以求長生之術，或則餐霞服炁，辟穀休糧，心若死灰，形同槁木，世人觀之，必死之象，殊不知長生之根本也。」〔註33〕《顯道經》中說：「道人生從小至大，以穀自長，何為絕穀乎？老子曰：穀唯生人長大，不欲使人食之至老，老死皆由於穀矣。或問：道絕穀可得度世不？老子曰：合無者自知，自然不食，但存氣煉形，何憂不長存。或問：道欲絕穀，五臟有微病云何？老子曰：且勿絕穀，節食為之。又百日之後，斷穀稻米粥及餌清物。」〔註34〕《食色紳言》中記載了蘇軾的《與李公擇書》云：「口腹之欲，何窮之有。每加節儉，亦是惜福延壽之道。……聞至人云：人生衣食財祿皆有定數，若儉約不貪，則可延壽。奢侈過求，受盡則終。譬如有錢一千，日用一百，則可十日，日用五十，可二十日。若恣縱貪侈，立見敗亡。一千之數，一日用盡，可不畏哉！」〔註35〕《春秋左傳·桓公六年》曰：詩云，自求多福，在我而已。〔註36〕這句話在後世道家道教演變流傳，最後成為道教的千古名句。《抱朴子內篇·黃白》龜甲文曰：我命在我不在天，還丹成金億萬年。〔註37〕道家道教的節食和少食辟穀的思想，對中國古代社會也影響深遠，民間流傳至今的節食好處的俗語很多。比如：「減衣增福，減食增壽，減睡增祿」、「若要小兒安，三分饑與寒」等等。

　　道教減食增壽理論也得到了現代壽命研究的支持。根據現代養生學的研究，生命是以物質為基礎、以信息為主導的存在形式，它包含著物質和信息兩個方面。物質與信息對於生命都是不可缺少的，但是在衰老的機制中究竟又是誰起著更為重要的決定作用呢？生命作為一種物質與信息的統一體，無疑需要不斷的物質和信息供給才能維持其生存。機體所需要的物質主要是通過它與外界環境的物質交換也就是物質代謝獲得的，而這個途徑

〔註33〕袁淑真：《黃帝陰符經集解》，《道藏》第2冊，文物出版社、上海書店、天津古籍出版社，1988年，0853b頁。

〔註34〕《顯道經》，《道藏》第18冊，文物出版社、上海書店、天津古籍出版社，1988年，0647b頁。

〔註35〕龍遵敘撰，《食色紳言》，中華書局，1985年，第3頁。

〔註36〕〔清〕洪亮吉撰，李解民點校：《春秋左傳詁·卷五傳·桓公·六年》，中華書局，1987年10月，第1版，第220頁。

〔註37〕〔晉〕葛洪著，王明校釋：《抱朴子內篇校釋·卷之十六黃白》，中華書局，1985年3月，第2版，第287頁。

最重要的又是攝食和呼吸。從理論上說，人們完全可以提供足夠的物質以維持機體生命活動的需要，因此設想，如果物質對於機體生命的衰老起著核心的決定作用，那麼在我們滿足了機體生命活動所需要的一切物質之後，就不應再發生衰老現象。但實際情況並非如此。儘管機體能得到它生命活動所需要的各種營養物質，但這也並不能阻止機體的衰老死亡。美國著名衰老學家海弗利克曾做過這樣的試驗，他將人體的纖維細胞放在良好的物質環境條件（這種條件當然能夠完全滿足生命對各種物質的需要）下加以培養來觀察它們的生長繁殖，結果所有的正常細胞都在分裂繁殖大約 50 代後死去。由此說明，物質與機體的衰老過程並沒有本質的聯繫。既然物質不能與生命有機體的衰老構成本質的必然聯繫，那麼信息又能否與機體的衰老構成本質的必然聯繫呢？根據現代醫學和養生學的研究，在機體衰老中起著核心的決定作用的正是信息。

4.1.5　去除三尸思想

　　早期道教以服食外丹為最重要的成仙的途徑，並認為人體中有三尸九蟲，會傷害人體，妨礙修道成仙，要想服食金丹大藥成仙，要先去除三尸，這就是去除三尸的辟穀思想。

　　三尸的提法首先見於劉向《列仙傳》：「朱璜者，廣陵人也。少病毒瘕，就睢山上道士阮丘。丘憐之，言：卿除腹中三尸，有真人之業，可度教也。」〔註38〕三尸的思想詳見於《周易參同契》，其文云：「言凡人服金砂入五臟之內，流散若風雨，皆令暫死。為身宿穢，穀氣不除，有七病、九蟲、三尸等皆在，所以暫死蟲即蘇，兼丹內或有礜石及雄黃曾青，並火毒未除，故令暫死。亦有不死者，或是一年之藥，及無別毒藥，又人常行修德，休糧日久，腸淨髒淨，故不死。」〔註39〕

　　關於三尸的具體認識，道經中的描述有不同的版本，比如《三元真一經》云：「涓子告蘇林曰：必欲作地上真人，須先服食，去三尸，殺滅穀蟲。蟲有三名，伐人三命。一名青姑，伐人眼命，是故目間面皺，口臭齒落，由青姑之氣穿鑿泥丸故也；二名白姑，伐人五藏，是故心耄氣少，多忘荒悶，由白姑之

〔註38〕〔西漢〕劉向：《列仙傳》，《道藏》第 5 冊，文物出版社、上海書店、天津古籍出版社，1988 年，0075a 頁。

〔註39〕《周易參同契注》，《道藏》第 20 冊，文物出版社、上海書店、天津古籍出版社，1988 年，0183b 頁。

兵貫穿六府之液故也；三名血尸，伐人胃命，是故腹輸煩滿，骨枯肉焦，意志不開，所思不固，失食則饑，悲傷憂慟，精誠不感，神爽雜錯，由血尸之蟲流噬魂胎之闕也。不去三尸而服食者，穀雖斷蟲猶存，非益也。又所夢非真，顛倒翻錯，邪欲不除，都由蟲在其內播動五神故也。欲求真道長生，當先服制蟲丸者，即此方是也。如不知此道，求神仙未之有也。」〔註40〕

還有道經記載：「尸神：彭踞、彭躆、彭躓，在人身中，專奏罪狀於三府，三尸居人三田，每尸管三蟲，共九蟲，復管萬蟲，啀齧身體……」〔註41〕此經認為人體有上中下三田，各有一尸神。上尸「彭踞」，寄居於上田，好華飾，令人愚癡呆笨；中尸「彭躓」，寄居於中田，好滋味，令人貪欲妄想，不能清靜。下尸「彭躆」，寄居於下田，好淫慾，令人貪圖男女之欲。

總結來看，早期道教認為的三尸，其實代表人體內的三種私欲：貪欲、食欲、性慾；道教認為人體的三尸蟲，是欲望產生的根源，是毒害人體的邪魔。它們在人體中靠穀氣而生，人若斷除穀氣，三尸遂無法生存。按照早期道教的成仙理論，去除三尸是為金丹大藥的服食掃清障礙。

4.1.6　清腸除滓思想

清腸除滓思想是基於道家養生家對腸道宿便——「宿糞」危害人體健康的認識，而提出的辟穀養生思想。早期道經認為，人食五穀雜糧，導致腸中穢膩之氣積聚，身心負擔加重，並產生穢氣、毒氣，影響人體氣血津液的流通，不利健康。所以通過辟穀，減少甚至斷除食物的進入，消除體內的濕膩之氣和穢氣，潔淨身心，減輕身心負擔，讓人身輕氣爽，氣血和暢；而且辟穀還可以讓人更好地吸收天地精華，為人體補充營養，從而使人體保持健康，促進長壽。

這一理論與現在流行的清腸排毒理論十分相近。清腸排毒是近代養生保健領域的非常流行的說法，但是這個排腸道毒素理論，早在唐代的時候，就已經有明確的記載。如《氣法要妙至訣》云：「初學服氣取氣多，或脹滿攪轉作聲不安，即須數數以意運氣逐腸中宿糞，去盡即好，令肚空，其氣在腹，即得安穩。如逐糞未盡，腸悶攪轉不安，任下泄一兩下，即寬。雖下泄失氣，續

〔註40〕〔唐〕《枕中記》，《道藏》第18冊，文物出版社、上海書店、天津古籍出版社，1988年，0473b頁。

〔註41〕衛琪：《玉清無極總真文昌大洞仙經注》，《道藏》第2冊，文物出版社、上海書店、天津古籍出版社，1988年，0662a頁。

更咽添之，意者常令丹田氣滿，即住一日一夜。總有六時咽氣，子寅辰午申戌，此日夜六時，丹田開受。〔註 42〕又如《太清服氣口訣》云：內視腸中糞盡，閉目內視，即見腸中糞，極難盡。縱斷食二十餘日，始盡。初斷食二七日，須日別吃一兩頓煮菜，推宿糞令下。」〔註 43〕

　　道教認為，人吃五穀雜糧容易生病，因為人體在長期食用五穀肉類之後，會在體內產生渣滓，形成沉毒，久而久之就會引發各種慢性疾病，甚至引發一些疾病的急性發作。正如《神仙食氣金匱妙錄》所云：「夫萬病橫生，年命橫夭，多由飲食之患。飲食之患者，過於聲色。聲色者，可絕之逾年，唯飲食不可廢於一日，為益既廣，為患益深。且滋味者百品，或於氣勢相伐，觸其禁忌，更成沉毒。緩者積年成病，急者災患而卒至也。」〔註 44〕元代醫學家朱丹溪也提出與清腸除滓思想一致的「倒倉論」。他將人體的腸胃比作穀物的糧倉，認為水穀五味進入體內，都必先到達胃部，而人們往往被物慾所累，對可口的東西，難以自制，攝入過量，胃腸負擔過重，致生積滯。同時，過量攝入食物，及情志所傷，都會損傷胃的消化功能，最終導致積滯、痰飲、疲血的雍阻，而這些東西均非機體生理所必需，都屬於滋生疾病的邪毒，在留毒不散，積聚既久，致傷沖和，諸病生焉」。所以必須採取「倒倉」的辦法，清理腸胃，蕩滌留毒，「滌灌使之潔淨」。這一醫學觀點與辟穀的祛除積糞留毒，可謂是如出一轍。

　　道教認為通過辟穀，減少攝入，清除宿便，可促進氣血流通，增強消化，提高營養吸收，從而增進健康，減少疾病。《廣黃帝本行記》云：「夫天布五行，以植萬類，人稟五常，以為五臟，經絡腑輸，陰陽會通，玄冥幽微，變化難極。白日昇天，飛步虛空，身生水火，變化無常，其天仙之真，唯有龍胎金液九轉之丹。守形絕粒，辟除萬邪，使役鬼神，長生久視，爾乃血脈流宣，腸化為筋。經曰：福莫尚生，禍莫大死。子欲長生，腸中當清，長生不死，腸中無滓。生則升仙，死化為鬼，仙升太清，死歸土底。是以食穀者智，食氣者神。故曰，休糧絕食為生道，陰陽還精為重寶，能常行之永壽考，何為恣欲自

〔註 42〕《氣法要妙至訣》，《道藏》第 18 冊，文物出版社、上海書店、天津古籍出版社，1988 年，0455a 頁。

〔註 43〕〔唐〕《太清服氣口訣》，《道藏》第 18 冊，文物出版社、上海書店、天津古籍出版社，1988 年，0415a 頁。

〔註 44〕《神仙食氣金櫃妙錄》，《道藏》第 18 冊，文物出版社、上海書店、天津古籍出版社，1988 年，0464b 頁。

使老，千金送葬無億兆，悲呼哭泣自懊惱，豈若無為服氣好，修之不釋昇天浩。」〔註45〕《太清王老口傳服氣法》所說：「凡初服氣，欲行以氣推腹中糞令盡，且勿食二十餘日彌佳」；「凡初服氣，不甩吃果子，恐腹中不安穩，又恐滓穢，腹中氣難行，且欲空卻腹髒，令氣通行」，「其腸中先來已經蕩滌淨訖，不食日久，若遇難事，要須食訖，即用氣排之。」

古人論述辟穀服氣，都強調在逐漸減食的同時，漸次加強服氣，用氣將體內宿糞留毒排出體外。辟穀期間也不提倡再吃普通食物，避免滓穢，若已進食的，要服氣以排之。人們在生活中攝入的食物裏所存有的一部分毒素進入腸道後，經過體內的一系列生化反應形成的極具毒性又極其黏稠的物質，它緊緊地黏附在腸壁上，會影響腸壁的吸收。而且人的腸道中長期積聚宿便，會在人體滋生各種毒素，不僅產生腐敗物質，還會影響胃腸對食物營養物質的吸收，是影響人類健康的一個重要因素。

4.1.7　輕身療病思想

輕身療病的思想是指認為運用辟穀服氣服藥能夠達到身體輕盈和治療治病目的的思想。道教認為要實現成仙目標就必須養生修道，以保持身體健康，無病無痛，身體輕盈，並最終飛昇成仙，這可以通過辟穀服氣服藥來實現。在長期的摸索實踐中，道教發現辟穀養生的服氣藥可以治療很多的慢性疾病，讓身體的健康狀況更加良好。

辟穀能通過治療疾病流通氣血等作用，達到讓身體輕盈的目的，也就是所謂的輕身。據統計，《神農本草經》明確指出能輕身的藥物就有130多種，超過該書所載365種藥物總數的三分之一。可見古人相當重視輕身。值得注意的是這裡的輕身並不是簡單意義上減輕體重，而主要是讓身體更加輕快輕盈的意思。《抱朴子》說：「斷穀人正可息肴糧之費，不能獨令人長生也。問諸曾斷穀積久者云，差少病痛，勝於食穀時。無獨有偶，王充也幾乎持同樣觀點：道家或以服食藥物，輕身益氣，延年度世。此又虛也。夫服食藥物，輕身益氣，頗有其驗。若夫延年度世，世無其效。百藥愈病，病癒而氣復，氣復而身輕矣。凡人稟性，身本自輕，氣本自長，中於風濕，百病傷之，故身重氣劣也。服食良藥，身氣復故，非本氣少身重，得藥而乃氣長身更輕也；

〔註45〕王瓘：《廣黃帝本行記》，《道藏》第 5 冊，文物出版社、上海書店、天津古籍出版社，1988 年，0033c 頁。

稟受之時，本自有之矣。故夫服食藥物除百病，令身輕氣長，復其本性，安能延年至於度世？」〔註46〕《太上元寶金庭無為妙經》中云：「道言：炁者有形無形之物也；聚而為形，散而為風，動而為運，結而為物。使真人御炁者，保炁以煉骨，骨輕則無聚。積精以全神神化而炁乘。御炁之道，先輕身也。若欲輕身，以不死為心，而休勞渴貪欲先焉。先身而行，炁始乘焉。身離而全神，炁自御焉。西王母曰：御炁之衛，以身則勞而難成，以神自然則可致。古人有服炁輕骨，服藥以輕身，故身骨輕，炁可禦，入水不溺，入火不焚也。其道先服藥以絕粒為上，服炁以無心為最。真人以身輕，身乃松相狹苓之類也。服炁者，乃子午既濟之炁也。服藥以為虛空，虛空為身，炁之致也。」〔註47〕《顯道經》亦謂：「或問：道欲絕穀，五臟有微病云何？老子曰：且勿絕穀，節食為之。又百日之後，斷穀稻米粥及餌清物。」〔註48〕《通玄秘術》云：「神丹諸家秘要，皆是濟世治療人間一切諸疾延駐之門，並制伏五金八石，點變造化，辟除寒暑，絕粒休糧。」〔註49〕《雲笈七籤》謂：「今以草木之藥，性味於藏府所宜為也。安藏丸、理氣膏，其先無病疹，藏府平和者，可常服此丸膏，並茯苓、巨勝等單服之藥。若藏有病者，則以所宜者增損之服。如先有痼疾，及別得餘患者，當別醫攻療，則非此之所愈也。」〔註50〕《抱朴子內篇・至理篇》亦提到：「善行氣者，內以養身，外以卻惡，然百姓日用而不知焉。……夫炁出於形，用之其效至此，何疑不可絕穀治病，延年養性乎？……論行炁可以不饑不病，云吾始者未之信也，至於為之者，盡乃然矣。」〔註51〕

　　陶弘景養生學術的代表作《養性延命錄》從大的篇章結構安排來看，只有六大篇，而《服氣療病篇》位於第四大篇，文中特別提出服氣療病所用的

〔註46〕〔漢〕王充撰：《論衡》卷第七，《四部叢刊》景上海涵芬樓藏明通津草堂刊本，00152頁。

〔註47〕《太上元寶金庭無為妙經》，《道藏》第34冊，文物出版社、上海書店、天津古籍出版社，1988年，0276b頁。

〔註48〕《顯道經》，《道藏》第18冊，文物出版社、上海書店、天津古籍出版社，1988年，0647b頁。

〔註49〕沈知言：《通玄秘術》，《道藏》第19冊，文物出版社、上海書店、天津古籍出版社，1988年，0356c頁。

〔註50〕〔唐〕張君房：《雲笈七籤》，《道藏》第22冊，文物出版社、上海書店、天津古籍出版社，1988年，0397c頁。

〔註51〕葛洪：《抱朴子內篇》，《道藏》第28冊，文物出版社、上海書店、天津古籍出版社，1988年，0190c頁。

行氣之法，必須要「少食自節」，即在辟穀狀態下進行服氣辟穀綜合調養。由此可見辟穀服氣療病在陶弘景性命養生學問體系中的重要地位。另外司馬承禎的《服氣精義論》，可謂集唐之前服氣辟穀法之大成。《服氣精義論》共有九大篇，其中專列一篇《服氣療病論第八》總結了辟穀服氣療病的具體理論和方法：況以我之心，使我之氣，適我之體，攻我之疾，何往而不愈。〔註52〕陶弘景和司馬承禎的這兩部《服氣療病》的著述，無疑點出了服氣辟穀在道教治療疾病方面的重要價值。

4.1.8　金津玉液思想

　　所謂金津玉液辟穀思想，是認為通過吸食人口中分泌的唾液，就可以消除饑渴啟動辟穀，達到養生修煉目的的思想。「金津」、「玉液」本來是指舌下的兩個穴位。《道樞・黃庭篇》中講：「舌下有三穴焉，左曰金津，右曰玉液，中曰玄膺，皆湧出甘泉，以灌於氣海。」〔註53〕金津玉液辟穀思想裏的「金津玉液」主要是指人體口中分泌的，特別是練功中分泌的唾液，因其是修煉中產生的並被認為具有重要滋養補益作用的寶貴津液，故名金津玉液，也稱金津、玉液。

　　在辟穀文化發展歷史中，類似金津玉液思想出現的非常早，至少可以追溯至戰國時期。如《楚辭》中就已經有了「吮玉液兮止渴，齧芝華兮療饑」〔註54〕的說法。後來道教修煉辟穀，更是非常重視吸食吞咽金津玉液，認為能滋養人體，代替飲食，起到養生保健作用。

　　關於通過吸食吞咽金津玉液來辟穀養生，道經中有許多論述，在此略舉幾例。《長生胎元神用經》：「夫欲養神，先須養辰，養原先須養腦，養腦先須養精，養精先須養血，養血先須養唾，養唾先須養水。水者五華之津，五味之精，當在舌下兩齒之間傍，名曰水池。」〔註55〕《太上養生胎息氣經》：「夫大道法天象地。從凡入聖而變仙骨，呼吸陰陽，胎息日月，閉口含虛，

〔註52〕司馬承禎：《修真精義雜論》，《道藏》第4冊，文物出版社、上海書店、天津古籍出版社，1988年，0959a頁。

〔註53〕曾慥：《道樞》，載《道藏》第20冊，文物出版社、上海書店、天津古籍出版社，1988年，0642c頁。

〔註54〕〔宋〕洪興祖 撰，白化文 等 點校：《楚辭補注》，中華書局，1983年3月，第1版，第319頁。

〔註55〕〔唐〕《長生胎元神用經》，《道藏》第34冊，文物出版社、上海書店、天津古籍出版社，1988年，0311b頁。

合口上下靈液自至，徐徐嚥之。學道之人，服氣猶如世人思食，道即成矣。道法內修，可保全形。」〔註56〕此經還有：「服食精氣，飲以醴泉。醴泉在齒根玄膺前，華池在舌本下，一名玉英，又名金梁，已上漱而咽之，各三通也。」〔註57〕具體金津玉液的不同功用，此經說：「上清氣秘法，東方青牙，青牙者，肝。服食青牙，飲以朝華。朝筆，上齒根也。以舌表舐膺，漱而咽之。南方朱丹，朱丹者，心。服食朱丹，飲以丹池，丹池者，下齒根。以舌表攪齒根，漱而咽之。西方明石，明石者，肺。服食明石，飲以靈液，靈液者，居里津。以舌攪齒七臣，漱而咽之。北方玄滋，玄滋者，腎。服食玄滋，飲以玉餘，玉給者，舌。以鼻導引元氣，入口呼吸而咽之。中央戊巳，昂昂太山，太山者，守精也。」〔註58〕

《黃庭外景玉經注》云：「饑食自然氣，渴飲華池漿，不復饑渴也。精候天地長生道。精是吾神，氣是吾道，佩精思氣上下，食方理也。」〔註59〕《至言總》曰：「夫金漿、玉液並口中唾，名曰華池，漱而作之，非求所致，亦名曰自然金液玉泉也。〔註60〕曹文逸的《靈源大道歌》：縱橫流轉潤一身，到頭不出於神水。神水難言識者稀，資生一切由真氣。但知恬淡無思慮，齋戒寧心節言語。一味醍醐甘露漿，饑渴消除見真素。」〔註61〕《胎息精微論》云：「灌溉五華植靈根，七液洞流沖廬問。體生光華炁香蘭，卻滅百邪玉煉顏。此咽津之妙用致此。津液在口中則名水，及咽下到肺即為唾。」〔註62〕《長生詮經》引薛真人語：「修養工夫顛倒顛，行持造化坎離先。池中玉液頻頻咽，肘後金精轉轉還。玄中妙，妙中玄，得此神丹益壽年。谷關緊鎖真消息，便是

〔註56〕〔唐〕《太上養生胎息氣經》，《道藏》第18冊，文物出版社、上海書店、天津古籍出版社，1988年，0403b頁。

〔註57〕〔唐〕《太上養生胎息氣經》，《道藏》第18冊，文物出版社、上海書店、天津古籍出版社，1988年，0401頁。

〔註58〕〔唐〕《太上養生胎息氣經》，《道藏》第18冊，文物出版社、上海書店、天津古籍出版社，1988年，0401c頁。

〔註59〕〔唐〕白履忠：《修真十書·黃庭外景玉經注》，《道藏》第4冊，文物出版社、上海書店、天津古籍出版社，1988年，0865b頁。

〔註60〕〔唐〕范翛然：《至言總》，《道藏》第22冊，文物出版社、上海書店、天津古籍出版社，1988年，0864a頁。

〔註61〕董漌醇：《群仙要語纂集》，《道藏》第32冊，文物出版社、上海書店、天津古籍出版社，1988年，0455a頁。

〔註62〕《胎息精微論》，《道藏》第18冊，文物出版社、上海書店、天津古籍出版社，1988年，0446c頁。

人間不老仙。」〔註63〕《雲笈七籤》：「知陽者明，不知陽，妄作凶。渴可得
漿饑自飽，饑食自然之氣，渴飲華池之漿。不饑不渴，可得長生也。」〔註64〕
《靈劍子・道海喻第四》：「津生滿口咽而服，是為之瓊液，此乃仙人之糧矣。
一年修之臟腑全，二年修之病身痊，三年修之血脈堅，四年修之筋骨遷，五
年修之眼目皎然，六年修之命永延，七年修之骨髓如綿，八年修之作地仙，
九年修之發黑玄。」《雜書寶予命》云：「古人治病之方，和以醴泉，潤以元
氣，藥不辛不苦，甘甜多味，常能服之，津流五味。常能服之，津流五藏，繫
在心肺，終身無患。」〔註65〕

　　道教認為唾液能滋養五臟六腑，除了把唾液稱之為「金津玉液」，另外還
有「瓊漿」、「金漿」、「金津」、「玉液」、「玉泉」、「華池之水」等美稱。唾液是
人體津液的重要組成部分，道門人士在辟穀期間，更視津液為練功的珍寶，
吞咽津液可以明顯感覺到無饑渴感，能有效抵禦饑渴，並能夠在相當長的時
間內保持修煉狀態，提升修煉境界。

4.1.9　虛靜無為思想

　　虛靜無為思想來自於老子《道德經》。《道德經》有「致虛極守靜篤」和
「為學日益，為道日損，損之又損，以至於無為」的思想，被後世道教所推
重，也成為辟穀養生的重要理論。所謂「虛靜」，按照古人的理解，「虛」是指
心中無物，即心裏沒有對有形的東西的思戀；「靜」是指意中無念，即思想意
識中沒有對各種事物的念想。可見虛靜的實質就是心意中超越各種功利事物，
不執著於功利事物，從而在心理和意識中做到無念無想。《道德經》還提到：
為無為，事無事，味無味〔註66〕。所謂「無為」，即無人為，無妄為。如果仔
細分析可以發現，「無為」實際上是人的精神達到虛靜時的狀態和表現，因為
當一個人進入虛靜狀態時，他在行為上自然也就會表現為一種無為狀態。辟
穀宜令神志進人清靜無為，「致虛極，守靜篤」之境界，從而，使陰陽協和，

〔註63〕《長生詮經》，《道藏》第35冊，文物出版社、上海書店、天津古籍出版社，
　　　　1988年，0399a頁。
〔註64〕張君房：《雲笈七籤》，《道藏》第22冊，文物出版社、上海書店、天津古籍
　　　　出版社，1988年，0095c頁。
〔註65〕陶弘景：《養性延命錄》，《道藏》第18冊，文物出版社、上海書店、天津古
　　　　籍出版社，1988年，0476a頁。
〔註66〕〔春秋〕李耳著，〔魏〕王弼注，〔清〕魏源注，老子道德經〔M〕，上海：上
　　　　海書店出版社，1986.07：29，38。

神氣合一，進入渺冥惚恍，色空俱失的境界。無為的境界下，飲食要無味，「無味」給人一種寡淡清靜的感覺。無味即本味，本味即真味，真味即「淡」，「淡味」的食物並非人刻意去調製成的，而是來自於天然。同時「無味」的狀態更能幫助人進入到「無為」的意境中。「厭飲食」與「甘其食」，反映了老子對那些享受美味美食的人的厭惡，表達的是不追求美味而樂於平淡的態度，體現了老子倡導個體放棄過度欲望而追求「虛無」的思想。

屈原在《楚辭》中也提到「安定形神，虛靜無為」的煉養思想：「神倏忽而不反兮，形枯槁而獨留。內惟省以端操兮，求正氣之所由。漠虛靜以恬愉兮，澹無為而自得。」〔註67〕後世道教對這種虛靜無為的理論，用在辟穀中就更加明確而具體。《抱朴子·論仙》篇言：「夫求長生，修至道，訣在於志，不在於富貴也。苟非其人，則高位厚貨，乃所以為重累耳。何者？學仙之法，欲得恬愉澹泊，滌除嗜欲，內視反聽，尸居無心……仙法欲靜寂無為，忘其形骸……仙法欲止絕臭腥，休糧清腸。」〔註68〕《雲笈七籤》云：「夫服元氣，先須澄其心，令無思無為，恬淡而已。故知絕粒者，乃長生之徑路；服氣者，為不死之妙門。深信不疑，力行無倦。經曰：綿綿若存，用之不勤。」〔註69〕又如《太上養生胎息氣經》云：「氣者，虛無；虛無者，自然無為；無為者，心不動也。外無求，內自然安靜，安靜則神定，神定即氣和，氣和即元氣自至，元氣自至即五藏滋潤，五藏滋潤即百脈通流，百脈通流即津液上應，津液上應即不思五味，無饑渴，延年卻老。」〔註70〕《洞元經》云：「修養之道，先去於嗜欲，內合於五神；次當絕粒，心不動搖，六腑如燭。常修此道，形神自定。」〔註71〕

虛靜無為思想運用於辟穀養生中，就是要強調以淡食為主，在俗世之中能夠和光同塵，逐漸的達到清靜無為而頤養天年。《靈劍子·道誠第七》：「道

〔註67〕〔戰國〕屈原著，金開誠、董洪利、高路明校注：《屈原集校注》，中華書局，1996年8月，第1版，第670～673頁。

〔註68〕〔晉〕葛洪著，王明校釋：《抱朴子內篇校釋》，中華書局，1985年3月，第2版，第17頁。

〔註69〕張君房：《雲笈七籤》，《道藏》第22冊，文物出版社、上海書店、天津古籍出版社，1988年，0405a頁。

〔註70〕《太上養生胎息氣經》，《道藏》第18冊，文物出版社、上海書店、天津古籍出版社，1988年，0401b頁。

〔註71〕《太清中黃真經》，《道藏》第18冊，文物出版社、上海書店、天津古籍出版社，1988年，0388a頁。

以清浄為本，德以陰騭為先，切斷嗜欲於足而成焉。絕穀味以為實腹，腹實無滯而易行，則腹實矣。清虛心腹，是道之常。初修之人，目不視色慾，耳不聽哀聲，口不納珍味，鼻不取異香，身不染穢濁，是上真俱惡此也。謂之六根不漏矣，能如此依誠斷絕，則為大仙矣。凡初學之士，勿便頓絕，但將淡食為之。俗食俗務，兼廢人事，亦漸希之。」〔註72〕

　　虛靜無為的辟穀養生，在內丹學興起後被引入到內丹修煉的環節。《真仙真指語錄》引白玉蟾語：「大道以無心為體，忘言為用，柔弱為本，清靜為基。若施於心身，節飲食，絕思慮，靜坐以調息，安然以養氣。心不馳則性定，形不勞則精全，神不擾則丹結。然後滅情於虛，寧神於極，可謂不出戶而妙道得矣。自古神仙不敢跳過澄湛二字，乃妙言也。」〔註73〕

4.1.10　仿生導引思想

　　仿生導引的辟穀思想是通過模仿或類比普通生物尤其是動物的肢體和呼吸動作以及冬眠蟄伏等生命特性，啟發創造辟穀養生修煉方法的一種思想。關於導引術的最初的記載，就是對動物動作的模仿，《莊子》中的原文是「熊經鳥申，此導引之士」。後世最典型、流傳最廣的仿生導引方法是五禽戲，也是模仿五種動物的動作。模仿動物的動作和呼吸，可以啟動辟穀狀態，是道家道教的獨特發現。《赤松子服氣經序》：長生之道，在於行氣，靈龜所以長存，服氣故也。〔註74〕所以在道教辟穀養生理論方法發展的過程當中，人們也借助於仿生導引來進行辟穀，或者用這一理論來解釋很多的辟穀現象。

　　導引辟穀的方法可能源於古人對蛇、龜、蟾蜍等動物的姿勢形態與呼吸的模仿，古代的相關記載很多。史記《龜策列傳》記載的龜的傳奇故事：南方老人用龜支床足，行二十餘歲，老人死，移床，龜尚生不死。龜能行氣導引。〔註75〕郗儉是歷史上一個著名的能夠長期辟穀的人物，曾經被曹操父子考察

〔註72〕許遜：《靈劍子》，《道藏》第 10 冊，文物出版社、上海書店、天津古籍出版社，1988 年，0667c 頁。

〔註73〕〔元〕玄全子：《真仙真指語錄》，《道藏》第 32 冊，文物出版社、上海書店、天津古籍出版社，1988 年，0433c 頁。

〔註74〕〔唐〕張君房：《雲笈七籤》，《道藏》第 22 冊，文物出版社、上海書店、天津古籍出版社，1988 年，0410a 頁。

〔註75〕〔漢〕司馬遷撰，〔南朝宋〕裴駰集解，〔唐〕司馬貞索隱，〔唐〕張守節正義，中華書局編輯部點校：《史記》，中華書局，1982 年 11 月，第 2 版，第 3228 頁。

過。葛洪在《抱朴子》中記載了他學會辟穀的始末：「城陽郤儉少時行獵，墮空冢中飢餓。見冢中先有大龜，數數回轉，所向無常，張口吞氣，或俯或仰。儉亦素聞龜能導引，乃試隨龜所為，遂不復饑。百餘日，頗苦極。後人有偶窺冢中，見儉而出之。後竟能咽氣斷穀。魏王召置土室中，閉試之，一年不食，顏色悅澤，氣力自若。」〔註76〕

除了記載郤儉的辟穀故事之外，葛洪在《抱朴子內篇》中還記載了東漢陳寔寫的《異聞記》裏提到的張廣定女，因為亂世，其父棄之古冢中，該女學冢中烏龜服氣法而辟穀三年，這是典型的「仿生服氣辟穀法」，其文曰：郡人張廣定者，遭亂避地。有女年四歲，不能步涉，又不可擔負，計棄之，固當餓死；不欲令其骸骨之露；村口有古大冢，上顛先有穿穴，乃以器盛縋之，下此女於冢中，以數月許乾飯及水漿與之而捨去。候世平定，其間三年，廣定得還鄉，欲冢中所棄女骨，更殯埋之。廣定往視，女故坐冢中，見其父母猶識之，喜甚。而父母初疑其鬼也，入就之，乃知其不死。問從何得食。女言，糧初盡時甚饑，見冢角有一物，伸頸吞氣，試傚之，轉不復饑；日月為之，以至於今。父母去時所留衣被，自在冢中，不往來，衣服不敗，故不寒凍。廣定索女所言物，乃是一大龜耳。女出食穀，初小腹痛，嘔逆，久許乃習。〔註77〕

對於這些現象，葛洪在文章中也談了他自己的理解並做了理論上的解釋，來說說明為什麼可以用仿生導引的方法辟穀延年。《抱朴子內篇·對俗》中說：「夫陶冶造化，莫靈於人。故達其淺者，則能役用萬物，得其深者，則能長生久視。知上藥之延年，故服其藥以求仙。知龜鶴之遐壽，故效其道引以增年……蟲之能蟄者多矣，鳥之能飛者饒矣，而獨舉龜鶴有長生之壽者，其所以不死者，不由蟄與飛也。是以真人但令學其道引以延年，法其食氣以絕穀，不學其土蟄與天飛也。」〔註78〕

值得注意的是，仿生辟穀的現象在文獻記載中是多次出現，《博物志卷十》還有一段記載：「又有人出行，墜深泉澗者，無出路。飢餓分死，左右見龜蛇甚多，朝暮引頸向東方，人因伏地學之，遂不復饑。體加輕便，能登岩岸。數

〔註76〕〔晉〕葛洪著，王明校釋：《抱朴子內篇校釋》，中華書局，1985 年 3 月，第2 版，第 358 頁。

〔註77〕〔晉〕葛洪：《抱朴子內篇》，《道藏》第 28 冊，文物出版社、上海書店、天津古籍出版社，1988 年，0179a 頁。

〔註78〕〔晉〕葛洪：《抱朴子內篇》，《道藏》第 28 冊，文物出版社、上海書店、天津古籍出版社，1988 年，0179b 頁。

年後，試竦身舉臂，遂超出澗上，即得還家。顏色悅懌，頗更點慧勝故。還食穀，啖滋味。百餘日中，復其本質。」〔註79〕

　　另外蘇軾曾詳細記載了一個北宋時期的仿生導引辟穀故事：「富彥國在青社，河北大饑，民爭歸之。有夫婦縊負一子未幾，迫於饑困，不能皆全。棄之道左空冢中而去。歲定還鄉，過此冢欲收其骨，則兒尚活，肥健愈於未棄時，見父母匍匐來，就視冢中空無有，惟有一竅滑易，如蛇鼠出入，有大蟾蜍如車輪，氣咻咻然出穴中。意兒在冢中，常呼吸此氣，故能不食而健，自爾遂不食。年六七歲，肌膚如玉。其父抱兒來京師，以示小兒醫張荊筐，張曰：物之有氣者，能蟄，燕蛇蝦之類是也。能蟄，則能不食，不食則壽。此千歲蝦蟆也，決不當與藥。若聽其不食不娶，長必得道。父喜攜去，今不知所在，張與余言，蓋嘉祐六年也。」〔註80〕文中描述辟穀的小孩「肌膚如玉」和莊子所寫藐姑射山吸風飲露的神人的「肌膚若冰雪」非常相似，而文中張醫生對這個小孩的辟穀不食的原因的解釋就是用了這種仿生辟穀的思想。

　　查閱文獻可以發現，蘇軾搜集了很多辟穀故事，並深受其影響，他自己遭受到斷糧危機的時候，也嘗試用辟穀來維生。《辟穀說》就是他寫給他人傳授辟穀方法的書信。《東坡志林》有《辟穀說》一文，全文為：「洛下有洞穴，深不可測。有人墮其中不能出，饑甚，見龜蛇無數，每旦輒引首東望，吸初日光咽之，其人亦隨其所向，傚之不已，遂不復饑，身輕力強。後卒還家，不食，不知其所終。此晉武帝時事。辟穀之法以百數，此為上，妙法止於此。能服玉泉，使鉛汞具體，去仙不遠矣。此法甚易知易行，天下莫能知，知者莫能行，何則？虛一而靜者，世無有也。元符二年，儋耳米貴，吾方有絕糧之憂，欲與過子共行此法，故書以授之。四月十九日記。」〔註81〕

　　綜合各種道經，本書發現導引是辟穀養生修煉的重要方法，此處略舉幾例以說明。《老子說法食禁誡經》是《敦煌道藏》關於辟穀的重要經典。其中談到導引行氣為最佳飲食的辟穀思想：老子曰：凡食有五，一氣、二藥、三

〔註79〕〔晉〕張華著，博物志新譯〔M〕，上海：上海大學出版社，2010.01：235頁。

〔註80〕〔宋〕蘇軾：《東坡志林》，臺北：臺灣商務印書館影印，文淵閣《四庫全書》本，第0863冊，0054b頁。

〔註81〕〔宋〕蘇軾撰，王松齡點校：《東坡志林》，中華書局，1981年9月，第1版，第13頁。

穀、四果、五菜。氣謂導引胎息，吐故納新，呼吸元精，調和六氣⋯⋯〔註82〕
司馬承禎的《修真精義雜論》指出導引在靜居辟穀修煉中的獨特功用：夫肢
體關節，本資於動用。經脈榮衛，在於宣通。今既閒居，乃無運役事，須導引
以致和暢。戶樞不蠹，其義信然。人之血氣精神者，所以養生而周其性命也。
脈經者，所以行血氣也。故榮氣者，所以通津血、益筋骨、利關隔也；衛氣
者，所以溫肌肉、充皮膚、肥腠理、司開合也。又浮氣之修於經者，為衛氣；
其精氣之行於經者，為榮氣。陰陽相隨，內外相貫，如環之無端也。又頭者，
精明之府；背者。胸之府；腰者，腎之府；膝者，筋之府；髓者，骨之府。而
又諸骨皆屬於目，諸髓皆屬於腦，諸筋皆屬於節，諸血皆屬於心，諸氣皆屬
於肺，此四肢八環之朝夕也。是知五勞之損，動靜所久。五禽之導，搖動其
關，然人之形體，上下相承，氣之源流，升降有敘。〔註83〕《大道通玄要》
中說：服食休糧，奉持大戒，堅質勸志，導引胎息，吐納和液，修建功德，忍
人不能忍，割人不能割，行人不能行，居人不能居，衣人不能衣，食人不能
食，守人不能守，學人不能學也。〔註84〕《長生胎元神用經》中說：道者，
炁也。保炁得道，即長生矣。⋯⋯道不在煩，能不思聲色，不思榮辱，不勞
形體。常須導引，內炁安息⋯⋯〔註85〕

　　總之，仿生導引的辟穀思想在先秦就已經出現，在早期道教的辟穀養生
實踐中更是受到重視，一方面用它來啟發創造相關辟穀養生方術，另一方面
又用其來解釋民間出現的諸多的仿生導引辟穀現象。

4.1.11　日精月華思想

　　所謂日精月華辟穀思想，是把日月星辰的精華光氣作為存思攝取的維持
生命的能量來源，以實現辟穀煉養的理論。在辟穀實踐中，因為減少甚至斷
絕了五穀的補養，所以直接從天地自然中採集身體所需要的物質能量，就成
了道教辟穀修煉者的重要選擇，而日月星辰等人眼可見的天體就成了最主要

〔註82〕 李德範輯，《敦煌道藏》，中華全國圖書館文獻縮微複製中心，1999年12月，
　　　　第4卷，2159頁。
〔註83〕 司馬承禎：《修真精義雜論》，《道藏》第4冊，文物出版社、上海書店、天津
　　　　古籍出版社，1988年，0953b頁。
〔註84〕 張繼禹主編，《中華道藏》第二十八冊，華夏出版社，2004年1月版，323頁。
〔註85〕 〔唐〕《長生胎元神用經》，《道藏》第34冊，文物出版社、上海書店、天津
　　　　古籍出版社，1988年，0315a頁。

的採集對象。關於日精月華及其在修煉辟穀中的意義作用，歷代道教修煉家有許多論述，茲舉以下數篇：

《黃帝陰符經注》：「天地，萬物之盜者，萬物盜天地之氣養形。萬物，人之盜者，人盜萬物養其性命，故立身活形也。人，萬物之盜者，不測萬物情性，返被萬物盜人也。蓋萬物之情性者，煉穀之法也。人之所食，不宜大飽。煉穀之法，五日一侯，內使火數煉穀，如彈上九竅，眼如蜂窠，緞煉大便退滓之法，太陽如白膏所結也。小便之法，四十九日可以小便中溺出朱砂也。故曰：天地又被萬物之盜，萬物又被人之所盜，人又被萬物盜之。有此三盜，不能出離。人能奪萬物之精氣，運用而煉穀，腸胃如酥酪，運元氣而絕粒，出離萬物，乃令絕食非也。老母曰：天地盜萬物，盜萬物使人不得常榮盛而有衰朽；萬物盜人，使不得常少壯而有老死也；人盜萬物，使不得常存。有此三盜，皆不覺不知互相盜其精氣，是盜其形也。日日不可闕，乏則飢寒疾病生矣。如盜精氣者，勤而行之，則太和充溢，芳華鬱暢，百脈皆榮，三關流潤矣。故不能善用盜者，返被萬物之盜也。故能善盜其形，賊其精，煉其氣，以保長生。」〔註86〕《太上隱書中篇》曰：「子欲為真人，當存日君……子欲昇天，當存月夫人。精思對日，思日中五帝君。夜則精思對月，思存月中五夫人。五年之中，日月精神並到，共乘飛龍，上游太玄。」〔註87〕《洞真太上八素真經服食日月皇華訣》：「夫欲求仙，當以其日採御日根，靈降玉戶，精充幽關，體生奇光，與日同年。……夫欲求仙，當以其日採黃華於東井，服陽精於日魂，潤流九孔之內，神鎮五府之宮。修行其道，上升月庭。」〔註88〕《皇天上清金闕帝君靈書紫文上經》：「清修道士，精通上感者，都可不待見日而修之也。若道士休糧山林，長齋五嶽，絕塵人間，遠思清真者，得日日飲日根之霞，吞太陽之精，則立覺體生玉澤，面有流光也。」〔註89〕《鍾呂傳道集》：「呂曰：天地之機，陰陽升降，正與人之行持無二等，若此日月之出沒往來，交合纏度，於人可得比乎？鍾曰：天地之機，在於陰陽之升降。一升一

〔註86〕唐淳：《黃帝陰符經注》，《道藏》第 2 冊，文物出版社、上海書店、天津古籍出版社，1988 年，0813b 頁。

〔註87〕〔唐〕《三洞道士居山修煉科》，《道藏》第 32 冊，文物出版社、上海書店、天津古籍出版社，1988 年，0590b 頁。

〔註88〕〔東晉〕《洞真太上八素真經服食日月皇華訣》，《道藏》第 33 冊，文物出版社、上海書店、天津古籍出版社，1988 年，0478a 頁。

〔註89〕〔東晉〕《皇天上清金闕帝君靈書紫文上經》，《道藏》第 11 冊，文物出版社、上海書店、天津古籍出版社，1988 年，0382a 頁。

降，太極相生，相生相成，周而復始，不失於道而得長久。修持之士，若以取法於天地，自可長生而不死。若比日月之躔度往來交合，止於月受日魂，以陽變陰，陰盡陽純，月華瑩摩，消除暗魄，如日之光輝，照耀於下土。當此時，如人之修煉，以氣成神，脫質升仙，煉就純陽之體也。呂曰：修真奉道之士，其於天地陰陽升降之理，日月精華交合之度，下手用功，而於二者何先？鍾曰：始也法效天機，明陰陽升降之理，使真水真火合而為一，煉成大藥，永鎮丹田，浩劫不死而壽齊天地。如厭居塵世，用功不已，當取日月之交會，以陽煉陰，使陰不生，以氣養神，使神不散，五氣朝元，三花聚頂，謝絕俗流，以歸三島。呂曰：若此之功驗，深達旨趣，所患不知時節矣。鍾曰：天地之陰陽升降，一年一交合；日月之精華往來，一月一交合；人之氣液，一晝一夜一交合矣。」〔註90〕《洞真太上八素真經精耀三景妙訣》中說：「日月之明謂之光，星辰之精謂之耀，總曰七曜，統曰三景。景者，明精之象也。緣象得明，含明納耀，長生不死，號三景之人，升虛入景，與真為一，變化自在，與真合同。」〔註91〕

總之，諸多道教道經典籍都是十分推重日精月華的思想。古代養生家認為日精乃太陽之氣；月華為太陰之氣。若能採集日精月華於己身，久而久之則得日月清陽純淨之氣，能使身心清靈暢達，疾病不染，神氣日增，壽命無窮。

4.1.12　知一守一思想

所謂知一守一辟穀思想，是認為能夠通過守一的方法啟動辟穀進入不知饑渴的狀態並實現養生修煉目的的思想。

《抱朴子內篇·地真》篇提出了辟穀的重要方術之一是守一法，並把守一之法提到非常高的高度加以推崇。抱朴子曰：「余聞之師云，人能知一，萬事畢。知一者，無一之不知也。不知一者，無一之能知也。道起於一，其貴無偶，各居一處，以象天地人，故曰三一也。天得一以清，地得一以寧，人得一以生，神得一以靈。金沉羽浮，山峙川流，視之不見，聽之不聞，存之則在，忽之則亡，向之則吉，背之則凶，保之則遐祚罔極，失之則命彫氣

〔註90〕《修真十書·鍾呂傳道集》，《道藏》第4冊，文物出版社、上海書店、天津古籍出版社，1988年，0661b頁。

〔註91〕《洞真太上八素真經精耀三景妙訣》，《道藏》第33冊，文物出版社、上海書店、天津古籍出版社，1988年，0466c頁。

窮。老君曰：忽兮恍兮，其中有象；恍兮忽兮，其中有物。一之謂也。故仙經曰：子欲長生，守一當明；思一至饑，一與之糧；思一至渴，一與之漿。……夫長生仙方，則唯有金丹；守形卻惡，則獨有真一，故古人尤重也……不施不與，一安其所；不遲不疾，一安其室；能暇能豫，一乃不去；守一存真，乃能通神；少欲約食，一乃留息；白刃臨頸，思一得生；知一不難，難在於終；守之不失，可以無窮……若知守一之道，則一切除棄此輩，故曰：能知一則萬事畢者也。受真一口訣，皆有明文，歃白牲之血，以王相之日受之，以白絹白銀為約，克金契而分之，輕說妄傳，其神不行也。人能守一，一亦守人。所以白刃無所措其銳，百害無所容其凶，居敗能成，在危獨安也。若在鬼廟之中，山林之下，大疫之地，冢墓之間，虎狼之藪，蛇蝮之處，守一不怠，眾惡遠迸。若忽偶忘守一，而為百鬼所害。或臥而魘者，即出中庭視輔星，握固守一，鬼即去矣。若夫陰雨者，但止室中，向北思見輔星而已。若為兵寇所圍，無復生地，急入六甲陰中，伏而守一，則五兵不能犯之也。能守一者，行萬里，入軍旅，涉大川，不須卜日擇時，起工移徙，入新屋舍，皆不復按堪輿星曆，而不避太歲太陰將軍、月建煞耗之神，年命之忌，終不復值殃咎也。先賢歷試有驗之道也。」〔註92〕

　　《真氣還元銘》中提出了「守一神閒、反一守和」的思想對守一法做了解釋，其文曰：「守一神閒。一者，一氣也。神者，神形也。此言人但能守一氣，則神形自然閒矣。夫神者是氣之子，氣者神之母。但知守其母，則子不遠，知守其君，則神不散。此皆合自然之道……反一守和。一是一神也，和是和氣也。前言守一神閒，此言反一，神守和氣，是為神氣相守者，為念念相續，綿綿不斷是也。」〔註93〕

　　在內丹學興起之後，內丹辟穀仍然重視得一守一之法。陳楠《翠虛篇》：「得其一，萬事畢。噫！誠哉！是言也。此吾所以刻丹經之繁蕪，標紫書之樞要，蓋為是也。一也者，金丹之基也，實千經萬論之原，千變萬化之祖也。」〔註94〕《金丹直指》中說：心為萬法之宗，修養為抱元守一，初修至於無修。

〔註92〕〔晉〕葛洪著，王明　校釋：《抱朴子內篇校釋》，中華書局，1985年3月，第2版，第323～325頁。
〔註93〕強名子：《真氣還元銘》，《道藏》第4冊，文物出版社、上海書店、天津古籍出版社，1988年，0880c頁。
〔註94〕陳楠：《翠虛篇》，《道藏》第24冊，文物出版社、上海書店、天津古籍出版社，1988年，0207a頁。

道為養神，神為萬物之主……學者至此，疑為談空寂，遂望風而退，殊不知談空者非空，非空即真空，真空故名曰一。一乃大道之祖，金丹之母，生靈之本。老子云：抱一為天下式，然無為之法，不可便執為實。〔註95〕

4.1.13　閉氣胎息思想

閉氣胎息辟穀思想是運用道教服內氣術中胎息技術，啟動以下丹田為中心高深層次的內呼吸，進而啟動辟穀的思想。這種辟穀就叫做胎息辟穀。在道教歷史上最早對胎息方法進行詳細介紹的是葛洪。《抱朴子內篇‧對俗篇》提到：「還精胎息，延壽無極」的觀點。《抱朴子‧釋滯篇》中說：「欲求神仙，唯當得其至要，至要者在於寶精行炁，……故行炁或可以治百病，或可以入瘟疫，或可以禁蛇虎，或可以止瘡血，或可以居水中，或可以行水上，或可以辟饑渴，或可以延年命。其大要者，胎息而已……予從祖仙公，每大醉及夏天盛熱，輒入深淵之底，一日許乃出者，正以能閉炁胎息故耳。」〔註96〕

陶弘景在《養性延命錄》中也對胎息術加以推崇，其文曰：「祖曰：道不在煩，但能不思衣，不思食，不思聲，不思色，不思勝，不思負，不思失，不思得，不思榮，不思辱，心不勞，形不極，常導引納氣胎息爾，可得千歲。」〔註97〕

《三寶心燈》說胎息術為後天修道方法之極功。其文曰：「修道之極功，指明胎息以全後天也。道之為體，以虛生氣，以知生神，以神生形，形生萬物，以歸於渾漠之鄉。道之為用，形化為氣，氣化為神，神化為虛，虛化為萬物。」〔註98〕

《黃帝陰符經注》描述了胎息啟動的原理機制和身體位置：「天機者，臍下一寸三分也，聖人下手養胎仙之處。楊氏注《難經》云：臍下腎間動氣者，丹田也，人之性命也。丹田者，性命之本。道士恩神，比丘坐禪，皆聚真氣於臍下，良由此也。丹田有神龜，呼吸真氣，非口鼻而呼吸也。口鼻是氣之出入

〔註95〕《金丹直指》，《道藏》第 24 冊，文物出版社、上海書店、天津古籍出版社，1988 年，0092a 頁。

〔註96〕〔晉〕葛洪著，王明校釋：《抱朴子內篇校釋》，中華書局，1985 年 3 月，第 2 版，第 150 頁。

〔註97〕陶弘景：《養性延命錄》，《道藏》第 18 冊，文物出版社、上海書店、天津古籍出版社，1988 年，0477b 頁。

〔註98〕〔唐〕呂岩《三寶心燈》，於《重刊道藏輯要》，清光緒三十二年二仙庵版刻本，第 17 頁。

門戶也，丹田為氣之本源，聖人下手之處，收藏真一所居。故曰：胎息，炁也。動其機者，機心也。施真人曰：心為使炁，神養成胎，萬化安者。老母曰：心為使炁，神養成胎，萬化安者。老母曰：食者非貪飲食，所食者，盜萬物之精炁。蓋形能食其味，神能食其氣也。若以時而食，其形則動，其機以用精，則萬化安也。」〔註99〕關於啟動胎息的位置，曾慥在《道樞》認為在兩腎丹田部位之間，其文曰：「人之有黃庭，即天地之有太極，老氏之謂穀神也。穀神者何謂歟？穀言其虛而受神之所藏也。玄牝者，二腎也。其左為玄，玄者天之色也。其右為牝，牝者地之類也。天地呼吸之氣出入於此，故曰：天地之根，綿綿若存，用之不勤，此所謂胎息者也。審能修之常存而勿失，雖與天地並焉，可也。」〔註100〕

　　[唐]《黃帝內經素問補注釋文》中指出，胎息並非是完全閉氣不入不出，而是在看似無息的狀態下，仍有緩慢的升降出入。其文曰：「有出入升降，則為常守。有出無入，有入無出，有升無降，有降無升，則非生之氣也。若非胎息道成，居常而生，則未之有屏出入息，泯升降氣而能存其生化者，故貴常守。」〔註101〕

　　[唐]《道典論》對涉及胎息術的諸多經典做了匯總和分析，指出胎息如胎兒在母親腹中呼吸天道自然之氣，而非口鼻消息之氣，其文曰：「《太上說玉京山經》云：沖虛太和氣，吐納流霞津。胎息靜百關，寥寥究三便。今釋按服氣法云：息以鼻而無以口，使氣常儲，名之胎息。又能不以鼻氣，所謂大胎息者，如兒胎在腹中，氣息而不須外徹也。能爾，亦可久居水中，而不短氣，久久便能輕舉矣。《上清三天君列紀經》云：胎閉靜息，內保百神，開洞靈房，堅守三真。吞景咽液，飲食自然，身必不死，可得陸仙矣。《太平經》云：請問胎中之子不食而氣者，何也？天道有自然之氣，有消息之氣，凡在胞中且而得氣者，是天道自然之氣也。及其已生，噓吸陰陽而氣者，是消息之氣也。人而守道力學，反自然之氣者，生也。守消息之氣者，死矣。故夫得真道者，乃能內氣外不氣也。以是內氣養其性，然後能反嬰兒，復其命也。故當習內

〔註99〕唐淳：《黃帝陰符經注》，《道藏》第2冊，文物出版社、上海書店、天津古籍出版社，1988年，0813c頁。

〔註100〕曾慥：《道樞》，《道藏》第20冊，文物出版社、上海書店、天津古籍出版社，1988年，0645c頁。

〔註101〕王冰：《黃帝內經素問補注釋文》，《道藏》第21冊，文物出版社、上海書店、天津古籍出版社，1988年，0270c頁。

氣，以內養其形體。」〔註102〕

　　曾慥在《道樞》中指出，胎息有真假之分，其區別在於是否有妄念，假胎息易行而難就，而真胎息難行而易成，其文曰：「夫氣胎息，易行而難就者，何也？為有妄識心者也。真胎息難行而易成者，何也？為有清靜性者也。胎息之訣，閉其所入之氣，留其所傳之息，綿綿若存，用之不勤可也。」〔註103〕

　　此外，曾慥在《道樞》中總結，認為胎息是保證養生修仙的諸多重要方法之效果實現的關鍵所在，其文曰：「仙之道有三：曰保精、曰行氣、曰服餌，皆由淺以至深者也，其大要在乎胎息而已。胎息者，不以口鼻呼吸者也。」〔註104〕

　　總之，早期道教道教辟穀文化的思想有深厚的思想理論基礎，這種理論基礎不僅僅來自於道家道教，更來自於中華文化早期發展的思想源頭，從最早期的《易經》到先秦諸子都提倡的節食尚儉思想，直到今天都是值得稱道的中華民族的傳統美德。諸多的辟穀思想，以現代科學觀點來看，未必都是嚴謹合理的，但是這些思想都孕育了辟穀文化的發端並為其實踐者提供了理論支撐。道教辟穀文化的思想理論的發展也經歷了從感性認識到理性認識，而形成的理性認識又回過頭來指導實踐的過程。這就是說，歷代辟穀倡導者對辟穀的思想理論進行了各種各樣的探索，並提出了一系列的思想，從最初的一般辟穀維生的認識，到從道教養生修仙的認識，最後到內丹學形成完整系統的成熟道教辟穀理論。有些理論自提出之後一直到現在都在綻放光彩，比如《黃帝內經》提出來的「天氣地味」理論以及「金津玉液」和「清腸除滓」等理論，至今仍被道教、中醫學、養生學等領域所認可。而有些理論則因為其提出的時代的限制和思想本身的侷限性，很快就被更合理的理論所代替。

4.2　內丹辟穀思想

　　如果說前面所闡述的各種道教早期辟穀理論基本上都是從某一角度、某一方面來提出對辟穀的認識理解及其方法機理，都不能全面系統地說明道教

〔註102〕〔唐〕《道典論》，《道藏》第24冊，文物出版社、上海書店、天津古籍出版社，1988年，0854a頁。

〔註103〕曾慥：《道樞》，《道藏》第20冊，文物出版社、上海書店、天津古籍出版社，1988年，0660b頁。

〔註104〕曾慥：《道樞》，《道藏》第20冊，文物出版社、上海書店、天津古籍出版社，1988年，0676c頁。

辟穀的理論和方法的話，那麼內丹辟穀理論則是對道教早期各種理論的總結、綜合和提升、發展，真正形成了一套完整系統的闡釋道教辟穀的理論和方法的體系，標誌著道教辟穀理論從早期的不成熟狀態走上了成熟狀態。下面就其總體內涵和具體思想兩個部分來對內丹辟穀理論做一個討論。

4.2.1　內丹辟穀思想的內涵

內丹辟穀理論是通過內丹原理的闡釋來展現辟穀的理論與方法，它將辟穀看作是內丹修煉的一個重要組成部分，辟穀既是內丹修煉重要的方法手段，更是內丹修煉的一種自然結果和境界標誌，而且內丹辟穀是在整個內丹修煉的過程中進行，它遵循內丹修煉的機理和原則，並按照內丹修煉的步驟程序進行，正因為如此，內丹辟穀理論也是所有辟穀理論中對辟穀原理做出最為完整系統闡釋的理論。鑒於內丹理論已有學者進行了完整系統的闡釋，本書就不去重複了，下面只是結合辟穀問題對內丹辟穀理論的一些內涵特性做出說明，並在下一部分就幾個內丹修煉中的辟穀原理理論做簡要討論。內丹辟穀理論的基本內涵主要有以下幾點：

第一，內丹辟穀理論揭示了道教辟穀是一種基於整個人體的辟穀修煉活動。根據內丹辟穀理論，內丹辟穀是在人體完整結構和功能基礎上來進行的辟穀，而不僅僅是從人體的某一或某幾個方面的結構和功能進行辟穀。這也才使道教辟穀成為真正體現人體完整性的辟穀，也才是更為合理安全有效的辟穀。道教辟穀所涉及的人體結構功能包括形氣神與性命、臟腑、經絡各個方面的結構與功能。內丹修煉涉及形氣神三個層次，需要調意、調息，調身，涉及精氣神三寶，涉及身心或性命結構，涉及五臟之氣，強調五氣朝元，涉及十二正經、奇經八脈，疏通大小周天，總之涉及到人體方方面面的結構構成與功能活動，是一種全方位的身心調養活動，是一種基於整個人體的辟穀修煉活動。

第二，內丹辟穀理論提供了道教辟穀修煉的完整機理說明。這種機理說面最集中的體現就是內丹的三要素理論。內丹三要素即內丹修煉的三個基本要素，這三個基本要素是爐鼎、藥物與火候。內丹修煉的第一個要素是爐鼎，爐鼎是盛藥之器，意味修煉盛藥的鼎器。內丹修煉是在人體內修煉，所以人體就是盛藥的鼎器，而這個鼎器就是人體的身體和心神，所以內丹家稱身心為鼎器。鼎器理論揭示了辟穀必須是基於整個人體完整身心結構來進行，並

在人體內部來進行，所以辟穀煉養是內在的煉養而不是外在的煉養。內丹修煉的第二個要素是藥物。藥物修煉的直接對象，是放進鼎器中烹煉的對象，也是內丹修煉要直接煉化的對象，內丹修煉也是通過對藥物的烹煉，使其從後天物性狀態回歸先天道性狀態而成就丹道。藥物理論揭示了道教辟穀必須通過對精氣神的修煉來進行，而不僅僅是簡單的節食斷食行為。內丹修煉的第三個要素的火候。火候是內丹修煉中意念的運用及對呼吸導引的控制引導作用的把握。火候決定了如何更科學地修煉，特別是一個關鍵的意念和呼吸導引活動的把握。火候理論揭示了內丹辟穀修煉必須是根據修煉的意念及其對呼吸、導引的控制原理來進行，需要綜合把握辟穀修煉的各種要素和關鍵環節，而不是在人為節制飲食這一行為上。

第三，內丹辟穀理論明確闡釋了道教辟穀修煉程序方法機理。內丹辟穀理論不僅從內丹三要闡釋了辟穀的完整機理，而且還進一步闡釋了內丹辟穀的程序方法機理。內丹辟穀理論的程序方法機理闡釋主要是兩個方面：（1）三調方法機理闡釋，即調意、調息、調身機理闡釋。內丹修煉的基本方法和目的就是三調，如何進行三調，實現三調目標，內丹學進行了系統的闡釋，這也為人們的內丹辟穀修煉提供了完整系統的指導原則。（2）修煉步驟程序機理闡釋。內丹學就內丹修煉的步驟程序進行大量的探索，並提出了內丹修煉的四個基本步驟程序，即煉己築基、煉精化氣、煉氣化神、煉神還虛，且對每個步驟程序的機理和操作原則進行了明確的說明，而這也是內丹辟穀應遵循的基本機理原則。

第四，內丹辟穀理論揭示了內丹辟穀貫穿於內丹修煉的整個過程之中。內丹辟穀是一個完整的內丹修煉過程，而不僅僅是追求在某個環節完成辟穀任務就可加以結束的活動。而且辟穀本身就是內丹修煉的重要的不可缺少的部分，是內丹修煉的基本方法，也是內丹修煉的自然結果和境界層次的體現，事實上，也只有從內丹修煉才能對辟穀的完整過程的原理和方法做出全面系統的闡釋說明。這方面也正是其他各種辟穀方法在理論機理闡釋上的一個明顯缺陷。

第五，內丹辟穀理論展示了道教辟穀自然無為的根本追求和特性。內丹辟穀理論基於內丹學來認識和把握辟穀的各種問題，它與整個內丹修煉的追求和特性一樣體現了其根本的自然無為性。道教內丹辟穀不是為辟穀而辟穀，不是追求人為的辟穀效果而辟穀，而是在整個內丹修煉過程中自然地辟穀，

在整個修煉的進程中自然呈現辟穀的境界與效果。它反對為了某種認為的目的去辟穀，反對人為地追求某種辟穀效果去辟穀，實際上，這樣去辟穀最終會不僅達不到好的效果，反而會導致對人體的傷害，甚至嚴重傷害。事實上，真正科學安全健康的辟穀就是內丹辟穀，也只有內丹辟穀，而這種科學安全健康最重要的就是體現在內丹辟穀的自然無為的特性上。

4.2.2　絕粒為宗思想

　　從辟穀術被重視程度來看，唐朝之後出現了求仙道以辟穀為宗思想。內丹學更是系統闡釋了這種思想，強調辟穀是修仙的根本方法和根本體現，把辟穀在內丹修煉中的重要性提高到了前所未有的水平。《雲笈七籤》指出：「經之要言，故不妄語。夫求仙道，絕粒為宗；絕粒之門，服氣為本；服氣之理，齋戒為先。當持齋戒，然揀好日，晏靜一室，安置床薦。」〔註105〕此段論述言簡意賅，環環相扣，既有思想理念，又有操作方法，被後世內丹辟穀家廣泛引用。

　　內丹學強調辟穀重要性的，與「絕粒為宗」的表述類似的還有「入道門衢」的說法。《為徐進士天隱賦辟穀和吟》是宋朝文學家和道士衛宗武的代表作品之一，是他寫給徐天隱的辟穀的和詩，全詩如下：「物盈宇宙皆有窮，一氣先天常浩浩。榮華富貴能幾何，百歲光陰如電掃。開闢由來莫幾年，聖哲英雄骨俱槁。勳名蓋世文瑞時，豈若玄玄窮微妙。古仙率多山澤臞，方平通經後從老。伯陽隱士著參同，援述宣尼辭可考。人身口腹乃大患，舉世凡夫為此惱。厚味臘毒尤傷生，甘旨肥體偏害道。學仙萬慮要屏除，有累俱為方寸擾。希夷辟穀功始成，抱樸休糧法宜效。所以丹丘諸羽人，莫不餐松茹靈草。誰云不食胃徒空，入道門衢此為要。天隱良士工詞章，經傳百家仍探討。孰知搞志乃松喬，濁利浮榮非所好。年當強仕捨壯圖。勇辭館餐棲窈窕。欲仁仁至天所資，道藏仙方過鴻寶。衛生有藥可忘饑，不愁煮字那能飽。一從易置冰玉腸，不假青精顏色好。會驅乾馬及坤牛，捕虎擒龍歸鼎灶。易骨洗髓由此基，三島十洲輕可到。縱未能嘗方朔桃，亦須先致安期棗。世儒悉被客塵迷，志在衣錦而食稻。惟群高蹈出凡流，見謂秋陽同暠暠。」〔註106〕從

〔註105〕 張君房：《雲笈七籤》，《道藏》第22冊，文物出版社、上海書店、天津古籍出版社，1988年，0590a頁。
〔註106〕 〔元〕黃鎮成：《秋聲集》，四庫全書本，第57頁。

此詩詞中可以看出衛宗武是非常熟悉道教內丹養生修煉方術的，並且對辟穀術推崇有加，甚至認為如果修道者不辟穀，則與世俗之人無異，還是會受到口腹之欲的干擾而無法靜心。無法靜心，就無法真正修道，他列舉了很多修煉有成的名人的成道經歷，都是因為辟穀才得到成就，所以得出要出凡入道、要擒龍伏虎、要易骨洗髓，要完成內丹修煉，就必須辟穀的結論。在此詩文的總結中，把辟穀作為修道的入門之法：「入道門衢此為要」，這與早期道教的典籍中「欲修仙道，絕粒為宗」的說法相吻合。

中派李道純認為單純辟穀也是丹法，但僅是丹法中的「中三品」，在養生修仙中有其的特殊地位和作用：「休糧辟穀，忍寒食穢，服餌椒木，曬背臥冰，日持一齋。或清齋，或食物多為奇特，或飲酒不醉為驗，或減食為抽添，或不食五味而食三白，或不食煙火食。或飲酒食肉，不藉身命，自謂無為；或翻滄倒海，種種捏怪。乃中品之下也。吞霞服氣，採日月精華。吞星曜之光，服五方之氣。或採水火之氣，或存思注想，遨遊九州為運用。或想身中二氣，化為男女，象人間夫婦交採之狀為合和。一切存想，種種虛妄等法，乃中品之中也。傳授三歸五戒，看誦修習，傳信法取報應行考，赴取歸程，歸空十信，三際九接，瞻星禮斗。或持不語，或打勤勞，持守外功。已上有為，乃中品之上，漸次近道也。」〔註107〕

總之，丹道修煉中的「絕粒為宗」和「入道門衢辟穀為要」的說法，強調了辟穀在修煉丹道中的特殊作用，一方面指出了辟穀節食服氣等是進入丹道修煉程序的前期準備，另一方面又顯示了辟穀是修煉丹道過程最終要有所成就的必要環節和進階境界。

4.2.3　精氣神全思想

精氣神全思想是基於內丹精氣神修煉而展現出來的辟穀思想。形（精）氣（炁）神理論涉及到道教對人體的本質特性的認識。根據道教人學理論，人體是形、氣、神的統一。在人體中，形、氣、神具有不同的重要作用，而且形、氣、神三者又是密切聯繫的，人的存在離不開其中的任何一個，如果失去了其中的任何一個，人體的形、氣、神發生分離，人也就死亡。由於形氣神理論揭示了人體的本質構成，它是闡述各種養生理論和養生方法的理論

〔註107〕李道純：《中和集》，《道藏》第 4 冊，文物出版社、上海書店、天津古籍出版社，1988 年，0491b 頁。

來源，歷來就受到重視。養生修煉中所謂「人生三寶」或「上藥三品，神與氣精」的說法，就是以這一理論為基礎的。較高層次的辟穀養生理論認為，當人體的精氣神達到精滿氣足神旺的程度時，人體就會進入不知饑渴的自然辟穀狀態。

首先提出並論述這一觀點的是葛洪，《抱朴子內篇》載：古人神炁精全，行之愈久，不待休糧，自然不食。〔註108〕後來在道家逐漸形成了，「精足不思淫、氣足不思食、神足不思睡」的說法。如陳虛白《規中指南・止念第一》，首先提到了「精滿不思色，炁滿不思食」。〔註109〕

通過辟穀的養生修煉，人精力充沛，就形成了一個整體的力量，越是精、氣、神越充盈越不容易走動，所以欲望越少，直到不知饑渴，不思睡眠。當然要達到這種精滿氣足神旺的自然辟穀狀態，不可能是一蹴而就的，而是要經過一個嚴格的進階辟穀修煉階段，才能達到。《長生詮經》載：夫神與氣精，三品上藥。煉精成氣，煉氣化神，煉神合道，此七返九還之妙藥也。然產藥有川源，採藥有時節，製藥有法度，入藥有造化，煉藥有火功。〔註110〕《長生胎元神用經》也說：欲行炁道，先須斷穀，漸漸學之，不宜頓也。一年之後，炁道充實，自然不饑。〔註111〕《長生胎元神用經》還指出：夫欲修長生學仙者，先須餌炁絕粒，保精有神。其法並有漸次階級，不可逾軌越格，輒爾登陸，務速必不達，造次必顛墜，是欲依之，即無誤累矣。〔註112〕《胎息經》云：我命在我，不在天也。所患人不能知其道，復知而不行。知者但能虛心絕慮，保氣養精，不為外境愛欲所牽，恬惔以養神氣，即長生之道畢矣。神行即氣行，神住即氣住。所謂意是氣馬，行止相隨，欲使元氣不離玄牝，即先拘守其神，神不離身，氣亦不散，自然內實，不饑不渴也。〔註113〕

〔註108〕牧常晁：《玄宗直指萬法同歸》，《道藏》第23冊，文物出版社、上海書店、天津古籍出版社，1988年，0927a頁。

〔註109〕陳沖素：《陳虛白規中指南》，《道藏》第4冊，文物出版社、上海書店、天津古籍出版社，1988年，0384c頁。

〔註110〕《長生詮經》，《道藏》第35冊，文物出版社、上海書店、天津古籍出版社，1988年，0396a頁。

〔註111〕《長生胎元神用經》，《道藏》第34冊，文物出版社、上海書店、天津古籍出版社，1988年，0312b頁。

〔註112〕京里先生：《神仙食氣金櫃妙錄》，《道藏》第18冊，文物出版社、上海書店、天津古籍出版社，1988年，0459c頁。

〔註113〕《胎息經注》，《道藏》第2冊，文物出版社、上海書店、天津古籍出版社，1988年，0869a頁。

辟穀家認為達到了精滿氣足神旺的境界，可以達到長期保持年輕態的目的，但是也要注意保持，節欲自保以延年長生。如果放縱自己的各種欲望，那麼精氣神滿的這種狀態就會被打破，而不利於養生延年。《雲笈七籤》云：夫人養生全真，……駐童顏而不敗者，則何法最寶？廣成子曰：夫人以元氣為本，本化為精，精變為形，形雖好生，欲能竭之，故欲不可縱，縱之則生虧，制之則生盈，盈者精滿氣盛，百神備足。〔註114〕

關於形精氣神幾者之間的關係，以及精氣神滿了以後可達辟穀狀態的原理，《延陵先生集新舊服氣經》有段表述：玄中有玄是我命，命中有命是我形，形中有形是我精，精中有精是我氣，氣中有氣是我神，神中有神是我自然。德以形為車，道以氣為馬，魂以精為根，魄以目為戶。形勞則德散，氣越即道叛，精銷魂損，目動魄微。是以守靜愛氣，全精寶神，道德凝密，魂魄固守。所以含道不言，得氣之真，肌膚潤澤，得道之根。手足流汗，精氣充溢，不饑不渴，龜龍胎息，綿綿長存，用之不勤，飲於玄泉，登於太清。還年返嬰，道之自然。至道不遠，近在己身。〔註115〕

總之，內丹興起後逐漸形成了「精足不思淫、氣足不思食、神足不思睡」的思想理論，強調精氣神全是內丹修煉的一個基本目的，並通過精氣神全來實現養生修仙目標。而精氣神全也正好呈現出「氣足不思食」的辟穀現象，實現不辟穀而穀自辟的目的。但要達到精氣神滿的目標，僅僅追求氣足是不夠的，氣從精化生而來，所以還需要精足，而精氣要足，又賴神對整個修煉的主導控制，故還須神足，因此必須是精氣神全足。

4.2.4　減陰增陽思想

減陰增陽思想是陰陽學說內丹辟穀中具體運用的思想理論。這一思想的核心要義是通過修煉以增陽減陰即增加陽氣、減少陰氣以達到養生修仙辟穀的目的。

道教中提到，精氣神全足也是為了達至純陽。《太上洞玄靈寶無量度人上品妙經注解》說：「氣全者不思食，神全者不思睡，精全者不思欲。當此之時，號曰純陽。夫純陽者，乾也。上士於此而行上德無為之道，內修外功，則魔王

〔註114〕　張君房：《雲笈七籤》，《道藏》第 22 冊，文物出版社、上海書店、天津古籍出版社，1988 年，0416c 頁。

〔註115〕　〔五代〕桑榆子：《延陵先生集新舊服氣經》，《道藏》第 18 冊，文物出版社、上海書店、天津古籍出版社，1988 年，0428c 頁。

敬形，便得神仙。」〔註116〕

　　關於內丹修煉的減陰增陽辟穀機理，丹家有不少論述，如《紫陽真人悟真直指詳說三乘秘要》中說：「《易》曰：本乎天者親上，本乎地者親下。亦各從其類也。是以聖人仰觀俯察，知人稟天地之秀氣，為靈、為貴、為最，故假真陰真陽之二物，奪先天地之一氣以為丹，餌歸丹田氣海之中，以御一身後天地生之氣，則一身之氣翕然而歸之，若萬邦之朝於君，眾星之拱北也。如人因父母交感之精而有此身，是以盜陰陽純粹之氣而為化基，號曰陰符陽火。循環六十卦之中，周而復始。回七十二候、二十四氣於一日一夜之中，奪得四千三百六十之正氣，輻湊於丹田氣海之中，溫養丹珠。其丹處於中官，無為而靜應，故得外接陰符陽火，生真一神軀。十月脫胎，而形化純陽真一之氣。饑渴不能撓，寒暑不能侵，故為富國安民之法也。夫國者，身也。民者，精氣也。民為邦本，本固邦寧。邦若無君則民罔歸，君若無臣則民罔治。是以聖人以丹為君，以火為臣，丹火相須，君臣慶會，則天下平治，精固民安，故一身之國富矣。《西華經》，曰精完氣足，所以富國民安，正在餌金丹之後也。」〔註117〕張伯端《悟真篇》：「天地有自然之炁，炁有自然之數，人稟天地而生，氣數與天地等。修真之士，窮造化之原，知升降之路，但安神定息，一念不生，湛然無欲，則神炁周流，自然造化。老子曰：綿綿若存，用之不勤。群陰剝盡丹成熟，跳出凡籠壽萬年。葉士表曰：真一之炁，陽之郭也，人食五穀窒塞之，不能周流造化，所以一身俱屬陰也。聖人能忘形養炁，忘炁養神，忘神養虛，使坎離消長於一身，風雲發洩於七竅，真炁流行，生產丹藥，換骨回陽，與天地同久也。」〔註118〕

　　《玄綱》云：「纖毫陽氣不盡不為鬼，纖毫陰氣不盡不為仙。元陽即陽氣也，食氣即陰氣也。常減食節欲，使元氣內運，元氣既壯，即陰氣自消。陽壯陰衰，則百病不作，神安體悅，可覬長生。」〔註119〕《大成捷要》中引緣督子曰：「變為純陽，如果心牽世味，而食不絕，則陽不純，即有陰魔來擾之患。

〔註116〕陳致虛：《太上洞玄靈寶無量度人上品妙經注解》，《道藏》第2冊，文物出版社、上海書店、天津古籍出版社，1988年，0393a頁。

〔註117〕《紫陽真人悟真直指詳說三乘秘要》，《道藏》第2冊，文物出版社、上海書店、天津古籍出版社，1988年，1022a頁。

〔註118〕張伯端：《修真十書·悟真篇》，《道藏》第4冊，文物出版社、上海書店、天津古籍出版社，1988年，0720b頁。

〔註119〕〔唐〕張君房：《雲笈七籤》，《道藏》第22冊，文物出版社、上海書店、天津古籍出版社，1988年，0425c頁。

蓋有一分食在，即有一分陰來。如欲陰盡陽純，必須窺破世味，斬斷塵緣，方能頓足生慧，而絕穀不思食矣。如以絕食速，則得定出定亦速。若絕食遲，則得定出定亦遲。而能絕食入定者，若念頭不住，心多感思，火寒丹冷，元神不能守乎氣。則又化為呼吸之氣，變為交媾精。人心不絕，欲念不消，終不能絕食，難歸大定，盡敗前功者有之。直待金液降完，漩璣停輪，當加淨肚除夢之功，直至世味永絕，昏睡全無，息脈搏俱斷，則胎圓而神全矣。」〔註120〕曾慥《道樞》：「世之人須飲食以養其形，不知絕飲食而形乃固焉；須尸魄以養其神，不知去尸魄而神乃全焉；須陽與陰並相濟以生，不知陰盡陽純則長生焉。」〔註121〕

　　道教認為，仙是純陽之體，鬼是純陰之體，而人則是陰陽雜合體。所以要想得道成仙就必須轉化人體的陰氣為陽氣，逐步成為純陽之體。天上日月星光之氣為陽，地上所生五穀之氣為陰氣。人吃五穀，則是吸納地之陰氣，對煉化人體的陽氣有阻礙作用，所以內丹辟穀講究彩服天之陽氣，摒絕地之陰氣，煉化後天精氣神，回歸先天精氣神，以成純陽之體。辟穀是在減陰增陽的修煉過程中自然呈現和實現。

4.2.5　先天自動思想

　　先天自動思想是指在內丹辟穀修煉中逐漸由後天識神主導主動運行精氣神的內煉，轉向依靠先天機制讓元神元精元氣自動煉化運行的理論。這一思想主張丹道修煉要從有為轉向無為，從後天轉向先天。道教丹道經典也有不少論述，現略舉一二：

　　陳致虛在《上陽子金丹大要》中云：「大道者，至人之所秘，聖師之叮嚀也。古之真人，行其所不能行也。宇泰定者，發乎天光，天光發者，人見其人，備物以將形，敬中以達彼，以有為入無為。有為者與人為徒，無為者與天為徒。與人為徒者，煉先天之一氣。與天為徒者，煉後天自然之真。夫人稟天地絪縕一氣而生，從微至著，壯而盛，盛而衰，氣固為盛，氣餒為衰。至人者盛則養之，衰則救之，使一氣長存，歷劫而不死者，金丹也。大修行人既得乾金，入於神室，心目內觀，清靜光明，以成胎嬰，寶之十月，出入去來無滅無

〔註120〕《大成捷要》，勞山道人等識，郭任治點校，出版日期1988.10 出版社太原：山西人民出版社，82頁。

〔註121〕曾慥：《道樞》，《道藏》第20冊，文物出版社、上海書店、天津古籍出版社，1988年，0621c頁。

生者，天仙也。所謂氣者何也？即兩個陰陽也。一坤一乾，陰陽也；一男一女，陰陽也；一坎一離，陰陽也；一逆一順，陰陽也。《南華》云：至陰肅肅，至陽赫赫，肅肅出乎天，赫赫發乎地，兩者交通成和，而物生焉。採先天，煉後天，謂之交通。通則和，成則物生，物生而為嬰兒，長大而號真人也。至齋言下猛悟，期以勤行，易其號曰至陽子。」〔註122〕

　　郭象中《南華真經注疏》中也提到了自動自發的理論：「大人之教，若形之於影，聲之於響，有問而應之，盡其所懷，為天下配。處乎無響，行乎無方。挈汝適復之撓撓，以遊無端，出入無旁。行乎無方即隨物轉化。疏行，應機也。逗機不定方所也。挈汝適復之撓撓，注撓撓，自動也。提挈萬物，使復歸自動之性，即無為之至也。疏撓撓，自動也。逗機無方，還欲提挈汝等群品，令歸自本性，則無為至也。以遊無端；注與化俱，故無端。疏遊，心與自然俱遊，故無朕跡之端崖。」〔註123〕

　　丹道修煉要啟動先天自動運行的思想，在當代內丹家的研究中也是重點之一。胡孚琛教授在《丹道辟穀與胎息功漫談》一文中認為：丹家的《內經圖》是把人體看作一架捲揚機，內中布滿很多機關消息，丹家謂之關竅，一旦發動起來，它會自動運轉，從吃飯、喝水、穿衣、走路、呼吸、說話等後天動作轉化為不吃、不喝、不冷、不熱、不病、不老、不呼吸、不思維卻仍然生氣勃勃的先天運轉機制，這就是無食、無息、無念、無身的四無境界。……要進入辟穀狀態，則以「齋戒為先」，即靠調整心靈信息啟動辟穀程序。……人體本是一架蘊藏著巨大潛能的自動機，丹家以「法訣」將其啟動開來，就會自動運轉，不再靠人力操縱，其潛能之發揮亦屬自然。〔註124〕

　　現代觀點來看，丹道靜定辟穀中人體表面的生理特徵是「不動、不食」，而內在生理功能卻異常活躍，體內呈現勃勃生機。其時，人與自然融會貫通，外界的場態物質通過穴位和體表徐徐流入人體，不斷地補充著能量；場態能量沿著全身的經絡網絡運行。這種狀態叫做「外定內動」。外貌是「僵」在那裡，不動不朽，身體內部卻和風細雨，生機洋溢。正如陳攖寧先生在《道教與養生》一書中，指出：「（修道者）之所以能實行辟穀，是因為靈氣充滿周身，

〔註122〕陳致虛：《上陽子金丹大要》，《道藏》第 24 冊，文物出版社、上海書店、天津古籍出版社，1988 年，0040c 頁。

〔註123〕郭象：《南華真經注疏》，《道藏》第 16 冊，文物出版社、上海書店、天津古籍出版社，1988 年，0420b 頁。

〔註124〕胡孚琛，丹道辟穀與胎息功漫談〔J〕，宗教學研究，2010（S1）：102～106。

自然不思食，非枵腹忍饑。」〔註125〕

4.2.6　內丹景驗思想

　　內丹修煉思想完善之後，道教的內煉之術就系統完整的統合於內丹之中。內丹修煉更加注重層次性和程序性，每一步的修煉都有其標準或標誌。俞琰《周易參同契發揮》曰：「證驗自推移，心專不縱橫。修煉有三分工夫，則有三分證驗。有十分工夫，則有十分證驗。」〔註126〕自動出現辟穀現象是內丹修煉過程中必備的驗證。

　　《鍾呂傳道集》中有《論證驗》就提及辟穀的景驗，一是真氣足時辟穀，二是胎完成就時辟穀：「若已遇明師而得法，行大法以依時，何患驗證而不有也……依法區分，自一日之後，證驗次序以至脫質升仙，無差毫末……次真氣漸足而似常飽，所食不多而飲酒無量，終不見醉……次胎完氣足以絕飲食。」〔註127〕

　　玄全子在《諸真內丹集要》中詳細記述了有層次和次第的「金丹證驗」，其中也反覆出現辟穀的驗證，現錄於此：「金丹證驗，一者，下大工夫，須是謹守百日，處於靜室，外無所著，內無所思，身如槁木？心若寒灰，萬緣頓息，與太虛同體，以靈光為用，晝夜慇懃。三五日間，自然心定氣和，喜悅無窮，謙弱恭順於人。聖人言五日一候也。二者，忽然覺心火下降，腎水上騰，五臟生津，百脈通流，心經上湧，鼻聞異香，舌生甘津，已絕飲食，晝夜無寢。……八者，雖是百關開通，其中五穀炁未除，陰炁未盡，疾病未消。修行之人，須要與天盟誓，精心百鍊，斷絕愛念慳貪，除去人我，與物無私。正念見前，內外如一，奪天地之正氣，抽陰換陽。飲食或多或少，鼻中流濁不止，口中臭穢，腥臊嘔逆。腹中常常升降，雷鳴電激，風雲發洩，前後俱升。煉穀如銀膏，彈丸相似。腸胃中煉出惡物，臭穢不常。次漩下，如酥酪油膩，馥鼻異香，諸人皆聞也。……口中語少，腹中食少，心中事少，夜間睡少。依此四少，神仙必了。」〔註128〕

〔註125〕 胡孚琛，丹道辟穀與胎息功漫談〔J〕，宗教學研究，2010（S1）：102～106。
〔註126〕 俞琰：《周易參同契發揮》，《道藏》第 20 冊，文物出版社、上海書店、天津古籍出版社，1988 年，0238a 頁。
〔註127〕 《修真十書·鍾呂傳道集》，《道藏》第 4 冊，文物出版社、上海書店、天津古籍出版社，1988 年，0681c 頁。
〔註128〕 〔元〕玄全子：《諸真內丹集要》，《道藏》第 32 冊，文物出版社、上海書店、天津古籍出版社，1988 年，0465c 頁。

　　此外，關於內丹修煉的進境過程中的辟穀驗證以及丹道成就之後的辟穀驗證，還有很多論述。如白玉蟾《雜著指玄篇》載：「若此修丹之法有何證驗？陳泥丸云：初修丹時，神清氣爽，身心和暢，宿疾普消，更無夢寐，百日不食，飲酒不醉。」〔註129〕《西山群仙會真記》載：「凡以內事為法則，以金石相配合，而曰外丹。內之丹藥，乃為真藥，外之丹藥，止可療治病，安樂而已。內丹小則長生不老，大則超凡入聖。始乎二炁交而凝結在丹田，變精為汞，變汞為砂，砂變為丹，形若彈丸，色同朱橘，而真炁自生為砂，砂變為丹，形若彈丸，色同朱橘，而真炁自生。以炁煉炁，炁合神聚，而入道，道成而入聖，聖則大而化之，無所不通，豈外丹之可比耶？故知真藥真丹，身外無求。《西山記》曰：以龍交虎媾，結成玄珠，火候無差，燒成大藥。真炁始生，升之可以煉形，不避寒暑之患，真炁既聚，納之可以還丹，永除饑渴之苦。」〔註130〕丘處機在《大丹直指》中說：「若能通行此三訣，甚為有益。蓋龍虎相交，一物如黍米，還黃庭中，若不用火候，不能煉之凝結。其周天火候止是虛氣，聚在丹田，不得龍虎交媾玄珠，不能留之安住。二法已是相須，二用肘後抽腎氣入腦，不全陰中之陽，前犯純陽之丹，玄中玄，妙中妙矣。一百日口內生甘津，身有神光，骨健顏紅，肌白腹暖。二百日漸厭葷腥，常聞異香，行步如飛，睡夢自然減少。三百日飲食自絕，寒暑自耐，涎汗涕淚自無，病病災難自除。靜中時聞遠樂之聲，默室漸見紅光之色，若見此景勿疑，是為小驗。至誠行之，神異不可備載。」〔註131〕曾慥在《道樞》中說：「除陰氣長陽神，久之純熟，則十有二時之中常為之，自然思慮澄徹而不昏，處於暗室而內外明白。丹成神全氣足之驗也。真氣充足，則神氣清爽，絕食而不饑，吉凶未至而前知。此道成之驗也。」〔註132〕陳楠的《翠虛篇》載：「心中自有無價珍，可以生我復死我，既能饑人亦飽人，尋其毫路取其原，逍遙快樂無飢寒。似此景象與證驗，總在一日工夫間，工夫如此譬似閒，藥不遠兮採不

〔註129〕白玉蟾：《修真十書・雜著指玄篇》，《道藏》第 4 冊，文物出版社、上海書店、天津古籍出版社，1988 年，0617c 頁。

〔註130〕〔北宋〕施肩吾：《西山群仙會真記》，《道藏》第 4 冊，文物出版社、上海書店、天津古籍出版社，1988 年，0436a 頁。

〔註131〕丘處機：《大丹直指》，《道藏》第 4 冊，文物出版社、上海書店、天津古籍出版社，1988 年，0396a 頁。

〔註132〕曾慥：《道樞》，《道藏》第 20 冊，文物出版社、上海書店、天津古籍出版社，1988 年，0802c 頁。

難。」〔註133〕《秘傳正陽真人靈寶畢法卷中》說：「心絕萬境，真氣充滿，以絕飲食。異氣透出金色，仙肌可比玉蕊。」〔註134〕

4.2.7　入靜三關思想

從前文提到過的唐朝時期的施肩吾的修丹實踐來看，修習內丹時，靜居閉關辟穀對於提升修煉境界非常重要。其中涉及到一個思想，即「入靜三關」，原文載於《雲笈七籤》：余慕道年久，修持沒功，夙夜自思，如負芒棘。嘗因暇日，竊覽三清經云：夫修煉之士，當須入靜三關，淘煉神氣，補續年命。大靜三百日，中靜二百日，小靜一百日。愚雖不敏，情頗激切，神道扶持，遂發至懇。且試以小靜，即開成三年戊午歲起，正月一日，閉戶自修，不交人事，尅期百日，方出靜堂。雖五穀並絕，而五氣長修，幸免瘦羸，不知饑渴。未逾月而神光照目，百靈集耳，精爽不昧，此三者皆應，則知仙經秘典，言不虛設也。人不修，即不知。〔註135〕按照內丹修煉的一般程序，靜居修行辟穀100天，剛好可以完成築基的階段。而從施肩吾的描述來看，其進境更快，大約一月已在築基之上。「神光照目，百靈集耳，精爽不昧」等等丹家景驗，說明靜居閉關辟穀給他修丹之路插上了翅膀。

略覽諸多丹經典籍，關於入靜閉關辟穀的修丹思想，隨處可見，不勝枚舉，在此略舉一二如下：

《洞元子內丹訣》云：安其身，修其神，處其室，絕其念，始有小靜，百日之功著矣！次安大靜，千日之行積矣！功著而行積，神光為之出，故日之與月，其數是也，大之與小，其功一也。神明為之以生，聖功為之以立，君子以固窮守道，不泄其機。〔註136〕

《隨機應化錄》曰：「經云：小靜一百日，中靜二百日，大靜三百日。須要識邪正，不要著相。古云：凡所有相，皆是虛妄。百日內磨煉，心中無絲毫塵翳，要節飲食，薄滋味，敵魔戰睡，調息綿綿，精神內守，入希夷域，

〔註133〕　陳楠：《翠虛篇》，《道藏》第 24 冊，文物出版社、上海書店、天津古籍出版社，1988 年，0204b 頁。

〔註134〕　《秘傳正陽真人靈寶畢法》，《道藏》第 28 冊，文物出版社、上海書店、天津古籍出版社，1988 年，0360b 頁。

〔註135〕　張君房：《雲笈七籤》，載《道藏》第 22 冊，文物出版社、上海書店、天津古籍出版社，1988 年，0672c 頁。

〔註136〕　《洞元子內丹訣》，載《道藏》第 24 冊，文物出版社、上海書店、天津古籍出版社，1988 年，0247c 頁。

無何有鄉。若得湛兮若凝，久久自然結就虛無靈胎，可以保養。若養成至寶，方可調神出殼，從近至遠，往來純熟，要住則隨緣，要去則脫殼矣。不可在圜內百般紐捏，見神鬼以為真，久久則著魔祟也。古云：道無鬼神，獨來獨往。先師曰：居圜守靜，清靜道生。靜極陽復，久久養煉，要得其中，自然成道矣。」〔註137〕

　　《太上洞玄靈寶無量度人上品妙經注解》云：「初學之士，試於無人之境，獨行獨外，仍戒飲酒，日則以丹經常翫，夜則以清淨存心。眼前既無境亂，內則妄念悉除。稍有魔障，愈堅其心。外則不令饑渴，內則常加滋補，如此半年一載，待其精炁內固，則自不思欲矣。若欲念未除，是精尚不全，更當固之。《丹經》云：神全者不思睡，炁全者不思食，精全者不思欲，直至言也。精既全，又能長保長守，方可以煉還丹。人試行之，即見其效。蓋無人境處，習煉己者，謂之小隱；小隱若定，方可大隱市塵。」〔註138〕

　　靜居閉關辟穀思想對後世諸多修內丹的實踐者，影響較大。僅從前文提到著名內丹家來看，南宗的陳楠、白玉蟾，北宗的王重陽、丘處機都曾運用過這種修煉方式，只是各自的具體修煉形式不同。

　　綜合來看，在丹道修煉中辟穀現象不止一次出現，幾乎每一層次的提升都會有辟穀的現象，甚至內丹修煉完成的標準之一也是辟穀。總之，自動出現的各種層次的辟穀為內丹之境界驗證的認識不是一人或一家之言，而是眾多丹家的共識。

　　內丹辟穀理論是對道教早期各種理論的總結、綜合和提升、發展，真正形成了一套完整系統的闡釋道教辟穀的理論和方法的體系，標誌著道教辟穀理論從早期的不成熟狀態走上了成熟狀態。內丹修煉實質上是一種通過強化和挖掘神在人體中的作用，並通過「神」的修煉帶動「氣」和「形」的修煉，從而實現形氣神品質的提升和關係的協調的方法。從現代的角度來看，內丹修煉是一種通過強化意識對身體的作用及溝通意識與物質和信息關係以達到強身健體的方法。在具體的操作上，它是通過意識狀態的調整及意識對信息和物質的引導能力的運用以強化意識、信息和物質對身體的作用，同時使三

〔註137〕何道全：《隨機應化錄》，載《道藏》第24冊，文物出版社、上海書店、天津古籍出版社，1988年，0132a頁。

〔註138〕陳致虛：《太上洞玄靈寶無量度人上品妙經注解》，載《道藏》第2冊，文物出版社、上海書店、天津古籍出版社，1988年，0400b頁。

者關係更為協調一致。而這種修煉在客觀上也可以進一步溝通人體的縱橫聯繫，從而達到改進自身、防治疾病、強身延年的效果。辟穀在修煉內丹的過程中起著重要的作用。首先通過辟穀能夠更快更好的完成築基以真正進入內丹修煉的程序；其次內丹修煉的不同層級的標準或驗證指標就是不同層次的辟穀現象。內丹辟穀理論是通過內丹原理的闡釋來展現辟穀的理論與方法，它將辟穀看作是內丹修煉的一個重要組成部分，辟穀既是內丹修煉重要的方法手段，更是內丹修煉的一種自然結果和境界標誌，而且內丹辟穀是在整個內丹修煉的過程中進行，它遵循內丹修煉的機理和原則，並按照內丹修煉的步驟程序進行，正因為如此，內丹辟穀理論也是所有辟穀理論中對辟穀原理做出最為完整系統闡釋的理論。

第五章　道教辟穀的方法

　　道教辟穀方法從總體上可以分為道教早期內丹興起前的辟穀方法和內丹辟穀方法兩個板塊。道教辟穀文化的辟穀方法都是受到相應的思想理論的影響或指導。內丹興起前的辟穀理論豐富多樣，相對應的辟穀方法也比較多。成熟之後的內丹學指導下的內丹辟穀，依照內丹修煉的基本步驟：煉己築基、煉精化氣、煉氣化神、煉神還虛，可以分出相應的更有條理性和程序性的辟穀方法。

5.1　內丹興起前的辟穀方法

5.1.1　節食辟穀法

　　節食辟穀法是指通過節食、少食而修養身心的辟穀方法。在辟穀文化萌芽的這個階段的節食往往是不得已而為之，因為食物不夠吃，所以才節約，才節食。從前文「節食尚儉思想」的論述中，我們知道節食是古聖先賢倡導的生活方式。《黃帝內經》指出的「食飲有節」之法，千古以來被養生家奉為圭臬。食飲有節則有益於養生，食飲無節則有害於養生。

　　在閱讀古籍時，人們會經常看到古人節食以續命，或者節食以明志。孔子著名的弟子顏回就是一個典型案例。顏回家境貧困，居於陋巷之中，每天一點點飯、一瓢水，刻苦讀書，被孔子稱讚為「賢哉」。孔子的嫡孫子思也有節食辟穀以明志的故事傳世：「子思居衛三旬九食、貧士傳沈顥齊末兵荒，與家人同甘困餓，二日一餐，或饋粱肉，閉門不受，唯採蓴荇根供食，以樵採自

資，怡然不改其樂。」〔註1〕後世也有一些類似的節食辟穀、刻苦攻讀的故事流傳。如馬畧的節食辟穀閉門苦讀的故事：「後漢馬畧，年十七，閉室讀書，九年不出，三日一食繼命而已。鄉里謂之潛龍。年三十，拜關內侯、光州刺史。後辭官入海……」〔註2〕

縱觀古今中外，飲食問題普遍受到人們的重視，禁食、節食、辟穀是人們普遍運用的養生保健良方。《顯道經》提到：「或問：道欲絕穀，五藏有微病云何？老子曰：且勿絕穀，節食為之。又百日之後，斷穀稻米粥及餌清物。」〔註3〕從人體健康的角度來說，食物的攝取既不能太過，也不能不及。少食辟穀是有助於延年益壽的，不過需要在科學的指導下進行。普通人如果長期進行辟穀，那麼難免造成營養攝入缺失，從而可能導致意外情況的發生。因此，科學的辟穀需要在合理的規劃下指導進行。《彭祖攝生養性論》有一段很好的養生總結：「人生一世，久遠之期，壽不過於三萬日。不能一日無損傷，不能一日修補，徒責神之不守，體之不康。豈不難乎！足可悲矣。是以養生之法，……不欲甚饑，饑則敗氣。食誠過多，勿極渴而飲，飲誠過深。食過則症塊成疾，飲過則痰癖結聚氣風。……勿強食肥鮮，勿沐髮後露頭……五味不得偏耽，酸多傷脾，苦多傷肺，辛多傷肝，甘多傷腎，鹹多傷心。此並應於五行，潛稟四體，可理可究矣……心為五藏之主，氣為百體之使，動用以太和為馬，通宣以玄寂為車，關節煩勞即偃仰導引。……聞斯道，養深可修慎。是以真人常日淡泊，不親狂蕩，而愚者縱意未至，損身已先，敗其神魂，傷其魄矣。」〔註4〕孫思邈《枕中記》亦對此進行了論述，他說：「養生之道，勿久行、久坐、久聽、久視，不強食，不強飲，亦不可憂思愁哀，饑乃食，渴乃飲。食已行數百步，大益人。夜勿食，若食即行五六里無病。〔註5〕唐《太清調氣經》載：夫每吃食了，其食皆有毒，並有五味熱氣。每初食了，即須開口呵吐之，約口中熱氣

〔註1〕〔清〕張英：《御定淵鑒類函》，臺北：臺灣商務印書館影印，文淵閣《四庫全書》本，第0989冊，0438b頁。

〔註2〕〔宋〕馬永易：《實賓錄》，臺北：臺灣商務印書館影印，文淵閣《四庫全書》本，第0920冊，0372a頁。

〔註3〕《顯道經》，《道藏》第18冊，文物出版社、上海書店、天津古籍出版社，1988年，0647b頁。

〔註4〕〔唐〕《彭祖攝生養性論》，《道藏》第18冊，文物出版社、上海書店、天津古籍出版社，1988年，0490a頁。

〔註5〕〔唐〕《枕中記》，《道藏》第18冊，文物出版社、上海書店、天津古籍出版社，1988年，0466c頁。

退，即止，永無患也。又須節鹽及辛酸等味，不可吃。初即以難及，二十日有津液靈泉出，入鹹辛不得，為服氣。後五藏潤，正氣下趁盡宿惡氣，宿惡氣下泄，即傷胃諍，不得食冷熱枯膩生硬物，如妄吃一口，即物所住處微微覺痛，用功深處，後並亦自知，但食軟熟之物，必佳，仍須食了，即須呵之。」〔註6〕

5.1.2　代食辟穀法

所謂代食辟穀法，就是找到可以代替普通五穀的食物或藥物，以維持生存並延年益壽的辟穀方法。這個是最古老的辟穀方法，被道教承襲沿用。從《山海經》的服食「鸇居」和「白蓉」以辟穀和不食五穀食氣魚的辟穀，到傳說中赤松子服水玉的辟穀、赤將子與服食百草之花的辟穀都是這種辟穀方法。這種辟穀方法更多的是為了維持生存，從上古時期乃至秦漢，雖然農耕文明已經肇始，但生產力水平極其低下，人們經常處於吃不飽甚至餓肚子狀態，只能找其他代穀品辟穀充饑。葛洪在《葛仙翁肘後備急方》中提到：「粒食者，生人之所資，數日乏絕，便能致命，《本草》有不饑之文，而醫方莫言斯術者，當以其涉在仙奇之境，非庸俗所能遵故也，遂使荒饉之歲，餓屍橫路，良可哀乎！」〔註7〕在《楚辭》中也出現了代穀辟穀的方法：「檮木蘭以矯蕙兮，春申椒以為糧。播江離與滋菊兮，願春日以為糗芳。」〔註8〕

具體的代穀辟穀法，早期仙傳中有不少記載，其所言雖多是上古之神仙的辟穀故事，而實際反映的卻很可能是當時的辟穀方法。例如，《列仙傳》中提到赤松子服水玉：「赤松子者，神農時雨師也。服水玉，以教神農，能入火自燒。往往至崑崙山上，常止西王母石室中，隨風雨上下。炎帝少女追之，亦得仙俱去。〔註9〕這裡提到了赤松子服「水玉」，有人認為水玉是半夏的別稱。比如宋《通志二十略》記載：半夏曰守田，曰地文，曰水玉，曰示姑。〔註10〕《淮南子·齊俗訓》《楚辭·遠遊》涉及到王喬、赤松子兩位因擅長服氣而

〔註6〕〔唐〕《太清調氣經》，《道藏》第18冊，文物出版社、上海書店、天津古籍出版社，1988年，0407c頁。

〔註7〕葛洪：《葛仙翁肘後備急方》，《道藏》第33冊，文物出版社、上海書店、天津古籍出版社，1988年，0063b頁。

〔註8〕〔漢〕王逸章句，〔宋〕洪興祖補注，夏劍欽、吳廣平校點：《楚辭章句補注》，嶽麓書社，2013年1月，第1版，第124頁。

〔註9〕王叔岷撰：《列仙傳校箋》，中華書局，2007年6月，第1版，第1頁。

〔註10〕〔宋〕鄭樵撰，王樹民點校：《通志二十略》，中華書局，1995年11月，第1版，第1999頁。

得道成仙的神人。《淮南子・齊俗訓》中對赤松子相關描述如下：今夫王喬、赤松子，吹嘔呼吸，吐故納新，遺形去智，抱素反真，以遊玄眇，上通雲天〔註11〕。意思就是王喬因為擅長服氣，即吹噓呼吸、吐故納新、忘卻形骸、涵養元氣、修煉精神而得道成仙。

　　赤將子輿啖百花草的辟穀方式，《列仙傳》《神仙傳》以及《軒轅本紀》等仙傳中都有相關記載。《神仙傳》對赤將子輿神人辟穀的記錄如下：「赤將子輿者，黃帝時人。不食五穀，而啖百草花。至堯帝時，為木工，能隨風雨上下」。〔註12〕《雲笈七籤・軒轅本紀》記述傳說中黃帝一生重要事蹟的同時，也記錄了赤將子輿和容成不食五穀的辟穀本領：「有赤將子輿，不食五穀，啖百花而長年。」通過以上記述瞭解到，傳說中的赤將子輿是約黃帝時期的人，他不吃五穀，只吃各種鮮花，長生不老。

　　《列仙傳・彭祖》記載了中華文化當中最有名的長壽神人彭祖「常食桂芝」，即「彭祖者，殷大夫也……歷夏至殷末，八百餘歲。常食桂芝，善導引行氣」。〔註13〕這裡提到的彭祖辟穀，是在導引行氣的內煉基礎上食用桂芝。

　　在道教神仙傳記中，還有一位跟彭祖相關的辟穀故事，他的壽命更長，辟穀的方式也更奇特：「白石生，中黃丈人弟子。彭祖時，已二千餘歲。不愛飛昇，但以長生為貴……亦時食脯，亦時辟穀。」〔註14〕葛洪在《神仙傳》中提到也白石生：彭祖問之：「何以不服藥昇天乎？」答曰：「天上無復能樂於此間耶！但莫能使老死耳。〔註15〕白石生的價值觀是「以長生為貴」。雖然追求長生，卻不嚮往天上神仙的生活。後世道教服石辟穀也引其為宗：斷穀入山，當煮食白石。昔白石子者，以石為糧，故世號曰白石生，此至人也，今為東府左仙卿。煮白石自有方也，白石之方，白石生所造也。〔註16〕白石生

〔註11〕〔漢〕劉安：《淮南鴻烈解》，臺北：臺灣商務印書館影印，文淵閣《四庫全書》本，第 0848 冊，0627d 頁。

〔註12〕〔晉〕葛洪撰，胡守為校釋：《神仙傳校釋》，中華書局，2010 年 9 月，第 1版，第 3 頁。

〔註13〕王叔岷撰：《列仙傳校箋》，中華書局，2007 年 6 月，第 1 版，第 38 頁。

〔註14〕洪應明：《消搖墟經》，《道藏》第 35 冊，文物出版社、上海書店、天津古籍出版社，1988 年，0371c 頁。

〔註15〕〔晉〕葛洪撰，胡守為校釋：《神仙傳校釋》，中華書局，2010 年 9 月，第 1版，第 34 頁。

〔註16〕陶弘景：《真誥》，《道藏》第 20 冊，文物出版社、上海書店、天津古籍出版社，1988 年，0520b 頁。

在追求「長生」價值指引下，辟穀成為他養生的一種常態。值得注意的是，按照仙傳的說法，白石生的辟穀養生方式並不是一直辟穀，而是一段時間辟穀一段時間正常飲食，用這樣的養生方式，長久住世。白石生的這種辟穀方式，在現代被稱為間歇性斷食療法，可以說依據道教仙傳資料，白石生是間歇斷食辟穀的鼻祖。

《抱朴子內篇》對仙藥做了排序：仙藥之上者丹砂，次則黃金，次則白銀，次則諸芝，次則五玉，次則云母，次則明珠，次則雄黃，次則太乙禹餘糧，次則石中黃子，次則石桂，次則石英，次則石腦，次則石硫黃，次則石焰，次則曾青，次則松柏脂、茯苓、地黃、麥門冬、木巨勝、重樓、黃連、石韋、楮實、象柴。〔註17〕服藥餌辟穀中，很多辟穀用的藥餌，也可以歸入外丹的行列。外丹辟穀可以說就是服藥餌辟穀，包括服單味藥辟穀、服多味藥（藥餌）辟穀等。

在中華文化的傳說中，神農嘗百草的故事可謂家喻戶曉。就目前所見文獻而言，最早論及「神農嘗百草」之事的是漢初的《淮南子》。從文化發展的角度來分析，神農為什麼選擇嘗試百草，一方面是為了尋找可以吃的食物，另一方面是尋找百草的藥用價值。我國醫藥史上最早的一部本草集，就以神農命名。《神農本草經》中記載能夠服之辟穀的藥物非常多，種類涉及草木、動物、礦物等等，比如：玉泉、青石、赤石、黃石、白石、黑石脂、太一禹餘糧、術、澤瀉、麥門冬、茯苓、熊脂、雁肪、石蜜、龜甲等等，皆有久服輕身不饑不老等功效。

總之，早期道經仙傳等古籍在描述具體的修道成仙的神仙之辟穀方式時，主要就是提到服用五穀的代替品的方法，這也反映了早期的辟穀術就是用其他的食物代替普通的五穀。

5.1.3　咽津辟穀法

道教修煉者歷來相當重視唾液，在養生修煉過程產生的唾液稱為「金津玉液」，視為珍寶。辟穀經典有「饑食自然氣，渴飲華池漿」之說法。

1963 年鄂城西山出土王莽時期規矩八禽鏡一面，其銘文曰：「尚方作鏡真巧，上有仙人不知老，饑食棗，飲真玄入□□」。武漢市博物館也有收藏王莽

〔註17〕〔晉〕葛洪著，王明校釋：《抱朴子內篇校釋》，中華書局，1985 年 3 月，第 2 版，第 196 頁。

時期開頭二字為「尚方」的一種銅鏡數面。其銘文內容根據鏡的大小而定，常有省字，有時顯得文句不通，但總的看來，省字還是在一定規範之內。完整的銘文曰：「尚方作鏡真大好，上有仙人不知老，渴飲玉泉饑食棗，浮遊天下敖四海，壽如金石為國保」〔註 18〕。這些銅鏡都說明當時辟穀，特別是咽津食棗辟穀已經得到社會的關注與重視，反映了人們對生命的期望和想像，對延年益壽的企盼與對神仙世界的嚮往，極其努力地探索長生奧秘。銅鏡上刻的主要修養方法是「渴飲玉泉饑食棗」，即咽津食棗辟穀。

《道藏》中《漢武帝內傳》也提到了綜合運用的咽津辟穀之術：「於是閉諸淫，養爾神，放諸奢，從至儉，勤齋戒，節飲食，絕五穀，去臭腥，鳴天鼓，飲玉漿，蕩華池，叩金梁，按而行之，當有翼爾。」〔註 19〕

後來發展出來咽津辟穀方法以「雲行雨施之法」最為典型：「夫人皆稟天地元氣而活之，每咽吐納則內氣與外氣相應，自氣海中隨吐而上，直至喉中，但候吐極際，則輾口連鼓而咽之，鬱然有聲汩汩，然後左邊而下，至經二十四節，如水歷坎，聞之分明也。女人則從右邊而下，如此則內氣相固，皎然別也。以意送之，手摩之，令速入氣海。氣海在臍下三寸是也，亦謂下丹田。初服氣人，上焦未通，以此摩而助之，務令速下。若氣已流通，不摩而自下，一閉口而連咽，止二咽，號雲行。一濕咽取口中津液相和咽之，謂之雨施。服氣入內，氣未流目令夜也行，每一咽則施之，不可遽行至連咽，三年行之，乃以功成也。」〔註 20〕

5.1.4 除三尸辟穀法

道教早期外丹盛行時期，辟穀是服金丹之前的準備階段，其主要目的是要去除三尸九蟲。從早期道教的認識看，「三尸」接近於所謂「體內陰神」的觀念，相對來講，「九蟲」則完全被作為給人帶來各種危害的寄生蟲來記述的。除去三尸才能成就仙道，這一觀點幾乎是貫穿整個道教修仙理論。

《周易參同契注》言：「凡人服金砂入五臟之內，流散若風雨，皆令暫死。為身宿穢，穀氣不除，有七病、九蟲、三尸等皆在，所以暫死蟲即蘇，兼丹內

〔註 18〕蘇菊生，淺議漢鏡銘文中「饑食棗」〔J〕，江漢考古，1989（02）：93～94。
〔註 19〕《漢武帝內傳》，《道藏》第 5 冊，文物出版社、上海書店、天津古籍出版社，1988 年，0051a 頁。
〔註 20〕《太清導引養生經》，《道藏》第 18 冊，文物出版社、上海書店、天津古籍出版社，1988 年，0399a 頁。

或有礜石及雄黃曾青，並火毒未除，故令暫死。亦有不死者，或是一年之藥，及無別毒藥，又人常行修德，休糧日久，腸淨髒淨，故不死。故造大丹莫雜石藥。若作黃白，及點化五金，製汞令乾。若無毒制，不能乾者也。薰炁達四肢，顏色悅澤好。」〔註21〕《混元聖紀》載：「服九丹之人，或三年二年，一年半年，百日六十日，三十日，十日三日，乃有仙官雲龍來迎。惟服金液者，入口則身色紫金，立生羽翼，昇天為仙官矣。雖先長齋，斷穀一年，乃得服之。」〔註22〕

《高上月宮太陰元君孝道仙王靈寶淨明黃素書》云：「凡飲食五味，當有調理，不使失時，自然安樂。若夫修養斷穀，亦當斷穀，未得大藥金丹，未可輕為也。飲食須在未申時前，過此，雖多無益也。」〔註23〕《保生要錄》謂：「夫金石之藥，其性栗悍，而無津液，人之盛壯，服且無益，若及其衰弱，毒則發焉。夫壯年則氣盛而滑利，盛則能製石，滑則能行石，故不發也。及其衰弱，則榮衛氣澀，澀則不能行石，弱則不能製石，石無所製，而行者留積，故為人大患也。」〔註24〕

除三尸有「守庚申」的方法，即逢庚申日徹夜不眠，以防三尸出走訴人罪過。《太上感應篇》：「又有三尸神在人身中，每到庚申日，輒上詣天曹，言人罪過。〔註25〕於是用守庚申法對治之：夫學道修長生者，若不先滅三尸九蟲，徒煩服藥斷穀，求長生不死，不可得也。後人謂先聖經方虛謬，乃未究害之所由也。此上聖之至訓，真人之秘言，宜可勖哉！制之法，每至庚申日，夕不眠以守之，令不得訴天帝。罪滿五百條，其人必死。三守庚申，三尸振伏。七守庚申，三尸長絕，太玄鑊湯，煮而死矣。爾乃精神安定，五臟恬和，不復搔擾。」〔註26〕

〔註21〕〔五代〕《周易參同契注（四）》，《道藏》第20冊，文物出版社、上海書店、天津古籍出版社，1988年，0183b頁。

〔註22〕謝守灝：《混元聖紀》，《道藏》第17冊，文物出版社、上海書店、天津古籍出版社，1988年，0807c頁。

〔註23〕傅飛卿：《高上月宮太陰元君孝道仙王靈寶淨明黃素書》，《道藏》第10冊，文物出版社、上海書店、天津古籍出版社，1988年，0513b頁。

〔註24〕蒲虔貫：《保生要錄》，《道藏》第18冊，文物出版社、上海書店、天津古籍出版社，1988年，0521a頁。

〔註25〕《太上感應篇》，《道藏》第27冊，文物出版社、上海書店、天津古籍出版社，1988年，0010c頁。

〔註26〕〔唐〕張君房：《雲笈七籤》，《道藏》第22冊，文物出版社、上海書店、天津古籍出版社，1988年，0592a頁。

中國古代獨特的寄生蟲學說，認為人體和寄生蟲是相伴而生的，《文子》和《淮南子·精神訓》有相同的記載：「重濁為地，精微為天，……精氣為人，粗氣為蟲。」〔註27〕唐《太上除三尸九蟲保生經》介紹的除三尸法，即驅除體內寄生蟲的治療方法。《太上除三尸九蟲保生經》對人體三魂七魄、三尸九蟲做了圖文並茂的記述，並介紹了祛蟲的方法。其繪製的三尸九蟲圖形，與現代的蛔蟲、蟯蟲基本一致。道教認為三尸九蟲對於修道有極大的危害，《太上洞玄靈寶五符序》中云：「諸修長生之道，當先去三尸，下伏尸，乃可將服食，休糧絕穀耳。……三尸與人俱生，上尸喜好寶貨千億，中尸喜好五味，下尸喜好五色，常欲令人死。」〔註28〕在《三洞珠囊服食品》中提出，若想去除三尸，必須先絕食以去除穀氣，並活動身體，進行呼吸法（吐故納新），這樣便能如願以償。若進而想成為所謂的「神仙」，以了遂不死之願，則須每天向神祈禱，念誦咒文，這祥持續三十天，三尸皆死，並且隱藏在體內的尸蟲也能被驅除。三尸九蟲專靠人食五穀而生存，有了它的存在，使人產生邪欲而失去健康並無法成仙。修道者想要走上成仙之路，必須剷除和消滅「三尸之根」。

在《道樞》卷十六中提出，一旦絕穀，人的魂魄便會發生變化，三尸就會動搖，若進一步配合所謂的「服氣法」，這樣堅持至久，體內的污穢便能排除乾淨。訣曰：「凡欲休糧，但依前勤修，三年之後，正氣流通，髓實骨滿，百神守位，三尸遁逃。如此漸不欲聞五味之氣，常思不食，欲絕則絕，不為難也。但覺腹空，即須咽氣，無問早晚，何論限約，久久自知節候，無煩其言，何用藥物！大抵服藥之人，多不能服氣，終日區區，但以藥物為務，身形不得精實，固為未得亦非上士用心也。《太清中黃真經》認為人體要修煉成功就必須去除三尸：謂三丹田氣足也。凡食氣吞霞，言是休糧，蓋非旦夕之功。先以德行護身，次以除陰賊嗔怒。此學道之志也。陰賊未息，三尸不除，或行非教之事，不復成矣。故《太微玄章》曰：除嗜欲，去貪嗔，安五藏，神足矣。」〔註29〕《太上靈寶升玄內教經中和品述議疏》云：「夫延年之道，勇壯康強，要須絕穀清腸，餐霞吸炁，茹青松，餌紫栢，味白術，服黃精，卻三尸九蟲，除四魔兵

〔註27〕《通玄真經纘義》，《道藏》第16冊，文物出版社、上海書店、天津古籍出版社，1988年，0767c頁。

〔註28〕《太上靈寶五符序》，《道藏》第6冊，文物出版社、上海書店、天津古籍出版社，1988年，0331b頁。

〔註29〕《太清中黃真經》，《道藏》第18冊，文物出版社、上海書店、天津古籍出版社，1988年，0385a頁。

賊。」〔註30〕

　　總之，在早期道教經典看來，以辟穀為最主要方法來去除三尸九蟲是修煉長生成仙的必經之路。

5.1.5　服符水辟穀法

　　所謂服符水辟穀，就是服用經過符咒處理的水以代替普通食物的辟穀方法。《抱朴子內篇・雜應篇》就已經提到：「符水斷穀，雖先令人羸，然宜兼知者，倘卒遇荒年，不及合作藥物，則符水為上矣。」蘇軾在文集中記載了服符水辟穀實例：「是時希甫年七十，辟穀道引飲水百餘日，甚癯而不衰，目瞳子炯然。」〔註31〕

　　葛洪《肘後備急方》卷四《治卒絕糧失食饑憊欲死方》第三十五有服水法。孫思邈《千金翼方》卷十三《辟穀服水方》中有《服水禁忌法》。服水辟穀一般有符咒，所謂咒水，即行過咒語的水。服水辟穀家認為它和符水一樣，具有祈禳祛災的功效。

　　關於符和水的結合作用，《修真精義雜論・符水論》指出：「夫符文者，雲篆明章，神靈之書字也。點畫有所象，故神氣存焉；文字有所生，故服用朱焉。夫水者元氣之津，潛陽之潤也，有形之類莫不資焉。故水為氣母，水潔則氣清；氣為形本，氣和則形泰。雖身之榮衛，自有內液，而腹之臟腑，亦假外滋。既可以通腹胃，益津氣，又可以導符靈，助祝術。」〔註32〕從相關方書的彙集記載來看，由服水法發展到服水辟穀服氣法，在魏晉唐五代以後，頗為流行。

　　關於服符水辟穀法的具體方法，我們以《要修科儀戒律鈔》中老君服水斷穀法進行簡單說明：「不問清旦，但是須飲即吃，以一杯盛水向水祝曰：金木水火土，五星之氣，六甲之精，真人天倉，清氣常盈，黃父赤子，守中無傾。三祝、三叩齒飲之，令人不知饑渴，渴復之極有神驗。」〔註33〕

〔註30〕《太上靈寶升玄內教經中和品述議疏》，《道藏》第 24 冊，文物出版社、上海書店、天津古籍出版社，1988 年，0708a 頁。

〔註31〕〔宋〕蘇軾撰，〔明〕茅維編，孔凡禮點校：《蘇軾文集》，中華書局，1986 年 3 月，第 1 版，第 2063 頁。

〔註32〕〔唐〕薛幽棲、〔唐〕陳少微等撰，萬里等校點：《南嶽佛道著作選道教編》，嶽麓書社，2012 年 12 月，第 1 版，第 98 頁。

〔註33〕朱君緒：《要修科儀戒律鈔》，《道藏》第 6 冊，文物出版社、上海書店、天津古籍出版社，1988 年，0991a 頁。

5.1.6　導引行氣辟穀法

　　導引行氣辟穀法是運用導引行氣術，同時服用合適的代穀藥物的辟穀養生方法。這一方法先見於《楚辭·遠遊》中對赤松子和王喬的修煉方法的描述。《楚辭》中也有一段較為具體的文字記載，包括了導引行氣服食等法的綜合運用：引八維以自道兮，含沆瀣以長生。居不樂以時思兮，食草木之秋實。〔註34〕歷史上真正實行此法且被後世推重的辟穀實踐者就是張良。《史記》和《漢書》雖然都記載了張良辟穀的事蹟，但是卻沒有明確指出具體修煉方法。後世的集解中雖然做出了解讀，但不免打上了集注者的觀念烙印。

　　1973 年考古學的發現基本彌補了這個空白。稍晚於張良時代的長沙馬王堆漢墓，被發掘之後，引發關注。其中出土的帛書中就有我國現存最早的導引行氣辟穀專著，原文沒有題目，研究小組為其定名為《卻穀食氣篇》。目前學界對此篇的研究已經較為深入。

　　《卻穀食氣篇》於一九七三年在湖南長沙馬王堆三號漢墓中發掘出土，由「馬王堆漢墓帛書整理小組」釋文，原文刊於《馬王堆醫書研究專刊》1981年第二期。此篇是我國現存最早的辟穀專著，是專門記載道家卻穀食氣的帛書，其論述卻穀食氣，有理論，有方法，有用於治病的經驗，內容甚是豐富。據考證，其寫作年代，約相當高祖至惠帝時期，其內容源於先秦時期流傳下來的古佚書。儘管《卻穀食氣篇》的文字不長，但是對辟穀的各個方面都作了簡潔論述。其開篇即謂「卻穀者食石韋」，就是說辟穀的人用吃石韋來代替糧食，緊接著詳細地介紹了具體的根據月相的盈虧來定量的服用方法：初一開始服食，每天增加一節，遞增到十五，從十六開始，每天遞減一節，一直到三十。如此循環往復，周而復始，按照初一月缺、十六既望、三十晦日，這一月亮的消長盈虛來調整服用劑量。初行辟穀時，辟穀者往往產生頭重腳輕四肢乏力、頭重腳輕，一身疼痛的現象，須用「吹呴」食氣法加以克服。如果出現頭腦沉重，兩腿無力，肢體作痛時，可導引行氣呵吹，直到好轉為止。食氣應選擇在晚上臨睡之前，以及清晨初醒之後。凡吸滿氣後，要閉息微微停頓，而後呼氣。〔註35〕。

〔註34〕〔宋〕洪興祖撰，白化文等點校：《楚辭補注》，中華書局，1983 年 3 月，第1 版，第 250 頁。

〔註35〕長沙馬王堆醫書研究會編，馬王堆醫書研究專刊，湖南中醫學院，1981 年第二期，49 頁。

　　《卻穀食氣篇》成書於約高祖至惠帝時期，文字不長，但對導引行氣辟穀的各個方面都作了簡潔論述。其卻穀食氣的辟穀方法主要是：卻穀之人可依據月相盈虧食石韋和服氣、身體不適時應加強導引行氣、食氣也有忌諱，要選擇服氣的有利時機。此種方法與張良時代幾乎吻合，且帛書整理有序製作精美，歷經兩千年而不朽，可以斷為漢初貴族之間相傳使用的養生之法，也是導引行氣辟穀法的典型代表。後世晚出的導引行氣辟穀類經典，基本都是沿用其基本思路，服食藥物以代替五穀，只是對行氣和導引的方法有所發展而已。

　　《黃庭內景五臟六腑圖》對導引行氣辟穀的方法亦有所闡述：「夫髮宜多梳，齒宜數叩，液宜常咽，氣宜常煉，精宜常在。而此五者，所謂子欲不死修崑崙耳。猶是煉丹以固之，卻粒以賴之。去其事得書金格朝天，吸日仰氣沖虛，此術士之用也。」〔註36〕其文描述了養生之士常用用叩齒、咽津、煉氣行氣等方法加卻粒辟穀方法進行養生修道。

5.1.7　守一辟穀法

　　守一是道教早期重要的修煉養生方術，將守一之法用於辟穀就守一辟穀法。守一也可指精一於某種方法，如精一於服氣，就能辟穀；精一於服餌，精一於導引，都可以促成辟穀。關鍵在於能否做到精一執中，微妙察照。道教認為，精一於辟穀，可成丹道。

　　《抱朴子內篇・地真》篇提出了辟穀的重要方術之一是守一法，抱朴子曰：「余聞之師云，人能知一，萬事畢。知一者，無一之不知也。不知一者，無一之能知也。道起於一，其貴無偶，各居一處，以象天地人，故曰三一也。天得一以清，地得一以寧，人得一以生，神得一以靈。金沈羽浮，山峙川流，視之不見，聽之不聞，存之則在，忽之則亡，向之則吉，背之則凶，保之則遐祚罔極，失之則命彫氣窮。老君曰：忽兮恍兮，其中有象；恍兮忽兮，其中有物。一之謂也。故仙經曰：子欲長生，守一當明；思一至饑，一與之糧；思一至渴，一與之漿。一有姓字服色，男長九分，女長六分，或在臍下二寸四分下丹田中，或在心下絳宮金闕中丹田也，或在人兩眉間，卻行一寸為明堂，二寸為洞房，三寸為上丹田也。此乃是道家所重，世世歃血口傳其姓名耳。一

〔註36〕〔唐〕胡愔：《修真十書・黃庭內景五臟六腑圖》，《道藏》第 4 冊，文物出版社、上海書店、天津古籍出版社，1988 年，0843b 頁。

能成陰生陽，推步寒暑。春得一以發，夏得一以長，秋得一以收，冬得一以藏。其大不可以六合階，其小不可以毫芒比也……守一存真，乃能通神；少欲約食，一乃留息。」〔註37〕

《太平經聖君秘旨》：「守一明之法，未精之時，瞑目冥冥，目中無有光。守一復久，自生光明。昭然見四方，隨明而遠行，盡見身形容。群神將集，故能形化為神。守一明法，長壽之根，萬神可覩，出光明之門。守一精明之時，若火始生時，謹守勿失始赤，久久正白，久久復表，洞明絕遠，還以理一，內無不明，百疾除。守之不懈，度世超騰矣。」〔註38〕

《洞玄靈寶真人修行延年益算法》中記載有《老子理身守一法》，為守一辟穀的典型方法：「常以雞鳴時，摩拭兩目，先誦咒曰：西王母女，名曰益愈，賜我目藥，受之於口，即精摩形。常在雞鳴，二七靈液，除目昏蒙，瞻視萬里，遍見四方。誦咒畢，即拱手三噓之，兼微出津掌中，即以手摩令熱，摩目二七，令人目明通仙。每日雞鳴時，常閉目咒曰：黃裳子，黃裳子，黃庭真人常在己，為我取醴酒肥脯，粳糧黍糧，神丹玉芝，諸可食者皆至，入吾口中，充滿五臟，補養百神，令我不饑不渴，與天地齊畢，與日月同光，保守千萬年。凡修行之士每日雞鳴時，先密誦三遍，訖，次即咽氣五過止。每咽先漱靈液，即微鼓頰，存黃氣，滿口即咽之，自然飽矣。兼內除百病，益壽延年。」〔註39〕

綜合來看，守一的思想，道教修煉歷來非常重視。用守一法來啟動辟穀也是道教內煉辟穀諸術中的重要修煉手段。在具體的守一辟穀方法的運用中，諸經對「一」有些不同的理解。

5.1.8 存神辟穀法

存神辟穀法即運用存思神明的方式以進行辟穀的方法。關於存神辟穀方法的運用，主要是在頭腦中存想人體中或天地間的各種尊神，以開啟辟穀的修煉。《漢武帝外傳》記載：「王真字叔堅，上黨人也。少為郡吏，年七十乃好

〔註37〕〔晉〕葛洪著，王明校釋：《抱朴子內篇校釋》，中華書局，1985年3月，第2版，第323頁。

〔註38〕〔唐〕《太平經聖君秘旨》，《道藏》第24冊，文物出版社、上海書店、天津古籍出版社，1988年，0599a頁。

〔註39〕《洞玄靈寶真人修行延年益算法》，《道藏》第32冊，文物出版社、上海書店、天津古籍出版社，1988年，0579c頁。

道。周宣王時郊問採薪之人也，採薪而行歌曰：巾金巾，入天門，呼長精，嗌玄泉，鳴天鼓，養泥丸。巾金巾者，恒存肺氣入泥丸中，徐徐以繞身，身常光澤。嗌玄泉者，漱其口液而服之，使人不老。行之七日，有效。鳴天鼓者，朝起常叩齒三十六下，使身神安。又夜恒存赤氣，從天門入，周身內外，在腦中變為火，以燔身，身與火同光。如此存之，亦名曰煉形。泥丸，腦也。天門，口也。習閉氣而吞之，名曰胎息。習漱舌下泉而咽之，名曰胎食。行之勿休也。真受訣施行胎息、胎食、煉形之方，甚有驗。斷穀二百餘年，肉色充美，徐行及馬，力兼數人。」〔註40〕

《贈山中女道士》詩中言及存思辟穀：「幾年山裏住，已作綠毛身。護氣常稀語，存思自見神。養龜同不食，留藥任生塵。要問西王母，仙中第幾人？」〔註41〕按照丹道學專家的說法，女性修煉丹道，非常重視辟穀術，是成功化形的關鍵。

《抱朴子內篇‧雜應篇》提到甘始的辟穀存思術不僅能令自身不饑，還能干涉牛馬等動物：「甘始法，召六甲六丁玉女，各有名字，因以祝水而飲之，亦可令牛馬皆不饑也。或思脾中神名，名黃裳子，但合口食內氣，此皆有真效。」〔註42〕

《莊周氣訣解》也談到存思辟穀法：「初學一日一夜不可忘，四時六時內，自通融作慣，行住坐臥，縱榭並得服氣。飽須閉氣令遍身中，次想氣，覺、氣道成。每欲咽氣，先暝目，叩齒，握固。訖，存五藏各為獸，肺化為白麟，心化為赤麟，肝化為青麟，脾化為黃麟，腎化為黑麟，各吐本方正色，濛濛縈繞，狀如五雲入於口中，即鼓頰受一之，如常咽法，畢即摩拭面目七遍，定一心叩齒七通，咒曰：太霞發暉，雲霧四千，結氣宛屈，五色洞天，神咽合氣，金石華真，靄鬱紫空，煉形保全，出景藏幽，五雲合分，合明太虛，時乘六雲，和攝我身，上升九天。咒畢，又叩齒七通，咽液七遍，無為無作，安神定志，無與氣爭。乃候出息，便鼓頰如嬰兒含乳而咽之，定心意，送至丹田。察其氣在左邊下，歷歷聞之，如水之度坎，聲極分明，乃為一氣。如此良久，又

〔註40〕《漢武帝外傳》，《道藏》第5冊，文物出版社、上海書店、天津古籍出版社，1988年，0063b頁。

〔註41〕〔唐〕張籍撰，徐禮節、余恕誠校注：《張籍集繫年校注》，中華書局，2011年6月，第1版，第170頁。

〔註42〕葛洪：《抱朴子內篇》，《道藏》第28冊，文物出版社、上海書店、天津古籍出版社，1988年，0227a頁。

送一氣，覺似滿即休，不得過多，日久通乃知也。」〔註43〕

總之，存神辟穀的存思的對象主要是各神明，包括身神，神仙，神獸等等。存神辟穀借助對神的存思進入意想或想像的境界，進而調整自身形氣神，完成和實現辟穀的修煉。存神辟穀法與道教的通神系列方法的關聯比較密切，早期道教視其為重要的辟穀方法。

5.1.9　存思日月辟穀法

存思日月辟穀法，就是通過存思來攝服天地、日月、星辰之氣以辟穀，或者採日月星辰光以辟穀，主要方式是存想天地之氣、日月星辰光進入身體。採日月精華法，可對日月而坐，存想日月精華吸入頭頂百會穴，沿任脈降至丹田，再由督脈升至泥丸宮。日月為天地陰陽之精，《太上玄真訣服日月法》等多用存想，存左眼為日，右眼為月，日月交光，照徹泥丸，下耀五臟，入於明堂，化生五彩甘露，流人口中咽下，沿沖脈運轉丹田。其他如由兩手掌勞宮穴採松柏樹木之氣，用兩足心湧泉穴採山川大地之氣，以眉心印堂穴或祖竅穴感召虛空中先天一炁等，皆須用存思法才易於施行。〔註44〕

陶弘景撰《服日氣法》：「平旦，伺日初出，乃對日，叩齒九通，心呼：日魂珠景照韜綠映回霞赤童玄炎飆像。仍冥目握固，存日中五色流霞，皆來接身，下至兩足，上至頭頂。又令光霞中有紫氣如目童，累數十重，與五色俱來入口，吞之四十五咽氣，又咽液九過，叩齒九通，微祝曰：赤爐丹氣，圓天育精。剛以受柔，炎水陰英。日辰元景，號曰大明。九陽齊化，二煙俱生。凝魂和魄，五氣之精。中生五帝，乘光御形。探飛以虛，掇根得盈。首巾龍蓋，披朱帶青。彎鳥流玄，霞映上清。賜書玉簡，金閣刻名。服食朝華，與真合靈。飛仙太微，上升紫庭。」〔註45〕

陶弘景撰《服月精法》：「伺月初出，對月，叩齒十通，心呼：月魄曖蕭芬豔翳寥婉虛靈蘭鬱華結翹淳金清瑩炅容臺標。仍冥目握固，存月中五色流精，皆來接身，下至兩足，上至頭頂。又令光精中有黃氣如目童，累數十重，與五

〔註43〕《莊周氣訣解》,《道藏》第 18 冊，文物出版社、上海書店、天津古籍出版社，1988 年，0417c 頁。

〔註44〕Zhonghua XUE. The Operation Method of Air Digestion in Taoism Bigu[J]. Canadian Social science, 2015, 11(11).

〔註45〕〔梁〕陶弘景撰，王家葵輯校：《登真隱訣輯校》，中華書局，2011 年 8 月，第 1 版，第 256 頁。

色俱來入口，吞之五十咽氣，又咽液十過，叩齒十通，微祝曰：黃青玄暉，元陰上氣。散蔚寒飆，條靈斂胃。靈波蘭穎，挺濯渟器。月精夜景，玄宮上貴。五君夫人，各保母位。赤子飛入，嬰兒續至。回陰三合，光玄萬方。和魂制魄，五胎流通。乘霞飛精，逸虛於東。首結靈雲，景華招風。左帶龍符，右腰虎華。鳳羽朱岅，玉珮金璫。騫樹結阿，號曰木王。神蕚控根，有虧有充。明精內映，玄水吐梁。賜書玉札，刻名靈房。服食月華，與真合同。飛仙紫微，上朝太皇。」〔註46〕

　　《上清黃氣陽精三道順行經》所載《服七曜星辰之氣》辟穀法：「凡上學之士，服日月之道，當修七曜之妙法。每以人定之後，當於別室燒香、北首而臥，安身定神，棄絕異念，專心在靈，叩齒二十四通，存思七星煥明北方，己身臥於七星斗中，華蓋之下，七曜之光流煥紫景之外，冠覆於己身，己身在紫景之上七曜之中，內外鬱冥，都無所見。」〔註47〕

5.1.10　服氣辟穀法

　　服氣辟穀法即通過服氣來進行辟穀的方法。服氣辟穀法也可以看做是服氣與辟穀的配合，並以服氣為基礎，通過服氣達到辟穀的目的。狹義的服氣辟穀，往往是指吞空氣入胃的吞氣辟穀。道教服氣辟穀術涉及方法非常廣泛。總體而言可以分為服天地人之氣三大類。一是服天氣，包括日月之氣，北斗星辰之氣等；二是服地氣，包括五方之氣，四季之氣，晝夜之氣等；三是服人氣，包括內氣、外氣、五臟之氣，丹田之氣等等，服人氣的最高境界被稱為胎息。食天地精氣辟穀法是指通過服食天地精氣以修養身心的辟穀方法。這一方法始於上古傳說，被莊子記載在其著作中，「不食五穀、吸風飲露」成了千古流傳的名句。具體方法的詳細記載則是《黃帝內經》對上古真人的記述「提挈天地、呼吸精氣、獨立守神」是其具體的操作方法。雖然這個方法更多是觀念層面的指導，但是為後世開創了服食天、地、人、日、月、星等精氣以辟穀的先河。下面僅擇要舉例說明各種服氣辟穀之法。

　　《史記‧司馬相如列傳》中提到了早期服氣辟穀的相關方法：「呼吸沆瀣兮

〔註46〕〔梁〕陶弘景撰，王家葵輯校：《登真隱訣輯校》，中華書局，2011年8月，第1版，第256～257頁。

〔註47〕〔東晉〕《上清黃氣陽精三道順行經》，《道藏》第1冊，文物出版社、上海書店、天津古籍出版社，1988年，0830b頁。

餐朝霞，噍咀芝英兮嘰瓊華。」〔註48〕張衡所做的《思玄賦》也提到了服氣辟穀類似的方法：「漱飛泉之瀝液兮，咀石菌之流英……噏青岑之玉醴兮，餐沆瀣以為糧。」〔註49〕

在辟穀中食氣，現代物理學來看是納進自然界的光、電、磁、熱等，採自然精華為自身補充能量，雖然不食或少食，但亦可精力充沛。服氣內氣辟穀主要指服人體之內的氣以辟穀的方法。所謂的人氣，包括人的呼吸之氣，經絡之氣，丹田之氣等。就服氣辟穀類道經典籍而言，《雲笈七籤》中輯錄的諸家氣法，最為全面。現以諸家氣法中的服人氣類辟穀術，做一梳理。其中必須要指出的是服人氣術中，有兩個主要類別，一個氣入肺，就是呼吸之氣，很多方法都是調整呼吸以養生，比如閉氣等方法。一個是氣入胃，就是吞咽人體之氣到胃中代替穀食。在這裡本書主要討論吞咽氣入胃的相關方法。《雲笈七籤·服氣長生辟穀法》全書分為服氣療病、太清存神、煉氣五時七候訣、神氣養形說、食氣法、食氣絕穀法等五節。其中提到：「夫喉嚨中咽入之氣，自有三道：一入腸胃中脈；二入五臟中脈；三入食脈。……諸門咽氣，皆先入腸中，沖排滓穢，經三五七日後，方達食脈。縱達食脈，且神勞力倦，思食之意未能全絕，假令堅守數日之間，尚多腹中久之。若遇此法，但持四十九日，自然絕思飲食，縱有百味佳餚，都不採覽，神功若此，無以加焉。」〔註50〕

關於服內氣辟穀法，《延陵先生集新舊服氣經》有一個很好的總結：「所論食氣，皆內氣也，咽之代食耳！液者，咽之代漿耳。上食新氣，下泄舊氣，使推陳而納新也。〔註51〕《胎息精微論》載，餌內炁者，用力雖微，而速見功成，全在安神靜慮，不煩不擾，即炁道疏暢，關節開通，內含元和，終日不散，肌膚潤澤，手足流汗，長生之道，訣在此矣。內炁滿，無饑渴。初習即小難，久久甚妙。炁既不竭，神真不亂，道亦如炁至，識修之，乃通靈。髮黑

〔註48〕〔漢〕司馬遷撰，〔南朝宋〕裴駰集解，〔唐〕司馬貞索隱，〔唐〕張守節正義，中華書局編輯部點校：《史記》，中華書局，1982年11月，第2版，第3062頁。

〔註49〕〔清〕嚴可均　編：《全上古三代秦漢三國六朝文》，中華書局，1958年12月，第1版，第1518～1519頁。

〔註59〕〔唐〕張君房：《雲笈七籤》，《道藏》第22冊，文物出版社、上海書店、天津古籍出版社，1988年，0419b頁。

〔註51〕〔五代〕桑榆子：《延陵先生集新舊服氣經》，《道藏》第18冊，文物出版社、上海書店、天津古籍出版社，1988年，0427a頁。

齒堅，眼瞳英明。筋骨全實，壯勇胎神。面貌光澤，行步舉輕。」〔註52〕

　　關於服四季方位之氣辟穀，葛洪在《抱朴子》一書中做了的總結：「或食十二時氣，從夜半始，從九九至八八七七六六五五而止。或春向東食歲星青氣，使入肝；夏服熒惑赤氣，使入心；四季之月食鎮星黃氣，使入脾；秋食太白白氣，使入肺；冬服辰星黑氣，使入腎。又中嶽道士郗元節食六戊之精，亦大有效。假令甲子之旬，有戊辰之精，則竟其旬十日，常向辰地而吞氣，到後甲復向其旬之戊也。甘始法，召六甲六丁玉女，各有名字，因以祝水而飲之，亦可令牛馬皆不饑也。或思脾中神名，名黃裳子，但合口食內氣，此皆有真效。」〔註53〕

5.1.11　胎息辟穀法

　　胎息術是道教修仙養生術的一類。它原是服內氣術中的一種，以後形成系統的功法，也出現了以胎息為名的經典。胎息的本義是胎兒在母腹中的呼吸，引申義是以下丹田為中心深層次的內呼吸，道教也稱為先天呼吸，如同胎兒在母腹中的呼吸一樣。胎息自成系統，不受外息（肺呼吸）影響，進入胎息狀態時，外呼吸依舊自然進行，但卻若存若亡。最高層次者，可達口鼻呼吸停止。千年以來的修道者，無不把胎息作為修煉的高層次目標。練成胎息者，可以啟動辟穀，這種辟穀就叫做胎息辟穀。

　　道教中最早對胎息做出文字闡述並提出修煉方法的是葛洪。《抱朴子・釋滯篇》抱朴子曰：「欲求神仙，唯當得其至要，至要者在於寶精行炁，……故行炁或可以治百病，或可以入瘟疫，或可以禁蛇虎，或可以止瘡血，或可以居水中，或可以行水上，或可以闢饑渴，或可以延年命。其大要者，胎息而已。得胎息者，能不以鼻口噓吸，如在胞胎之中，則道成矣。初學行炁，鼻中引炁而閉之，陰以心數至一百二十，乃以口微吐之，及引之，皆不欲令己耳聞其炁出入之聲，常令入多出少，以鴻毛著鼻口之上，吐炁而鴻毛不動為候也。漸習轉增其心數，久久可以至千，至千則老者更少，日還一日矣。夫行炁當以生炁之時，勿以死炁之時也。故曰仙人服六炁，此之謂也。一日一夜有十二時，其從半夜以至日中六時為生炁，從日中至夜半六時為死炁，死炁之

〔註52〕〔唐〕《胎息精微論》，《道藏》第18冊，文物出版社、上海書店、天津古籍出版社，1988年，0445b頁。

〔註53〕〔晉〕葛洪著，王明校釋：《抱朴子內篇校釋》，中華書局，1985年3月，第2版，第267～268頁。

時，行炁無益也……予從祖仙公，每大醉及夏天盛熱，輒入深淵之底，一日許乃出者，正以能閉炁胎息故耳。」〔註54〕

之後的《胎息經》和《胎息銘》及其他介紹胎息的道經相繼出現，在隋唐時期，道教的胎息工夫可謂已達到十分精妙的水準。宋以後，除有人繼續單獨修習胎息功外，胎息又被內丹術所吸收和融匯，成為內丹修煉的重要方法，人們對胎息的解釋也更多地運用了內丹的理論。

胎息作為一種精微的行氣術，特別強調鼻息微微，似有還無，乃至以鵝毛置於鼻前不見吹動；閉息綿久，越長越好；氣達於氣海，即臍下丹田處，呼吸似停蓄於此。至於具體功法，各派不一。同時，它與其他服內氣之術也有密切聯繫，有的功法也含有導引等內容作為輔助。

關於胎息辟穀法，丹道家門有許多論述，茲引述數篇如下：

《道基經》云：「服藥食麥為善。昔有甘始道士，御氣食麥而度世也。又云：合道不言，得無之真，晝夜不臥，日月合光，不饑不渴，龜龍胎息也。又云：食穀名之穀仙，行之不休，則可延久長也。不食穀者，可以升雲度世，不死之矣。又《清虛真人王君內傳》云：太極真人曰：夫受生氣於五穀者，結胎育物必抱穀氣之流精也，合真萬化亦陶五穀之玄潤也。若子寄形於父母，將因所生而攝其生矣。」〔註55〕

《胎息銘》謂：「三十六咽，一咽為先。吐唯細細，納唯綿錦。坐臥亦爾，行立坦然。戒於喧雜，忌以腥羶。假名胎息，實曰內丹。非只治病，決定延年。久久行之，名列上仙。」〔註56〕

《胎息口訣並序》序曰：「在胎為嬰，初生曰孩，嬰兒在腹中，口含泥土，喘息不通，以臍咽氣，養育形兆，故得成全。是以臍為命門，凡孩或有初生尚活，少頃輒不收者，但以暖水浸臍帶，向腹暖三五過即蘇，則知臍為命門，信然不謬。道者欲求胎息，先須知胎息之根源，按而行之，喘息如嬰兒在腹中，故名胎息矣。乃知返本還源，卻老歸嬰，自有由矣。綿綿不問，胎仙之道成焉。……凡欲胎息，先須於靜室中，勿令人入，正身端坐，以左腳搭右腳上，

〔註54〕〔晉〕葛洪著，王明校釋：《抱朴子內篇校釋·釋滯》，中華書局，1985年3月，第2版，第150頁。

〔註55〕王懸河：《三洞珠囊》，《道藏》第25冊，文物出版社、上海書店、天津古籍出版社，1988年，0318c頁。

〔註56〕幻真先生：《胎息經注》，《道藏》第2冊，文物出版社、上海書店、天津古籍出版社，1988年，0869b頁。

解緩衣帶，徐徐按捺支節，兩手握固於兩腿上，即吐納三五過，令無結滯。滌慮清閑，虛心實腹，左右徐徐搖身，令骹葉舒展。訖，還徐徐放著實，即鳴天鼓三十六通，漱滿華池，然後存。頭戴朱雀，腳履玄武，左肩有青龍，右肩有白虎。然後想眉間卻入一寸為明堂，卻入二寸為洞房，卻入三寸為丹田宮。亦名泥丸宮。宮中有神人長二寸，戴青冠，披朱褐，執絳簡。次存中丹田，中丹田，心也。亦名絳官。中有神人亦披朱褐。次存下丹田，在臍下二寸半紫微宮，亦名氣海也。中有神人，亦披朱褐。次存五藏，從心起首，遍存五藏六府。存五藏中各出本方氣，及三丹田中素雲合為一氣，於頂中出，煥煥分光九色，上騰可長三丈。……久久行之，口鼻俱無喘息，如嬰兒在胎，以臍通氣，故謂之胎息矣。綿綿不問，經三十年，以繩勒項，不令通氣，亦不喘息。喘息常在臍中，水底坐經十日、五日亦可矣。以能行此事，功效如前，若覺得真，更須修道，此事乃是一門，不可不作。」〔註57〕

　　《真氣還元銘》：「一氣未分，三才同源。清濁既異，元精各存。天法象我，我法象天。我命在我，不在於天。昧用者夭，善用者延。氣和體寂，守一神閑。靈芝在身，不在名山。反一守和，理合重玄。精極乃明，神極乃靈。氣極乃清。清氣為神，濁氣為形。因氣而衰，因氣而榮。因氣而滅，因氣而生。喜怒亂氣，情性交爭，擁隔成病，神形豈寧！其氣自行，其神自靈。以正遣邪，其患自平。乾坤澄靜。子後午前，閉目平坐，握固瞑然，閉目平坐，便須握固。納息盧中，吐息天關。入息微微，出息綿綿，以意引氣，腑骸迴旋。然後呵之，榮衛通宣。但有不和，遣之踵前，呵五六度，無疾不蠲。凡欲胎息，導引為先。經脈不擁，關節不煩，或如射雕，側身彎環。或舉腰背，如蟾半圓，左旋右旋。勁手足氣，出於指端。擺掣四肢，捉攝三關。熟摩尺宅，氣海亦然。叩齒集神，合眸固關。冥心放骸，任氣往還。覺氣調勻，擁塞喉關。擁塞則咽，三咽相連。轉舌漱入，咽下丹田。以意引氣，令聲汩然。一咽三咽，再咽如前，三十六咽，胎息成焉。大道無為，而無不為。若能無為，是名無思；若能無思，萬物自歸。法象無二，不假施為。不寒不熱，不渴不饑。妙中之妙，微中之微。恬然無欲，以道自怡。懷道君子，銘之佩之。」〔註58〕

〔註57〕《延陵先生集新舊服氣經》，《道藏》第 18 冊，文物出版社、上海書店、天津古籍出版社，1988 年，0428c 頁。

〔註58〕強名子：《真氣還元銘》，《道藏》第 4 冊，文物出版社、上海書店、天津古籍出版社，1988 年，0868c 頁。～0885b 頁。

　　《雲笈七籤》認為人在先天狀態是可以使自身精氣真氣周流循環，臟腑之間真氣通達，而一旦進入後天的飲食狀態，臟腑之間就不能貫通無礙，丹田之氣就失去了根本得不到補充：諸髒不隔，周流和布，無所不通，以其外不入，內不出，全元氣，守真一，是謂內真之胎息也。始生之後則飲食，飲食之後即腑髒實，腑髒實即諸髒相隔，諸髒相隔，即丹田氣亡其本也。〔註 59〕所以，要達到長生之目的，就要停止後天飲食，啟動先天胎息，使得臟腑相通，丹田氣盈而不絕。

　　道教早期辟穀方法，包括辟穀文化肇始時期的維生辟穀的代食節食等方法，也包括在社會發展過程中經過早期道家方士發展而成的服務於健康長壽的目標的養生辟穀方法，這些方法在道教創立後受到「眾術合修」思想影響，辟穀與眾多內煉術結合而呈現出多種內煉辟穀方法，如導引行氣辟穀法、存思辟穀法、守一辟穀法、服氣辟穀法、胎息辟穀法。在外丹丹道的金丹大藥服食成仙思想的影響下發展出了除三尸九蟲辟穀法等。早期的節食代穀辟穀法因「天氣地味」等思想的影響，經過發展和擴充，單一的簡單代食發展到服天地人的氣、藥的綜合辟穀方法，如採日精月華辟穀法、服藥服丹辟穀法、服水辟穀法等等。

5.2　內丹辟穀方法

　　上一節討論的各種辟穀方法，它們主要反映的是道教內丹學興起之前各家特別是道教中提出的各種辟穀方法。這些方法要麼是基於一般辟穀或單純辟穀的目的提出來的，要麼是基於個人養生修仙的思考和辟穀實踐提出來的，不僅在理論上系統的說明，而且在實踐方法上也不系統、不完整，更沒有與整個道教修道的理論與方法有機地結合起來形成一個完整體系。內丹學興起之後出現的內丹辟穀，不僅在理論上整合了各種辟穀理論而且在方法上綜合了之前的各家方法，整合於完整而系統的內丹修煉方法之中。內丹辟穀成為完整系統的道教辟穀方法，使道教辟穀方法由早期的不成熟狀態走向了成熟狀態。本節就根據內丹修煉的步驟程序來討論內丹辟穀的方法。根據內丹學的認識，內丹修煉有四個基本的步驟程序，這就是：煉己築基、煉精化氣、煉

〔註 59〕〔唐〕張君房：《雲笈七籤》，《道藏》第 22 冊，文物出版社、上海書店、天津古籍出版社，1988 年，0405a 頁。

氣化神、煉神還虛，所以本書也把內丹辟穀在方法步驟上分為同樣的四個環節，以下就按照這四個環節來加以討論。

5.2.1　煉己築基階段的辟穀法

煉己築基是內丹修煉的入門工夫，主要是從身體、呼吸和意識三個方面進行初步的調整，以達到收攝身心，調整呼吸，入靜行功的目的。從辟穀的角度來看，煉己築基也是內丹辟穀的初級階段，它主要是從外部和人體自身堅守飲食的攝入，選擇清淡易消化的食物，以免吃得過多，吃得油膩，不能消化，阻礙身體氣機，影響入靜練功。

關於煉己築基階段的飲食控制，施肩吾《西山群仙會真記》云：「大藥未就，尚有饑渴，一日三次要食，古人所以淡而食之。又不葷腥，恐污口腹也。五臟積滯，用六字炁治之，即《黃庭圖》之法也。張澄道以此留形住世，王悟真以此治病延年，孫思邈以此修身治人。」〔註60〕

修煉內丹術在啟動築基功法之前並不是刻意的斷絕五穀，因為五穀之精華為人養氣之所需。陳致虛《上陽子金丹大要》指出：「精與氣相養，氣聚則精盈，精盈則氣盛。日啗飲食之華美者為精，故從米從青。」〔註61〕雖然如此，但是真正進入內丹修煉要逐漸遠離世俗之費，達到六根清淨：「飲食之菲，亦可以資吾之腹。五味之來也，守其無味。五馨之來也，得其無馨。寥寥以淡，杳杳以寂，於是鼻舌不為我之患矣。是臭甘又可為其一守也。如其不然，則昔人云，何謂居臭則壞真，處甘則敗炁。世俗常流尚此，況養道乎。則鼻舌又不可縱焉。凡此不紊，各得其守，則六根悉淨，而大道存焉。內則不為炁役，外則不為事觸。」〔註62〕

內在丹道理論中，內丹修煉之初就要清淨無為，齋戒靜修。只能漸次減少飲食，切不可通過過多飲食強壯身體來達致築基目的。《玄宗直指萬法同歸》中說：「或問：專有補精強陽飲茹為之丹基，是否？答云：人假飲食為生，但得支身命為足矣。如專事口腹，畜養三尸，供奉五鬼，此損神耗炁之

〔註60〕〔北宋〕施肩吾：《西山群仙會真記》，《道藏》第4冊，文物出版社、上海書店、天津古籍出版社，1988年，0433c頁。

〔註61〕陳致虛：《上陽子金丹大要》，《道藏》第24冊，文物出版社、上海書店、天津古籍出版社，1988年，0011b。

〔註62〕〔元〕《六根歸道論》，《道藏》第32冊，文物出版社、上海書店、天津古籍出版社，1988年，0476b頁。

術，豈延生之道也。不齋不戒，何清淨之士哉。一切聖賢不言醉酒飽肉能仙耳。」〔註63〕

　　通常煉己築基階段的辟穀是通過齋戒進行的。陳致虛在《太上洞玄靈寶無量度人上品妙經注解》中講：「凡煉還丹，先須煉己存心，故云沐浴。有道之士先絕欲想，故云齋戒。愚人不知此事，卻乃高聲念將過去。何謂行道？曰修還丹也；何謂還丹？曰必須師指。故純陽真人曰：不因師指，此事難知。老君曰：吾非聖人，學而得之。故學丹必先求師，不可妄自猜說。既得師傳，先須煉己。何謂煉己？曰去欲念、養精炁。」〔註64〕《顯道經》云：「或問：初入道，先齋戒不？……或問：道欲少食饑云何？老子曰：雖饑氣息安靖，食飽者五臟交格，令氣難行。或問：道常道氣可絕穀不？老子曰：將欲度世離俗，急當絕之以氣息，久久不饑不渴，道之大要。或問：道欲習精思，不欲絕穀可不？老子曰：食穀滿腹，腐污盛糞神不居形，但道不止，久久自不饑。或問：道人生從小至大，以穀自長，何為絕穀乎？老子曰：穀唯生人長大，不欲使人食之至老，老死皆由於穀矣。或問：道絕穀可得度世不？老子曰：合無者自知，自然不食，但存氣煉形，何憂不長存。或問：道欲絕穀，五藏有微病云何？老子曰：且勿絕穀，節食為之。又百日之後，斷穀稻米粥及餌清物。」〔註65〕杜光庭《墉城集仙錄》謂：「放諸奢處至儉勤齋戒，節飲食絕五穀，去臭腥鳴天鼓，飲玉漿蕩華池，叩金梁案而行之，當有冀耳。」〔註66〕何道全《隨機應化錄》曰：「經云：小靜一百日，中靜二百日，大靜三百日。須要識邪正，不要著相。古云：凡所有相，皆是虛妄。百日內磨煉，心中無絲毫塵翳，要節飲食，薄滋味，敵魔戰睡，調息綿綿，精神內守，入希夷域，無何有鄉。若得湛兮若凝，久久自然結就虛無靈胎，可以保養。若養成至寶，方可調神出殼，從近至遠，往來純熟，要住則隨緣，要去則脫殼矣。不可在圜內百般紐捏，見神鬼以為真，久久則著魔祟也。古云：道無鬼神，獨來獨往。先師曰：居圜守靜，清靜道生。靜極陽復，久久

〔註63〕牧常晁：《玄宗直指萬法同歸》，《道藏》第 23 冊，文物出版社、上海書店、天津古籍出版社，1988 年，0927a 頁。

〔註64〕陳致虛：《太上洞玄靈寶無量度人上品妙經注解》，《道藏》第 2 冊，文物出版社、上海書店、天津古籍出版社，1988 年，0407c 頁。

〔註65〕《顯道經》，《道藏》第 18 冊，文物出版社、上海書店、天津古籍出版社，1988 年，0645b 頁。

〔註66〕杜光庭：《墉城集仙錄》，《道藏》第 18 冊，文物出版社、上海書店、天津古籍出版社，1988 年，0172c 頁。

養煉，要得其中，自然成道矣。」〔註67〕

朱權在《天皇至道太清玉冊》中歷數了「學仙九難」，其中第一條就是「衣食逼迫」。〔註68〕丹家所重視的入山靜居丹道修煉，自然要經歷節食辟穀這一關：「匿跡深山，人曰先求辟穀。夫真氣未充於靈苑，而封瀹胃腸，恐氣餒神枯，救死亡而不贍矣。夫養脾和胃，麥飯為良；涼血清心，佐宜蔓菜。次則陳倉之米，葵及蒿菱。食戒多餐。飯罷飲水一器，繞堂三匝。食氣稍平，乃停息寧神，上單煉度。至若儲糧糶穀，營辦維艱，則春挖黃精，夏搜白茯，松榛之實，芋栗之珍，或剉或烹，或和或粉，要取療饑果腹，無一定之經也。詩曰：囊橐蕭然興自寬，樂饑疏水供盤桓。只今便謝人間火，瓊液流香當午餐。」〔註69〕

丹道修煉要選擇靜室，避開雜氣，專心修煉，築基功純，可達自絕飲食，元氣充盈之效。《諸真內丹集要》云：「處於靜室，大忌臭穢、諸般香味、餘雜之炁。又忌生冷硬物、鹹美辛酸之物。若不避之，五臟之真炁卻有損壞也。若五臟炁生，升降無滯，百脈流通，元氣充腹，自絕飲食，不饑不渴，漸覺困悶，不得為怪。七巳已後，氣力轉加，神清炁爽，晝夜無寐，值得萬神棲寂，炁歸元海，飲食自進矣。既食五穀，大忌諸味，有損生炁。為初漱之炁，不能敵穀炁也。」〔註70〕陳樸《陳先生內丹訣》載：「行持下手之初，先須以飲食養和五藏，不可失饑過飽，心田安靜，無憂無愁，乃可入道也。」〔註71〕

煉己築基的辟穀除了飲食齋戒外，還有一個重要的方法就是調息辟穀。在煉己築基階段要真正做到收神入靜還須採取調息的方法。調息就是用意識調節呼吸，使其深長細勻，這也是所謂的心息相依。收神入靜為什麼要用調息之法？《聽心齋客問》謂：「客問心息相依，曰：心依著事物已久，一旦離境，不能自立，所以用調息工夫，拴繫此心，使心息相依。調字亦不是用意，

〔註67〕何道全：《隨機應化錄》，《道藏》第24冊，文物出版社、上海書店、天津古籍出版社，1988年，0132a頁。

〔註68〕朱權：《天皇至道太清玉冊》，載《道藏》第36冊，文物出版社、上海書店、天津古籍出版社，1988年，0441b頁。

〔註69〕〔清〕（舊題）八仙合著，松飛破譯：《天仙金丹心法》，中華書局，1990年8月，第1版，第74～75頁。

〔註70〕〔元〕玄全子：《諸真內丹集要》，《道藏》第32冊，文物出版社、上海書店、天津古籍出版社，1988年，0466b頁。

〔註71〕陳樸：《陳先生內丹訣》，《道藏》第24冊，文物出版社、上海書店、天津古籍出版社，1988年，0226c頁。

只是一呼一吸繫念耳，至心離境，則無人無我，更無息可調，只綿綿若存，久之，自然純熟。」〔註72〕調息在整個內丹修煉中也有特殊重要的作用，正如《武術匯宗》所指出的：「夫後天之氣又為先天之氣之妙用。採取烹煉，非呼吸之氣，不能成功；周天度數，非呼吸之氣，不能運用；抽添沐浴，非呼吸之氣，不能幹旋。而呼吸之氣，急則傷丹；呼吸之氣，緩則冷丹。呼吸之氣不善調，呼吸之氣不相依，則必飛丹走丹。其要在勿忘勿助，似有似無，而後呼吸，乃能沖和焉。仙佛所以有調息之說，火候之經，蓋先天之氣，不能不依於後天之氣也。」〔註73〕從煉己築基的角度來說，調息不僅可以使人外馳的心神得以回收以使人入靜，同時它還可以通過吐納行氣食氣的方法達到辟穀的效應。

通過辟穀完成內丹修煉的築基，需要一段時日的堅持。《太清中黃真經》，載：「服炁滓盡後絕水穀，最功者在四十九日，漸當百脈洞達，返照如燭，俗心頓捨，五藏恬然。若不堅持，前功並棄，再理何可？終不成道而矣。」〔註74〕

《太清中黃真經》進一步指出，不能三心二意，要真正達到清除腸滓，必須下定決心，嚴格執行，當然這個建議一般養生者採用時要慎重。其文曰：「夫體服炁欲速達五藏，可除湯水藥物，禁斷四十九日，使小腸滓盡，穀炁自絕，咽炁自得通流。亦有不成者，多為學人心容變易，或食或止，故自敗矣。若少食諸味，則難遣穀炁。若要用炁，使內藏分明，當服此元炁。五十日百物不食，閉目內想脾藏中炁從心起，散於四肢。」〔註75〕

在《呂祖志》中有一系列的丹法次第詩，其中有一首《自無憂》，也談到了斷欲辟穀是修內丹的初階，其詩曰：「學道初從此處修，斷除貪愛別嬌柔。長守靜，處深幽，服氣餐霞飽即休。」〔註76〕這一首丹詩明確的指出，學道之人必須從斷除各種欲念開始。中國從古至今就有一個「飲食男女為人之大欲」的說法，所以斷除飲食之欲就成了辟穀修丹的第一步，離開世俗，身居幽靜之處，無憂守靜辟穀養生，開創丹基。

〔註72〕《道教五派丹法精華》（第四集），中醫古籍出版社，1989年版，第529頁。
〔註73〕萬籟聲著：《武術匯宗》，中國書店，1989年版，第301頁。
〔註74〕〔唐〕九仙君：《太清中黃真經》，《道藏》第18冊，文物出版社、上海書店、天津古籍出版社，1988年，0391c頁。
〔註75〕〔唐〕九仙君：《太清中黃真經》，《道藏》第18冊，文物出版社、上海書店、天津古籍出版社，1988年，0385c頁。
〔註76〕《呂祖志》，《道藏》第36冊，文物出版社、上海書店、天津古籍出版社，1988年，0487c頁。

　　內丹修煉的煉己築基實際上就是為正式修煉所做的準備工作，其目的除了一般行為的調整之外，主要就是要收心入靜。因為煉己築基的目的在於收神入靜，所以首先做的是身心的調整安頓，使其不受外界干擾，進入修煉狀態；精神意念則從現實生活中走出來，避免各種俗世事務的干擾，安靜心意，以便更好地進入入靜修煉狀態，煉己築基辟穀有利於更快更好的進入這種狀態。

5.2.2　煉精化氣階段的辟穀法

　　煉精化氣是內丹修煉的第二個環節。「煉精化氣」在鍾呂丹法中也叫「煉形化氣」。在內丹修煉中，煉精化氣階段又稱「初關」、「百日關」、「小周天」「子午周天」。張伯端云：「煉精者，煉元精。」〔註77〕所以煉精化氣實際上是修煉元精以生發元氣。其修煉是在煉己築基達到精氣神三全，即精滿、氣足、神旺的基礎上進行。關於煉精化氣的具體修煉方法及所涉及的一些問題，《上品丹法節次》云：「修真之士，築基有效，不可懈弛，仍照前調鼻息，緘舌氣，凝耳韻，閉穀道，四象和合，歸於虛無。務使身心不動，收後天之神歸於真人呼吸之處，守之勿失，與炁交合，自然虛極靜篤。忽覺海底蠕蠕而光透。渾似一鉤新月掛於西南之鄉，如初三日，月出庚方，此金氣初現也。坎中有一點熱氣上沖心主，以意順下由黃道穿尾閭，經夾脊，透玉枕，入泥丸，遊九宮，自上顎而下，溫溫然如滴水之狀，香似醍醐，味如甘露，目送於虛，意迎於無，自歸鼎內。此坎離交媾之妙也。既得坎離交媾，已自身心混合，特未妙合而凝。此時目送意迎之際，仍以致虛為體，守靜為功，不計時刻，造自虛極靜篤，漸歸杳冥混沌、自然淵默之際，頓起雷聲，中似裂帛，即是天根機動。登時丹田火熱，兩腎湯煎，得此證候，即自全身頓於海底，目送轉閭，意迎上透，三關轟轟，龍雷如火，直上雲衢，旋覺淪然，翕聚泥丸，即是月窟風生。隨覺眉間內湧圓光，不知不覺，經由鵲橋而下重樓，第覺味如冰片之美、薄荷之涼，沁入心脾，即是絳宮月明。旋即送歸土釜，是為採藥歸還。」〔註78〕

　　煉精化氣階段的修煉和辟穀後，可以逐漸達到三丹田滿的境界，「炁滿不

〔註77〕《金丹四百字》，《道藏》第 24 冊，文物出版社、上海書店、天津古籍出版社，1988 年，第 161 頁。

〔註78〕《藏外道書》第 10 冊，巴蜀書社，1994 年版，第 414～416 頁。

思食」的辟穀，是在三丹田滿的基礎上出現的。正如《太清中黃真經》所說：「若要絕水穀，只在自看任持，亦不量時限遠近，亦有一月，或五十日，亦有一百日。但絕其湯水者，三丹田自然相次停滿。三十日，下丹田滿。六十日，中丹田滿。九十日，上丹田滿。下丹田炁足，藏府不饑。中丹田滿者，炁滿體無虛羸。上丹田滿者，凝結容色殊光，肌膚充盛，三焦平實，永無所思，神凝體清，方曉是非。下丹田滿者，神炁不泄。中丹田滿者，行步超越。上丹田滿者，容色殊麗。既得三部充實，自然身安道泰，乃可棲心聖境。」〔註79〕《太清中黃真經》的注云：「內養形神除嗜欲，專修靜定身如玉。但服元和除五穀，必獲寥天得真籙，百日專精食氣足。在注釋中提到：修養之道，先除嗜欲，內合五神；次當絕粒，心不動搖，六府如燭。常修此道，形神自足。夫人心起萬端，隨物所動，常令靜居，不欲與眾混同。內絕所思，外絕所欲，恒依此道，元氣自足。世人常以五穀為肌膚，不知五穀壞身之有餘。……或若要絕水穀，只在自看任持，亦不量時限遠近。亦有一月，亦有五十日，亦有百日者，三丹田自然相次停滿。一月下丹田滿，六十日中丹田滿，九十日上丹田滿。下丹田氣足，藏府不饑。中丹田氣滿，體無虛羸。上丹田凝結，容貌充盛，三焦平實，永無所思，神凝體清，方鑒是非。下丹田滿者神氣不泄，中丹田滿者行步超越，上丹田滿者容色殊絕。既三部充實，自然身安道泰，乃可棲心聖境，襲息胎仙。此為專氣之妙門，求仙之捷徑也。……故太微玄章曰：除嗜欲，去貪嗔，安五藏，神足矣。」〔註80〕還真集謂：「既得天光下降，陰陽感擊，至精發洩，海泛浪滾，一氣上升至於泥丸，霹靂一聲，百關神穴盡皆開通，乃是靈光所至也。自然五臟生和，心經上湧，舌生甘津，鼻聞異香，飲食漸減，運火候煉腸胃中退滓，淘清去濁，回陰換陽，元氣克腹，能絕飲食，萬陰皆消也。太上云：但服元和除五穀，是也。如是此驗，切忌身心輕忽，智神踴躍，心生懈怠，談玄說妙，和氣漸散，前功若不謹守，失其常者，暗為聖賢所折也。」〔註81〕真元充盈，氣足不食者是自然之辟穀，體力強健、肌膚光潤、氣生蘭香，是丹道工夫之效驗，有益無損。

〔註79〕〔唐〕九仙君：《太清中黃真經》，《道藏》第 18 冊，文物出版社、上海書店、天津古籍出版社，1988 年，0384c 頁。

〔註80〕〔宋〕張君房編，李永晟點校：《雲笈七籤》，中華書局，2003 年 12 月，第 1 版，第 327 頁。

〔註81〕董瑾醇：《群仙要語纂集》，《道藏》第 32 冊，文物出版社、上海書店、天津古籍出版社，1988 年，0455b 頁。

從辟穀的角度來看，煉精化氣通過元精的煉化，可以化生元氣於丹田，而開始呈現「炁滿不思食」的自動辟穀或者自然辟穀現象。所謂自動辟穀，指的是修煉中自然而然就出現的辟穀，即辟穀者在練功達到一定程度時會自動地出現不進穀物、厭惡葷腥的情況，這種狀態是一種自動自覺、自然而然就可以不吃普通食物，不食人間煙火的狀態。

5.2.3　煉氣化神階段的辟穀法

內丹修煉的煉氣化神階段又叫「中關」、「十月關」、「大周天」、「卯酉周天」。這一階段的修煉是在煉精化氣的基礎上，將氣與神合煉，使氣歸入神中，而煉就純陽之神，是合二為一的修煉階段。《西山群仙會真記》說：「若以神煉炁，炁煉成神，非在於陽交陰會，其在於抽鉛添汞，致三八之陰消，換骨煉形，使九三之陽長。三百日胎仙完而真炁生，不可再採藥也。肘後飛金晶，自腎後尾閭穴升之而到夾脊，自夾脊雙關升之而至上宮，不止於腎炁補腦，而午後降真火以煉丹藥，致陰盡陽純也。」〔註82〕

在這一階段，當煉至神氣歸一時，聖胎（大藥）也就產生。與煉精化氣階段不同，這一階段是運用大周天工夫，入定寂照之功使元神發育成長。其具體修煉則是以下丹田為爐，以黃庭為鼎，以乾坤交媾為運用，以元氣氤氳於上下丹田之間，行二田反覆，十月養胎。《中和集》云：「丹書云：『真土製真鉛，真鉛製真汞。鉛汞歸土釜，身心寂不動。』斯言盡矣。既得真鉛，則真汞何慮乎不凝？煉炁之要，貴乎運動，一闔一闢，一往一來，一升一降，無有停息。始則用意，後則自然。一呼一吸，奪一年之造化，即太上云：『玄牝之門，是謂天地根。綿綿若存，用之不勤。』正此義也。」〔註83〕總之，煉氣化神的修煉是一種由有為到無為的修煉過程，其具體修煉步驟大致可以分為：七日煉大藥，十月守關養胎、抽鉛添汞，待胎完氣滿，移胎上田。煉氣化神應做到寂寂觀照，常定常覺，一切順乎自然，使神氣凝結而成聖胎。

煉氣化神階段的辟穀主要體現在精和氣漸漸充足，在練功過程中不辟穀而穀自辟的自動自然辟穀現象更為明顯，飲食也可隨之大為減少。丘處機在《大丹直指·三田返復肘後飛金精訣義》裏談到修煉至此的自然辟穀證驗：

〔註82〕施肩吾：《西山群仙會真記》，《道藏》第 4 冊，文物出版社、上海書店、天津古籍出版社，1988 年，0439c 頁。

〔註83〕李道純：《中和集》，《道藏》第 4 冊，文物出版社、上海書店、天津古籍出版社，1988 年，0489a 頁。

「玉京山下羊兒鬥，金水河邊石虎眠。金針挑出雙蝴蝶，盤旋飛到楚王宮。大抵高以下為基，深以淺為始。若人單行龍虎交媾，止是補虛益氣，活血注顏。若人單行火候，止可悅其肌膚，壯其筋骨。若行飛金精法，止可返老還童，健骨輕身。若能通行此三訣，甚為有益。蓋龍虎相交，一物如黍米，還黃庭中，若不用火候，不能煉之凝結。其周天火候止是虛氣，聚在丹田，不得龍虎交媾玄珠，不能留之安住。二法已是相須，二用肘後抽腎氣入腦，不全陰中之陽，前犯純陽之丹，玄中玄，妙中妙矣。一百日口內生甘津，身有神光，骨健顏紅，肌白腹暖；二百日漸厭葷腥，常聞異香，行步如飛，睡夢自然減少；三百日飲食自絕，寒暑自耐，涎汗涕淚自無，疾病災難自除。靜中時聞遠樂之聲，默室漸見紅光之色，若見此景，勿疑，是為小驗。至誠行之，神異不可備載。」〔註84〕修煉丹功三百天或一年，可以「飲食自絕」而辟穀，在丹道修煉家看來完全有可能。唐詩當中也有詠歎辟穀的詩文，比如鄰道場人的《貨丹吟》：尋仙何必三山上，但使神存九竅清。煉得綿綿元氣定，自然不食亦長生。〔註85〕曾慥《道樞》亦有論：「雲牙子曰：穀氣消矣，其陰盡矣，金花見矣。元陽子曰：知夫鉛汞者，下丹田真氣所生也。但閉息存神，以養其氣，息閉至於千數，則五穀之死氣除矣。不饑不渴，其神存而真氣日生矣。饑餐元和之氣，渴飲天池之玉漿，其香如菊，故曰金花……元陽子曰：水穀之海，其滓所藏，採鉛煉汞，至於百日；閉息養氣，至於千息，其滓除矣。三尸者，何也？上曰彭倨，其居上丹田，三十日而亡，吾顏色光悅矣；中曰彭質，其居中丹田，六十日而亡，吾饑渴絕而形潤矣；下曰彭矯，其居下丹田，九十日而亡，吾嗜欲止而還童矣。三尸何以亡乎？吾聞三百六十息，食氣二十有四通一咽，九十通而一休息，夜半而起，祝曰：東方青牙飲朝華，南方赤牙飲丹池，中央仰望泰山，服元氣飲醴泉，西方明食飲靈液，北方玄滋食玉飴。五方各三咽而止，三尸於是亡，而白氣出於眉如玉霞矣。」〔註86〕

關於在丹功高級階段自動自然辟穀，著名丹道家胡孚琛教授進行了專門的論述。他在《丹道辟穀與胎息功漫談》一文中寫道：丹家的《內經圖》是把

〔註84〕丘處機：《大丹直指》，《道藏》第4冊，文物出版社、上海書店、天津古籍出版社，1988年，0396a頁。

〔註85〕《御定全唐詩》，臺北：臺灣商務印書館影印，文淵閣《四庫全書》本，第1431冊，0438d頁。

〔註86〕曾慥：《道樞》，《道藏》第20冊，文物出版社、上海書店、天津古籍出版社，1988年，0789c～0790a頁。

人體看作一架捲揚機，內中布滿很多機關消息，丹家謂之關竅，一旦發動起來，它會自動運轉，從吃飯、喝水、穿衣、走路、呼吸、說話等後天動作轉化為不吃、不喝、不冷、不熱、不病、不老、不呼吸、不思維卻仍然生氣勃勃的先天運轉機制，這就是無食、無息、無念、無身的四無境界。……要進入辟穀狀態，則以「齋戒為先」，即靠調整心靈信息啟動辟穀程序。……人體本是一架蘊藏著巨大潛能的自動機，丹家以「法訣」將其啟動開來，就會自動運轉，不再靠人力操縱，其潛能之發揮亦屬自然。〔註 87〕

5.2.4　煉神還虛階段的辟穀法

　　煉神還虛是內丹修煉的最高級階段，又稱「上關」、「九年關」。關於煉神還虛，伍沖虛說：「煉神也者，無神可凝之謂也。緣守中乳哺時，尚有寂照之神。此後，神不自神，復歸無極，體證空虛，雖歷億劫，只以完其恒性，豈特九年面壁而已哉？九年云者，不過欲使初證神仙者，知還虛為證天仙之先務也，故於九年之中不見有大道之可修也，亦不見有仙佛之可證也。於焉心與俱化，法與俱忘，寂之無所寂也，照之無所照也，又何神之可云乎？雖曰無神，豈不可以強名，故強名以立法，名為末後還虛云耳。」〔註 88〕在內丹學中，一般認為煉神還虛即為內丹修煉的最高級階段，不同於煉精化氣的有為，也不同於煉氣化神的有無之交，而是一依無為之法，行大定工夫，內觀定照，乳哺溫養，煉其純陽之神性，以進入圓通無礙、出神入化之形神俱妙境界。

　　煉神還虛階段的辟穀則完全進入無為自然辟穀，不辟穀而穀自辟。《鍾呂傳道集》描述修煉至高層境界驗證云：「身體光澤，神氣秀媚，聖丹生味，靈液透香，真香異味，常在口鼻之間，人或知而聞之；次以目視百步，而見秋毫；次身體之間舊痕殘靨，自然消除，涕淚涎汗，亦不見有；次胎完氣足以絕飲食；次內志清高以合太虛，凡情凡愛，心境自絕，下盡九蟲，上死三尸；次魂魄不遊以絕夢寐，神彩清爽更無晝夜；次陽精成體，神府堅固，四體不畏寒暑；次生死不能相干，而坐忘內觀以遊華胥神仙之國。」〔註 89〕《道法會元》云：「修持再歷四七春，六賊三尸如電掃。身輕體健綠毛生，至此絕無饑

〔註 87〕胡孚琛，丹道辟穀與胎息功漫談〔J〕，宗教學研究，2010（S1）：102～106。
〔註 88〕《仙佛合宗・末後還虛第九》，《伍柳仙宗》，河南人民出版社，1987 年版，298～299 頁。
〔註 89〕《修真十書・鍾呂傳道集》，《道藏》第 4 冊，文物出版社、上海書店、天津古籍出版社，1988 年，0681c 頁。

渴惱。……真君得此道要，再修持二十八年，丹成道備，陰陽升降，水火既濟，三尸六賊俱屏跡遠遁，身體皆生綠毛，而四大輕健，服元炁而腹不饑，咽真液而口不渴也。」〔註90〕《太清修丹祕訣》更描述了丹成之後飲食自由境界：「丹成之後，一任餐啜，日食數餐，飽即呵之，其食悉去，漸無滓穢，旋溺以至無漏，不食終年，亦不饑餒，永為地仙。」〔註91〕

按照內丹次第，整個內丹修煉完成於煉神還虛，此階段必然要達到一些丹經所述的高層境界並符合其證驗。關於這些證驗特別是辟穀證驗，丹道成就者們在丹經中進行了很好的闡釋，如王玠《還真集》：「夫人身有三寶者，皆從天地中來，居先天而生，妙體混成，在後天而化，因質感合。非先天不能生後天，非後天不能成先天。此二者之理，一體而分化，不可失後損先也。是故以元精練交感精，以元氣煉呼吸氣，以元神煉思慮神，三物混成，與道合真。自然元精固而交感之精不漏，元氣住而呼吸之氣不出，元神全而思慮之神不起。修仙之法無他，全此三者而已矣。祖師所謂：精全不思欲，氣全不思食，神全不思睡。又曰：三真三全，必定飛仙；三全三真，必定飛昇。斯言盡矣，學者味之。」〔註92〕丘處機《大丹直指》：「若能通行此三訣，甚為有益。蓋龍虎相交，一物如黍米，還黃庭中，若不用火候，不能煉之凝結。其周天火候止是虛氣，聚在丹田，不得龍虎交媾玄珠，不能留之安住。二法已是相須，二用肘後抽腎氣入腦，不全陰中之陽，前犯純陽之丹，玄中玄，妙中妙矣。一百日口內生甘津，身有神光，骨健顏紅，肌白腹暖。二百日漸厭葷腥，常聞異香，行步如飛，睡夢自然減少。三百日飲食自絕，寒暑自耐，涎汗涕淚自無，病病災難自除。靜中時聞遠樂之聲，默室漸見紅光之色，若見此景勿疑，是為小驗。至誠行之，神異不可備載。」〔註93〕陳楠的《翠虛篇》說：「心中自有無價珍，可以生我復死我，既能饑人亦飽人，尋其毚路取其原，逍遙快樂無飢寒。似此景象與證驗，總在一日工夫間，工夫如此譬似閒，藥不遠兮採

〔註90〕〔明〕《道法會元》，《道藏》第29冊，文物出版社、上海書店、天津古籍出版社，1988年，0263b頁。

〔註91〕〔唐〕《太清修丹祕訣》，《道藏》第18冊，文物出版社、上海書店、天津古籍出版社，1988年，0792c頁。

〔註92〕王玠：《還真集》，《道藏》第24冊，文物出版社、上海書店、天津古籍出版社，1988年，0099a頁。

〔註93〕丘處機：《大丹直指》，《道藏》第4冊，文物出版社、上海書店、天津古籍出版社，1988年，0396a頁。

不難。」〔註94〕曾慥《道樞》：「行之可以除陰氣長陽神矣。久之純熟，則十有二時之中常為之，自然思慮澄徹而不昏，處於暗室而內外明白。丹成神全氣足之驗也。真氣充足，則神氣清爽，絕食而不饑，吉凶未至而前知。此道成之驗也。百日宿屙瘳矣；二百日臍下堅實，氣力盛矣；三百日精氣凝結而成丹矣。行之之初，漸加精進，約半時辰，然後漸漸長遠，乃加精進。至於純熟，下功則覺溫然而熱，內視歷歷見其彈丸，然後氣液和暢，神識端守而不失，使所入之息收於彈丸之內，兀然不知其所存，所謂息隨胎結，胎隨息住。此丹成之驗也。行之既久，忽然不知我為我，物為物，物我俱忘，體如虛空，其身通熱汗出。此胎仙已就之驗也。」〔註95〕

可見，煉神返虛階段的內丹境界必然要伴隨高層次辟穀的現象，這也是內丹修煉完成前的重要標誌。整個內丹修煉過程中的辟穀現象，都不是為辟穀而辟穀，而是內丹修煉程序中自然出現的現象。

內丹辟穀方法並非獨立於內丹修煉之外的辟穀，而是在內丹修煉中自然呈現的辟穀，所以其辟穀方法更加完整系統有據可循，主要是根據內丹修煉程序分為煉己築基辟穀、煉精化氣辟穀、煉氣化神辟穀和煉神還虛辟穀。內丹辟穀是在人體完整結構和功能基礎上來進行的辟穀，而不僅僅是從人體的某一或某幾個方面的結構和功能進行辟穀。這也才使道教辟穀成為真正體現人體形精氣神諸方面的完整性的辟穀，也才是更為合理、更為安全有效的辟穀。內丹辟穀的程序方法主要是兩個方面：首先是三調方法，即調意、調息、調身。內丹修煉的基本方法和目的就是三調，如何進行三調，實現三調目標，內丹學進行了系統的闡釋。其次是修煉步驟程序。內丹學就內丹修煉的步驟程序進行大量的探索，並提出了內丹修煉的四個基本步驟程序，即煉己築基、煉精化氣、煉氣化神、煉神還虛，且對每個步驟程序的機理和操作原則進行了明確的說明，而這也是內丹辟穀應遵循的基本原則。真正科學安全健康的辟穀就是內丹辟穀，這種科學性、安全性和健康性，最主要的就是體現在內丹辟穀的自然無為的特性上。

〔註94〕陳楠：《翠虛篇》，《道藏》第 24 冊，文物出版社、上海書店、天津古籍出版社，1988 年，0204b 頁。

〔註95〕曾慥：《道樞》，《道藏》第 20 冊，文物出版社、上海書店、天津古籍出版社，1988 年，0802c 頁。

第六章　結　語

　　道教辟穀文化是道教文化的重要組成部分。本書對道教辟穀的發展做了全面系統的考察和研究，通過對大量的歷史文獻、道教典籍、歷代方志等資料的搜集和整理，闡明道教辟穀文化發展的基本脈絡、基本形式、歷代的主要推動人物，以中華文化發展的視角審視道教辟穀發展的動力和歷史必然。文章從道教辟穀文化的理論和實踐兩個方面，把握道教辟穀文化的主要形態，解析道教辟穀的思想理論與方法。通過文獻綜合研究，逐條理出道教辟穀文化的主要思想理論及對應的辟穀方法。

　　對辟穀文化進行考察時，本書區分了一般的辟穀文化和道教辟穀文化。一般辟穀文化起源於以黃河流域為代表的農耕文化肇始時期。農耕文明把五穀被標定為人們日常的主食，然而當時五穀的產量不足以滿足人們對食物的需求，於是尋找可以替代五穀的可食用之物就顯得很有必要，尤其是在饑荒之年。通過對《山海經》、《詩經》、《楚辭》等古文獻相關記載的考察，本書發現最早的辟穀其實就是尋找五穀的替代品。所以起源時期的辟穀就是找到可以替代五穀以維持生存的食物。隨著時代的發展，先秦時期有人開始追求對現實生活的超越，有了一種神仙境界的追求。比如《莊子》、《列子》等古文獻在對神仙境界的描述中，把「不食五穀，逍遙於天地之間」寫了進去，進而成為了後世對神仙境界的一種普遍的認識。辟穀也就此進入了早期道家隱士的視野，有不少離群索居、遠遁山林的辟穀隱士的故事和傳說流行於春秋戰國時期。

　　在辟穀文化流傳發展的過程當中，道家道教、帝王皇室、王公貴族、社會名流和民間普通民眾，都對辟穀有需求，都在辟穀，這充分體現出了辟穀

的階層性。綜合考察各種文獻記載，可以明確的發現辟穀文化的階層性。第一個層次的辟穀是滿足人們最基本的生存需要的辟穀，可以稱為求生辟穀。這種辟穀被社會底層民眾所需要。生活在社會最底層人們，在遇到災荒的時候最本原、最簡單的訴求，就是找到可以替代五穀以維持生存的食物。可以說，社會底層的民眾是需要辟穀之術的，尤其在災荒年代，為了維持生存而被迫選擇食用一些可以維生的野菜之類，這就是維生辟穀或求生辟穀。這種需求層次的辟穀，因為中國歷朝歷代都不斷發生天災人禍引發饑荒，而持續了幾千年。因此當把辟穀置於當時自然和社會環境的視域之下來考察時，我們不難發現辟穀起源於先民求生的需要，原始辟穀的產生可以看作是先民們在惡劣環境中甄選五穀代替品的過程，當人們主動有意識地去尋找食用代替品時，哪怕對他們的認識不夠周全，會經歷各種風險，但食用不同的可食之物而產生不同的效果，少食甚至不食的利弊都在不斷地形成經驗總結，這很大程度上促進了原始辟穀文化的萌生與發展。

漢朝初年，以張良為代表的上層社會受到先秦辟穀文化的影響而對辟穀非常重視。張良的辟穀實踐，是辟穀文化發展史的重要事件，史籍中對其事蹟記載的核心的一句話是「留侯性多病，乃導引不食穀」。張良的辟穀，一方面說明以張良為代表的上層社會受到先秦辟穀文化的影響而對辟穀非常重視，另一方面又把一種不同於起源時期的求生辟穀的第二個層次的辟穀形式引了出來，這種辟穀就是追求健康和長壽辟穀，即養生辟穀。從史籍的記載我們可以看出，張良對待自己的各種疾病的方式是導引辟穀。馬王堆漢墓的考古發現印證了當時導引辟穀已經趨於成熟：《卻穀食氣篇》與《導引圖》是記錄在同一幅帛書之上，其核心方法是不食五穀的同時食用石韋，綜合運用服氣技術和導引技術達到辟穀養生祛病的目的。這說明在當時上層社會已經對辟穀的祛病保健功能有相當的認識，而且形成了一套基本的理論和方法。

東漢末年，道教正式創立，以太平道辟穀為早期代表的道教辟穀文化也隨之正式確立。辟穀文化之所以在道教得以承襲和發展，是因為辟穀之於道教有著特殊的意義和價值。首先道教的教團是以普通民眾為主要組成的宗教組織，最經濟的維持手段就是辟穀；另外道教是以成仙得道為根本信仰的宗教，還有辟穀自古就是神仙境界的重要標誌，從修道途徑來看，要成就仙道首先就要維持生存，並在此基礎上追求健康和長壽，最後才有可能達至長生不死、得道成仙。所以道教辟穀是在前面兩種形式的辟穀（求生辟穀、養生

辟穀）的基礎上發展出來的第三種形式，即追求成仙的辟穀，也可以叫長生辟穀。道教辟穀的最顯著特點不是簡單的不食五穀，而是以一系列煉化自身精氣神的內煉為主導的辟穀。道教興起之後，辟穀被不斷地吸收和發展以用於道教養生和保健醫療，歷代的醫家大多都是醫道同修，以醫解道並推重辟穀，形成和豐富了道教醫養文化體系之下的康壽辟穀文化體系，也就是道教內煉養生辟穀體系。各代道學的集大成者葛洪、陶弘景、孫思邈、司馬承禎等著書立說，在道教辟穀理論與方法系統闡釋中發揮核心作用，促使道教辟穀文化在傳承過程中散發獨特的活力。道教辟穀的傳承方式主要通過師徒相授或家族相傳方式等途徑進行，另外還有道教與社會上層的密切互動等形式，這都促進了道教辟穀文化的發展和傳播。

縱貫整個道教發展史，不難發現道教中追求成仙的途徑最主要的是丹道。總體而言，丹道分為外丹和內丹。早期道教成仙以外丹為主，即用爐鼎煉製丹藥，服用以成仙。煉丹的原料包括金銀鉛汞丹砂乃至草木等等各種物料。煉丹術的發展客觀的促進了早期化學的發展，煉成的丹藥因其原料和煉製程序火候等因素而具備不同的功效。早期丹道家認為只有服用礦物金丹才能成仙，草木藥最多能夠祛病延壽。但是道教徒很快就發現了以礦物等原料煉成的丹藥有很大的毒性，稍有不慎就會致人死命。為了從理論和實踐上解決這一問題，外丹家撰寫了一系列道經加以解釋並給出解決辦法。《周易參同契》為代表的道經認為人體中存在三尸九蟲為害，三尸九蟲以五穀之氣為生。人體服用礦物丹藥之所以會中毒甚至死亡，就是因為沒有去除三尸九蟲。如果能夠去除三尸九蟲，人體服用丹藥就可以成仙。而要去除三尸九蟲，最重要的辦法就是辟穀。要服用金丹成仙之前，必須辟穀一年。辟穀成了服用礦物外丹以成仙的前提。早期道教的各個道派都重視辟穀術的運用和修煉，把辟穀術當做成仙的階梯。在這種理論的支配下，各種服用草木丹藥或草木藥物的辟穀以及各種內煉辟穀得到了豐富和發展。辟穀服食之物從最開始的單方獨味的藥物到複方配製加工，各種草木藥辟穀方不斷湧現和發展。內煉辟穀之術也發展出了導引辟穀、守一辟穀、存思辟穀和服氣、胎息辟穀等等。雖然在早期道教辟穀之術得到了很大的豐富和發展，但是鉛汞金丹的毒性還是難以解決，歷代都有不少道士和追求長生的貴族甚至皇帝服用金丹中毒而亡。到了唐代丹道修煉實現轉向，以唐初葉法善為代表的高道依靠皇室的倚重，開展過撤銷爐鼎的運動，而倡導內丹修煉。唐中後期之後，道教內丹術興起，

然後逐漸取代了外丹術成為修仙之法的主流。

內丹術是比擬於外丹術的爐鼎、藥物、火候等要素而創立的在人體之內煉成金丹的煉養之術，其主要思想是以人體丹田為爐鼎，以精氣神為藥物、以呼吸意念運用為火候，而構成丹道修煉的要素，經過一系列修煉程序，最終在體內煉成金丹大藥，以成長生之道。內丹之術也出現了很多的宗派，如早期的鍾呂派、南宗、北宗等等，不同宗派的修煉思路也不盡相同，但是大致的步驟是一致的，即：煉己築基、煉精化氣、煉氣化神、煉神還虛。根據內丹的各派丹法理論，內丹修煉是一個系統完善、層層遞進的嚴密程序，並不是每一個想修煉內丹的人，都能夠真正進入內丹的修煉程序，進入內丹修煉之後的人工夫每上一層都有其標準和所謂景驗。在這樣一種思想的影響下，辟穀再一次體現出了獨特的意義和價值。雖然在早期以張伯端《悟真篇》為代表內丹思想中，為了突出內丹修煉的重要性和獨特性，全盤揚棄了包括辟穀在內的以往所有內煉方式，獨推內丹術為最高成仙之法，但是在實際修煉中內丹修煉者還是體會到了辟穀對內丹修煉的獨特價值。首先通過辟穀能夠更快更好的完成築基以真正進入內丹修煉的程序；其次內丹修煉的不同層級的標準或驗證指標就是不同層次的辟穀現象。從道教養生修煉術發展的角度，簡單代食辟穀是一般辟穀的基本形式，也是道教辟穀的初級階段，早期道教各種內煉辟穀是道教辟穀的中級階段，內丹辟穀是道教辟穀的高級階段。

縱觀古今，飲食問題普遍受到人們的重視。人生活在世界上就必須靠攝取外界物質和能量來補充自身的需要，飲食是其中最主要的方式。人們的日常飲食提供包括水、電解質、碳水化合物、脂肪、蛋白質和各種維生素等等來維持身體的正常生理機能。當今時代，我們要完成對道教辟穀文化的現代轉化與創新，就要跳出辟穀研究的圈子，放眼整個飲食養生文化，在道教飲食養生的文化的大背景中來考察辟穀的問題，即是一個吃還是不吃的問題，是食用五穀還是不食五穀以氣藥代之的問題，是吃多還是吃少的問題，是吃多了之後如何保持平衡的問題，是如何在飲食異常豐富的現代社會保持身體飲食的平衡，乃至找到飲食養生保健的黃金分割點的問題。按照普通人的飲食來看，如果長期完全斷絕飲食會因為營養不良而餓死，人的壽命長度和生命質量大打折扣。如果長期吃的太飽太好太多又會造成諸如「三高」等慢性病，甚至誘發心梗、腦梗等危重病況，人的壽命長度和生命質量一樣不高。從這個意義上來說，按照科學的規劃，在適當的時候或者間歇性的採取辟穀

養生，可以幫助人類找到飲食養生平衡的黃金分割點，也就是找到一種能夠讓人生活的足夠長，生命質量足夠高的飲食調節方案。從人體健康的角度來說，食物的攝取既不能太過，也不能不及。少食辟穀是有助於延年益壽的，不過需要在科學的指導下進行。普通人如果長期進行辟穀，那麼難免造成營養攝入缺失，從而可能導致意外情況的發生。因此，科學的辟穀需要在合理的規劃下進行。

總之，本書試圖用一個跨時空研究者的視角，在佔有各種古今文獻的基礎上，學習通過科學嚴謹的方法進行系統思考，去尋求辟穀文化的根，去還原辟穀文化的來路，讓人們更完整地認識和瞭解道教辟穀文化，在總體把握辟穀文化的歷史發展的基礎上，感悟文化自信。本書主要是從學術研究的角度去審視，力圖形成基於客觀理性研究立場的學術觀點。道教辟穀文化是一種歷經幾千年積澱而愈加充滿活力的文化，從上古神人傳說走向道家道教，從道家道教走向朝野世俗，從最基本生存的需求，到健康長壽的需求，再到道教長生成仙的需求，再到現代養生學倡導的健康快樂幸福的需求，道教辟穀文化一直都在助力人類飲食養生經驗的積澱、提升與發展。本書想要做的，就是試圖從人類飲食養生的優化方案的角度，去探索和分析辟穀文化的起承轉合，通過文獻的梳理分析，還原道教辟穀文化的發展軌跡和過程，為現代人優化生活方式提供參考。

道教辟穀文化研究給我們當今時代的啟示是，為了維護人體的健康，食物的攝取既不能太過，也不能不及。道教辟穀文化在漫長的歷史發展中形成了一套完整系統的辟穀養生思想和方法。對現代人來說，這套思想方法既不能直接拿過來奉為「金科玉律」，更不能完全棄之不用認為其「一文不值」，而是要取其精華、去其糟粕，在宏觀把握的基礎上加以創造性轉化和創新性發展，使其成為人們日常飲食養生的重要參照，讓其為「健康中國」戰略的實現做出貢獻。

參考文獻

一、道經典籍類

1. 《道藏》，文物出版社、上海書店、天津古籍出版社，1988年。

2. 《藏外道書》，巴蜀書社，1994年版。

3. 李德範輯，《敦煌道藏》，中華全國圖書館文獻縮微複製中心，1999年12月。

4. 蕭天石編輯，《道藏精華》，臺灣自由出版社，1992年版。

5. 張繼禹主編，《中華道藏》，華夏出版社，2004年1月版。

6. 〔宋〕張君房編，李永晟點校：《雲笈七籤》，中華書局，2003年12月，第1版。

7. 〔晉〕葛洪著，王明校釋：《抱朴子內篇校釋》，中華書局，1985年3月，第2版。

8. 王明編：《太平經合校》，中華書局，2014年10月，第2版。

9. 〔梁〕陶弘景纂，〔唐〕閭丘、方遠校訂，王家葵校理：《真靈位業圖校理》，中華書局，2013年6月，第1版。

10. 〔梁〕陶弘景集，王家葵校注：《養性延命錄校注》，中華書局，2014年9月，第1版。

11. 〔梁〕陶弘景撰，王家葵輯校：《登真隱訣輯校》，中華書局，2011年8月，第1版。

12. 〔漢〕嚴遵著，王德有點校：《老子指歸》，中華書局，1994年3月，第1版。

13. 〔晉〕葛洪撰，胡守為校釋：《神仙傳校釋》，中華書局，2010 年 9 月，第 1 版。

二、史籍類

1. 〔漢〕司馬遷撰，〔南朝宋〕裴駰集解，〔唐〕司馬貞索隱，〔唐〕張守節正義，中華書局編輯部點校：《史記》，中華書局，1982 年 11 月，第 2 版。

2. 〔漢〕班固撰，〔唐〕顏師古注，中華書局編輯部點校：《漢書》，中華書局，1962 年 6 月，第 1 版。

3. 〔漢〕荀悅撰，張烈點校：《漢紀》，中華書局，2002 年 6 月，第 1 版。

4. 王雲度撰：《秦漢史編年》，鳳凰出版社，2011 年 10 月，第 1 版。

5. 〔南朝宋〕范曄撰，〔唐〕李賢等注，中華書局編輯部點校：《後漢書》，中華書局，1965 年 5 月，第 1 版。

6. 〔晉〕陳壽撰，〔南朝宋〕裴松之注，中華書局編輯部點校：《三國志》，中華書局，1982 年 7 月，第 2 版。

7. 〔唐〕房玄齡等撰，中華書局編輯部點校：《晉書》，中華書局，1974 年 11 月，第 1 版。

8. 〔唐〕魏徵、〔唐〕令狐德棻撰，中華書局編輯部點校：《隋書》，中華書局，1973 年 8 月，第 1 版。

9. 〔後晉〕劉昫等撰，中華書局編輯部點校：《舊唐書》，中華書局，1975 年 5 月，第 1 版。

10. 〔唐〕李延壽撰，中華書局編輯部點校：《北史》，中華書局，1974 年 10 月，第 1 版。

11. 〔元〕脫脫等撰，中華書局編輯部點校：《宋史》，中華書局，1985 年 6 月，第 1 版。

12. 〔明〕陳建著，錢茂偉點校：《皇明通紀》，中華書局，2008 年 12 月，第 1 版。

13. 〔清〕洪亮吉撰，李解民點校：《春秋左傳詁》，中華書局，1987 年 10 月，第 1 版。

14. 〔清〕馬驌撰，王利器整理：《繹史》，中華書局，2002 年 1 月，第 1 版。

15. 〔清〕張廷玉等撰，中華書局編輯部點校：《明史》，中華書局，1974 年 4 月，第 1 版。

三、古籍類

1. 〔春秋〕李耳著，〔魏〕王弼注，〔清〕魏源注，《老子道德經》上海：上海書店出版社，1986 年 7 月版。

2. 〔戰國〕列禦寇撰，〔晉〕張湛注，《列子》，上海：上海書店出版社，1986 年 7 月版。

3. 〔戰國〕呂不韋編，《呂氏春秋》，武漢：崇文書局，2007 年版。

4. 〔戰國〕莊周著，雷仲康譯注，《莊子》，上海：書海出版社，2001 年 9 月。

5. 〔漢〕韓嬰撰，屈守元箋疏：《韓詩外傳箋疏》，巴蜀書社，2012 年 4 月，第 1 版。

6. 〔漢〕劉秀編著，《山海經》，長春：時代文藝出版社，2000 年 1 月版。

7. 〔漢〕戴德撰，高明注譯，《大戴禮記今注今譯》，天津：天津古籍出版社，1975.04。

8. 〔漢〕華佗撰；〔唐〕孫思邈編集；彭靜山點校；《華佗神醫秘傳》遼寧人民出版社，1982 年 5 月版。

9. 〔漢〕劉安編，劉文典撰，馮逸、喬華點校：《淮南鴻烈集解》，中華書局，2013 年 5 月，第 2 版。

10. 〔漢〕王充著，黃暉撰，《論衡校釋》，中華書局，1990 年 2 月，第 1 版。

11. 〔漢〕王充撰，《論衡》卷第七，《四部叢刊》景上海涵芬樓藏明通津草堂刊本。

12. 〔漢〕王逸章句，〔宋〕洪興祖補注，夏劍欽、吳廣平校點：《楚辭章句補注》，嶽麓書社，2013 年 1 月，第 1 版。

13. 〔魏〕何晏撰，高華平校釋，《論語集解校釋》，遼海出版社，2007 年 10 月，第 1 版。

14. 〔魏〕魏文帝撰，〔清〕孫馮翼輯；《典論》，北京：中華書局，1985。

15. 〔魏〕王肅編著，《孔子家語》，蘭州：蘭州大學出版社，2004 年 11 月版。

16. 〔魏〕嵇康著，戴明揚校注：《嵇康集校注》，中華書局，2014 年 4 月，第 1 版。

17. 〔晉〕郭璞傳，〔清〕郝懿行箋疏，張鼎三、牟通點校，張鼎三通校：《山

海經箋疏》，齊魯書社，2010 年 4 月，第 1 版。

18. 〔晉〕郭象注，〔唐〕成玄英疏，曹礎基、黃蘭發點校：《南華真經注疏》，中華書局，1998 年 7 月，第 1 版。

19. 〔晉〕張華著，《博物志新譯》，上海：上海大學出版社，2010 年 1 月版。

20. 〔東晉〕陶淵明撰，袁行霈箋注，《陶淵明集箋注》，中華書局，2003 年 4 月，第 1 版。

21. 〔北齊〕顏之推撰，王利器撰，《顏氏家訓集解》，中華書局，1993 年 12 月，第 1 版。

22. 〔隋〕王通著，張沛校注，《中說校注》，中華書局，2013 年 7 月，第 1 版。

23. 〔唐〕白居易：《白香山詩集》，臺北：臺灣商務印書館影印，文淵閣《四庫全書》本，第 1081 冊。

24. 〔唐〕白居易撰，謝思煒校注：《白居易詩集校注》，中華書局，2006 年 7 月，第 1 版。

25. 〔唐〕劉肅撰，許德楠、李鼎霞點校：《大唐新語》，中華書局，1984 年 6 月，第 1 版。

26. 〔唐〕王冰注編，《黃帝內經》，北京：中醫古籍出版社，2003 年 11 月版。

27. 〔唐〕王冰撰注，彭建中點校，《靈樞經》，瀋陽：遼寧科學技術出版社，1997 年 08 月版。

28. 〔唐〕王維撰，陳鐵民校注：《王維集校注》，中華書局，1997 年 8 月，第 1 版。

29. 〔唐〕薛幽棲〔唐〕陳少微等撰，萬里等校點，《南嶽佛道著作選 道教編》，嶽麓書社，2012 年 12 月，第 1 版。

30. 〔唐〕張籍撰，徐禮節、余恕誠校注，《張籍集繫年校注》，中華書局，2011 年 6 月，第 1 版。

31. 〔宋〕陳師道撰，李偉國點校，《後山談叢》，中華書局，2007 年 11 月，第 1 版。

32. 〔宋〕陳振孫：《直齋書錄解題》，臺北：臺灣商務印書館影印，文淵閣《四庫全書》本，第 0674 冊。

33. 〔宋〕高承:《事物紀原》,臺北:臺灣商務印書館影印,文淵閣《四庫全書》本,第 0920 冊。

34. 閻鳳梧、康金聲主編,《全遼金詩》,山西古籍出版社,1999 年 11 月,第 1 版。

35. 〔宋〕陸游:《老學庵筆記》,臺北:臺灣商務印書館影印,文淵閣《四庫全書》本,第 0865 冊。

36. 〔宋〕蘇軾撰,〔明〕茅維編,孔凡禮點校:《蘇軾文集》,中華書局,1986 年 3 月,第 1 版。

37. 〔宋〕蘇軾撰,王松齡點校:《東坡志林》,中華書局,1981 年 9 月,第 1 版。

38. 〔宋〕王安石著,邱漢生輯校:《詩義鉤沉》,中華書局,1982 年 9 月,第 1 版。

39. 〔宋〕王應麟著,〔清〕翁元圻輯注,孫通海點校:《困學紀聞注》,中華書局,2016 年 3 月,第 1 版。

40. 曾棗莊、劉琳主編,《全宋文》,上海辭書出版社、安徽教育出版社,2006 年 8 月。

41. 〔元〕馬端臨撰,《文獻通考》,中華書局,2011 年 9 月,第 1 版。

42. 〔元〕辛文房著,傅璇琮主編:《唐才子傳校箋》,中華書局,1995 年 11 月,第 1 版。第 1 版。

43. 〔明〕官修,《永樂大典》,明嘉靖隆慶間內府重寫本。

44. 〔明〕方有執,《傷寒論條辨》,臺北:臺灣商務印書館影印,文淵閣《四庫全書》本,第 0775 冊。

45. 〔明〕何良俊撰,《四友齋叢說》,中華書局,1959 年 4 月,第 1 版。

46. 〔明〕江盈科撰,黃仁生點校,《江盈科集》,嶽麓書社,2008 年 12 月,第 1 版。

47. 〔清〕(舊題)八仙合著,松飛破譯:《天仙金丹心法》,中華書局,1990 年 8 月,第 1 版。

48. 〔清〕董誥等編,《全唐文》,中華書局,1983 年 11 月,第 1 版。

49. 〔清〕惠棟撰,鄭萬耕點校,《易漢學》,中華書局,2007 年 9 月,第 1 版。

50. 〔清〕劉廷璣撰，張守謙點校，《在園雜誌》，中華書局，2005 年 1 月，第 1 版。

51. 〔清〕錢儀吉纂，靳斯校點，《碑傳集》，中華書局，1993 年 4 月，第 1 版。

52. 〔清〕嚴可均編，《全上古三代秦漢三國六朝文》，中華書局，1958 年 12 月，第 1 版。

53. 〔清〕葉昌熾撰，柯昌泗評，陳公柔、張明善點校，《語石語石異同評》，中華書局，1994 年 4 月，第 1 版。

54. 〔清〕葉德輝撰，張晶萍點校，《郋園詩鈔》，嶽麓書社，2010 年 2 月，第 1 版。

55. 黃壽祺、張善文，《周易譯注》，中華書局，2016 年 7 月，第 1 版。

56. 龍遵敘撰，《食色紳言》，中華書局，1985 年。

57. 彭裕商著，《文子校注》，成都：巴蜀書社，2006 年 7 月版。

58. 王叔岷撰，《列仙傳校箋》，中華書局，2007 年 6 月，第 1 版。

59. 吳毓江撰，孫啟治點校：《墨子校注》，中華書局，2006 年 2 月，第 2 版。

60. 周振甫譯注，《詩經譯注》，中華書局，2010 年 3 月，第 2 版。

61. 楊伯峻撰，《列子集釋》，中華書局，1979 年 10 月，第 1 版。

62. 雍文華校輯，《羅隱集》，中華書局，1983 年 12 月，第 1 版。

四、方志類

1. 〔宋〕鄭樵撰，王樹民點校：《通志二十略》，中華書局，1995 年 11 月，第 1 版。

2. 〔明〕李賢：《明一統志》，臺北：臺灣商務印書館影印，文淵閣《四庫全書》本，第 0473 冊。

3. 〔清〕阿桂：《欽定盛京通志》，臺北：臺灣商務印書館影印，文淵閣《四庫全書》本，第 0503 冊。

4. 〔清〕覺羅石麟：《山西通志》，臺北：臺灣商務印書館影印，文淵閣《四庫全書》本，第 0548 冊。

5. 〔清〕李元度修纂，劉建平校點：《南嶽志》，嶽麓書社，2013 年 7 月，第 1 版。

6. 〔清〕《嘉慶重修一統志》卷二百三十八,《四部叢刊》清史館進呈鈔本。

7. 陳禾原編著,《鄂西北勝境志》,中國文聯出版社,2003 年 1 月。

8. 澹泊編,《中國名人誌第六卷》,中國檔案出版社,2001 年 12 月。

9. 黃岩市委員會文史資料委員會編,黃岩文史資料第 13 輯,1991 年 6 月。

10. 黃岩縣志辦公室編,《黃岩縣志》,三聯書店上海分店出版,1992 年 3 月。

11. 金心點校:《湖海新聞夷堅續志》,中華書局,2006 年 9 月,第 2 版。

12. 南京衛生人物志編纂委員會,《南京衛生人物志》,方志出版社,1999 年 12 月。

13. 尚慶元,張振寶編,《煙臺人物志》,華齡出版社,1998 年 07 月。

14. 文水縣史志辦公室整理,《清光緒九年文水縣志》,三晉出版社,2011 年 12 月,第 1 版。

15. 武義縣編纂委員會編,《武義縣志》,浙江人民出版社,1990 年版。

16. 徐州市體育運動委員會編,《徐州市體育志》,徐州市體育運動委員會出版,1988 年 7 月。

17. 張亦農,景昆俊等編,《永樂宮志》,山西人民出版社,2005 年 12 月。

五、現代專著

1. 任繼愈:《中國道教史》,中國社會科學出版社,2001 年 9 月第 1 版。

2. 任繼愈、鍾肇鵬著:《道藏提要》,北京:中國社會科學出版社,1991 年版。

3. 卿希泰:《中國道教》,東方出版中心,1994 年 1 月第 1 版。

4. 卿希泰:《中國道教史》,四川人民出版社,1996 年 12 月第 2 版。

5. 卿希泰主編、詹石窗副主編:《中國道教思想史》,人民出版社,2009 年 12 月第 1 版。

6. 陳國符著:《道藏源流續考》,臺北:明文書局,1983 年版。

7. 陳櫻寧著:《道教與養生》,中國道教協會編,華文出版社,1989 年版。

8. 王沐著:《內丹養生功法指要》,北京:東方出版社,1990 年版。

9. 胡孚琛教授著:《丹道法訣十二講》,北京:社會科學文獻出版社,2009 年版。

10. 胡孚琛主編:《中華道教大辭典》,北京:中國社會科學出版社,1995 年版。

11. 湯一介著：《兩晉南北朝時期的道教》，西安：陝西師範大學出版社，1988
年版。

12. 朱越利著：《道經總論》，瀋陽：遼寧教育出版社，1995 年版。

13. 朱越利主編：《道藏說略》，北京：北京燕山出版社，2009 年版。

14. 朱越利著：《道藏分類解題》，北京：華夏出版社，1996 年版。

15. 詹石窗：《道教文化十五講》，北京大學出版社，2003 年 1 月第 1 版。

16. 詹石窗：《中國宗教思想通論》，人民出版社，2011 年 3 月第 1 版。

17. 蓋建民著：《道教醫學》，北京：宗教文化出版社，2001 年版。

18. 楊玉輝：《道教人學研究》，北京：人民出版社，2004 年版。

19. 楊玉輝：《道教養生學》，北京：宗教文化出版社，2006 年版。

20. 楊玉輝：《中華養生學》，重慶：重慶出版社，2011 年版。

21. 楊玉輝：《養生學》，臺灣：龍崗數位文化，2019 年版。

22. 蕭天石著：《道海玄微》北京：華夏出版社，2007 年 4 月。

23. 張欽著：《仙道貴生——道教與養生》，成都：四川人民出版社，2012 年
版。

24. 戈國龍著：《道教內丹學探微》，成都：巴蜀書社，2001 年版。

25. 洪建林編：《仙學解秘：道家養生秘庫》，大連出版社，1991 年 9 月。

26. 黃永鋒著：《道教服食技術研究》，北京：東方出版社，2008 年版。

27. 李養正：《當代道教》，中國社會科學出版社，1993 年版。

28. 李遠國、吳野主編：《李真果》，四川人民出版社，2002 年 6 月。

29. 李遠國編著：《中國道教氣功養生大全》，成都：四川辭書出版社，1991
年版。

30. 劉澤民、李玉明主編：《三晉石刻大全》，三晉出版社，2011 年 12 月，
第 1 版。

31. 劉昭瑞：《考古發現與早期道教研究》，文物出版社，2007 年 6 月第 1 版。

32. 郭善儒著：《氣功抗寒與服氣辟穀》，天津科學技術出版社，1998 年版。

33. 傅璇琮、程章燦主編：《宋才子傳箋證南宋後期卷》，遼海出版社，2011
年 12 月。

34. 徐傑河著：《東方辟穀養生》，新華出版社，1993 年版。

35. 黃平著：《辟穀養生術與斷食療法》，廣州出版社，1995 年版。

36. 施仁潮著：《輕身辟穀術》，浙江古籍出版社，1990 年版。

37. 〔日〕蜂屋邦夫著，欽偉剛譯：《金代道教研究：王重陽與馬丹陽》，中國社會科學出版社，2007-09。

六、現代學術論文

1. 胡孚琛教授，丹道辟穀與胎息功漫談〔J〕，宗教學研究，2010〔S1〕：102～106。

2. 胡孚琛教授，辟穀是對身體的淨化〔J〕，中醫健康養生，2015（04）：12～14。

3. 黃永鋒，關於道教辟穀養生術的綜合考察〔J〕，世界宗教研究，2010（03）：106～114。

4. 蓋建民，爛腸之食的藥方——辟穀術〔J〕，世界宗教文化，1999（04）：15～17。

5. 宮哲兵，辟穀的方法與體驗〔J〕，中國道教，2014（01）：32～34。

6. 周高德，食素少食辟穀——道教徒的飲食習俗〔J〕，中國宗教，2005（09）：32～33。

7. 劉長喜，辟穀的內涵解析與修煉要訣〔N〕，中國中醫藥報，2017-06-15（004）。

8. 馮廣宏，呂洞賓形跡考〔J〕，文化遺產研究，2012〔00〕：228～237。

9. 傅靳，略述道教辟穀服餌諸術〔J〕，中國道教，1988（01）：51～54。

10. 王丹，韓敬東，節食延緩衰老的分子生物學機理〔J〕，生命科學，2015，27（03）：280～288。

11. 戴稼禾，應用血液流變最新技術揭開服氣辟穀功防病治病的奧秘〔J〕，中國氣功科學，1994（10）：12。

12. 鞏文靜，黃清健，高大文，屈武斌，李志慧，盧一鳴，高豔，李培進，張成崗，柔性辟穀技術在青年人群體重控制中的應用〔J〕，軍事醫學，2016，40（08）：651～656。

13. 張旭，用科學精神研究傳統導引吐納術辟穀〔N〕，中國中醫藥報，2017-06-15（001）。

14. 郭建紅，燕曉雯，殷振海，韓生銀，中醫傳統辟穀養生技術對膽紅素水平影響研究〔J〕，亞太傳統醫藥，2018，14（04）：147～149。

15. 郭建紅，辟穀現象及其理論探討，中國醫學氣功學會，中國醫學氣功學會第五屆會員代表大會暨 2014 年學術年會論文集〔C〕，中國醫學氣功學會，2014：5。

16. 郭建紅，辟穀實踐及探討〔J〕，中醫研究，2011，24（01）：33～35。

17. 郭建紅，辟穀養生術與其他限食療法比較探討〔J〕，中國民間療法，2011，19（02）：5～7。

18. 何愛華，略談孫思邈與服石辟穀〔J〕，陝西中醫學院學報，1987（02）：45～47。

19. 戴居雲，針灸結合辟穀減肥的方法與思考，中國針灸學會第八屆全國中青年針灸推拿學術研討會論文匯編〔C〕，中國針灸學會：2008：4。

20. 曾斌，楊莎莎，張勤修，張勤修教授淺談道教辟穀術〔J〕，世界最新醫學信息文摘，2016，16（69）：245。

21. 張其成，辟穀：不吃也是養生〔J〕，學習博覽，2014（12）：27。

22. 周斌，雕版印刷術始於後趙道教辟穀方說不可信〔J〕，宗教學研究，2010〔02〕：12～15。

23. 趙彬，三國時期辟穀者郤儉考析〔J〕，成都大學學報（社會科學版），2010（06）：98～101。

24. 儲維忠，許鋒，王玉英，陳惠菊，沈曉東，辟穀食餌療法對小鼠生化代謝等影響的研究〔J〕，河北中醫，2006（02）：139～141。

25. 姜潔冰，辟穀班規范開展勢在必行〔N〕，中國中醫藥報，2017-06-12（002）。

26. 康德衡，道教養生對辟穀的解說〔J〕，中國宗教，2017（07）：58～59。

27. 曠秋和，辟穀療法治療慢性胃炎 28 例〔J〕，中國民間療法，2007（06）：16～17。

28. 李德杏，道教醫學辟穀養生術淺析〔J〕，中華中醫藥雜誌，2012，27（05）：1230～1232。

29. 李梅，中華道家辟穀減肥新時尚減肥受追捧〔J〕，現代營銷（創富信息版），2010（03）：21。

30. 梁潤英，《千金翼方》辟穀養生方藥探析〔J〕，中醫文獻雜誌，2008，26（04）：17～18。

31. 林殷，奚茜，古人怎麼看辟穀？〔J〕，中醫健康養生，2017（09）：29～31。

32. 劉峰，趙勇，李巧林，陳全福，辟穀本義〔J〕，中華中醫藥雜誌，2018，33（02）：641～644。

33. 劉峰，辟穀涵義探析〔A〕，中國醫學氣功學會，中國醫學氣功學會2016年學術年會論文集〔C〕，中國醫學氣功學會，2016：6。

34. 劉峰，辟穀為什麼可以調整身心〔N〕，上海中醫藥報，2016-07-15（010）。

35. 劉海榮，辟穀——激發生命深處的潛能〔J〕，中國氣功科學，2000（11）：38～39。

36. 劉先勇，華衛國，儲維忠，蔣棟良，陳惠菊，王玉英，辟穀食餌對S_（180）腹水癌小鼠的影響〔J〕，山東中醫雜誌，2011，30（11）：806～808。

37. 劉曉可，劉曉瑞，黃彬洋，李凱，杜青營，方儷娟，張願，趙雪慧，謝春光，服氣辟穀術防治消渴病上消之管見〔J〕，河南中醫，2017，37（11）：1887～1889。

38. 劉曉瑞，黃彬洋，李凱，高泓，王崗，侯維維，謝春光，服餌辟穀養生術防治2型糖尿病的理論初探〔J〕，時珍國醫國藥，2016，27（04）：907～908。

39. 戴閩星，戴稼禾，浦勤憲，魯姍妹，梁子鈞，張榮堂，辟穀氣功62例體外模擬血栓指標的觀察〔J〕，上海中醫藥雜誌，1995（05）：17～18。

40. 樓錦新，辟穀前後血液生化指標變化及人群試驗觀察〔J〕，醫學研究通訊，1990（03）：29。

41. 盧國龍，試析張果內丹道的思想秘奧〔J〕，中國道教，1989〔04〕：29～34。

42. 駱傳環，王作華，馬成禹，氣功辟穀男性尿中雄激素的GC／MS檢測〔J〕，質譜學報，1995（03）：55～59。

43. 馬芳芳，廖豔，林殷，張聰，奚茜，潘詩霞，王一辰，柯秀慧，辟穀非平人養生法考辨〔J〕，北京中醫藥大學學報，2018，41（02）：97～101。

44. 聶磊，淺論辟穀〔J〕，船山學刊，2010（02）：134～135。

45. 裴健智，簡本《文子》解老〔J〕，中國文化，2019〔01〕：26～38。

46. 彭磷基，現代辟穀〔A〕，中國醫學氣功學會，中國醫學氣功學會2016年學術年會論文集〔C〕，中國醫學氣功學會，2016：5。

47. 錢俊時，趙巧芝通過辟穀闖出了一條修丹新路——在2007年6月中國

醫學氣功交流會上的發言〔A〕，中國醫學氣功學會，中國醫學氣功學會
2007 年研討會論文集〔C〕，中國醫學氣功學會，2007：18。

48. 錢俊時，劉海榮和她的信息辟穀〔J〕，中國氣功科學，2000（10）：25～
26。

49. 全新民，「張良謝病辟穀」解〔J〕，社會科學輯刊，1985（02）：25。

50. 任青河，黃江南，黃榮傑，梁麗峰，陳可翔，劉賀亮，盧一鳴，高大文，
李志慧，張成崗，柔性辟穀技術改善高血壓的初步研究〔J〕，中國食物
與營養，2017，23（08）：70～75。

51. 邵鄰相，服氣辟穀防治 2 型糖尿病的應用與生理機制研究〔A〕，中國醫
學氣功學會，中國醫學氣功學會 2016 年學術年會論文集〔C〕，中國醫
學氣功學會，2016：10。

52. 邵靈相，試析辟穀期間的能量來源〔J〕，中國氣功科學，1995（09）：19
～22＋32。

53. 邵靈相，試析人體在辟穀期間正常的能量代謝〔J〕，中國氣功科學，1995
（08）：13～16。

54. 邵靈相，釋宏青辟穀現象機理初探〔J〕，中國氣功科學，1995（07）：18
～19。

55. 沈曉東，華衛國，辟穀食餌養生術的探析〔J〕，中醫文獻雜誌，2005（04）：
25～27。

56. 釋法宏，開展辟穀療法研究的倡議〔J〕，中國氣功科學，2000（09）：17
～18。

57. 釋法宏，辟穀修煉應注意事項〔J〕，中國氣功科學，2000（11）：47。

58. 釋法宏，修真辟穀法要〔J〕，中國氣功科學，2000（05）：26～27。

59. 蘇菊生，淺議漢鏡銘文中「饑食棗」〔J〕，江漢考古，1989〔02〕：93～
94。

60. 蘇玉順，徐豔豔，盧一鳴，方海蘋，高大文，李志慧，張歌，張成崗，
柔性辟穀技術對慢性蕁麻疹改善作用的初步研究〔J〕，轉化醫學電子雜
誌，2017，4（12）：20～25。

61. 孫嘉鴻，道教辟穀食氣術初探〔J〕，嘉南學報（人文類），2007，（33）：
310～325。

62. 孫文，桑小普，宿濱，馮琳，黃婧兒，劉長喜，辟穀的概念與內涵解析〔J〕，中醫雜誌，2017，58（21）：1811～1814。

63. 王琤韋華，葉帥，鄭揚，劉曉蘭，王仁華，一氧化氮及其合酶的研究進展〔J〕，黑龍江畜牧獸醫，2015〔09〕：80～82。

64. 高大文，鞏文靜，李志慧，張成崗，柔性辟穀技術對早期糖尿病患者高血糖改善作用的初步研究〔J〕，中國食物與營養，2018，24（04）：76～79＋83。

65. 王崗，董調紅，劉曉瑞，黃彬洋，劉浩，陳燕，劉曉可，方儷鵑，謝春光，從道教辟穀術論治糖尿病及其併發症〔J〕，湖南中醫藥大學學報，2015，35（12）：43～45。

66. 王瓊仙，郭申，孫燕冰，四種辟穀方法減肥療效的研究〔J〕，教育教學論壇，2013（21）：264～265。

67. 王小青，淺議傳統辟穀養生術與熱量限制〔J〕，中醫臨床研究，2017，9（34）：45～47。

68. 王智錦，辟穀和斷食別傻傻分不清〔N〕，廣東科技報，2017-08-01（A05）。

69. 溫茂興，論道教服食辟穀術的科學內涵及養生意義〔J〕，貴陽中醫學院學報，2007（03）：6～7。

70. 溫茂興，論道教服食辟穀術對中醫「飲食有節」養生思想的影響〔J〕，實用中醫藥雜誌，2006（09）：580～581。

71. 伍成泉，段曉娥，敦煌本《老子說法食禁誡經》研究〔J〕，敦煌學輯刊，2008（03）：107～118。

72. 黃清健，滕淑珍，高大文，董紅霞，沙繼斌，鞏文靜，李志慧，李培進，翟軍，孫長青，王廣舜，張成崗，災害救援中柔性辟穀提高救援效率的應急方案〔J〕，災害醫學與救援（電子版），2015，4（02）：81～85。

73. 熊玉鑫，辟穀療法近二十年研究概況〔A〕，中華中醫藥學會，中華中醫藥學會第三屆中醫方證基礎研究與臨床應用學術研討會論文集〔C〕，中華中醫藥學會，2010：3。

74. 許鋒，沈曉東，王玉英，陳惠菊，儲維忠，「辟穀食餌」對小鼠生理生化指標的影響〔J〕，實驗動物與比較醫學，2006（02）：105～107＋111。

75. 燕曉雯，郭建紅，殷振海，中醫傳統辟穀養生技術對血脂影響初步觀察

〔J〕，中醫臨床研究，2017，9（26）：79～81。

76. 燕曉雯，郭建紅，俞海虹，王全年，李保有，6 名辟穀受試者體質量、血壓、血糖觀察及辟穀養生技術分析〔J〕，中華中醫藥雜誌，2016，31（02）：627～629。

77. 燕曉雯，俞海虹，殷振海，郭建紅，辟穀對 8 例血壓正常高值受試者干預效果觀察〔J〕，中國民間療法，2016，24（10）：27～28。

78. 姚文軒，劉桂榮，薛己不藥而愈的醫案分析〔J〕，四川中醫，2012，30〔10〕：22～23。

79. 于來，辟穀者少欲，少欲益健康〔J〕，中國氣功科學，2000（01）：35。

80. 雲帆，辟穀機理初探〔J〕，中國氣功科學，2000（07）：19。

81. 張成崗，竇文靜，柔性辟穀：一種可改善肥胖及相關慢性病的新技術〔J〕，中國民康醫學，2018（06）：100～102。

82. 張鵬搖，斷食療法與氣功辟穀〔J〕，中國氣功科學，2000（02）：29。

83. 陳思穎，楊笑瑩，韓炎杞，淺析辟穀養生術對三高症的影響〔J〕，才智，2016（08）：273。

84. 張榮堂，辟穀在醫學上的應用〔J〕，中國氣功科學，1994（Z1）：42～44。

85. 張蕊，規範發展辟穀養生才能走得更遠〔N〕，健康報，2017-06-21（005）。

86. 張向真，辟穀之鄉的辟穀奇蹟——辟穀養生家、河南省范縣政協委員劉海榮訪談錄〔J〕，中國氣功科學，2000（07）：17～19。

七、碩博論文

1. 康德恒，道教辟穀及其現代應用研究〔D〕，四川大學，2016。

2. 張一銘，腸道菌群與宿主血糖代謝相關性的初步研究〔D〕，軍事科學院，2019。

3. 汪啟，微生物基因組與元基因組方法研究與應用〔D〕，安徽大學，2019。

4. 蘇玉順，柔性辟穀技術對強制隔離戒毒人員毒品心理成癮改善作用的研究〔D〕，軍事科學院，2018。

5. 范光輝，孫思邈道教醫學研究〔D〕，湖南師範大學，2017。

6. 竇文靜，柔性辟穀技術用於改善體重的臨床觀察研究〔D〕，中國人民解放軍軍事醫學科學院，2017。

7. 常久，《雲笈七籤》道家養生思想與方法的研究〔D〕，北京中醫藥大學，2017。

8. 孫年怡，基於辟穀理念的隔日限食療法對大鼠脊髓損傷後 NF-κB 信號通路的影響〔D〕，成都中醫藥大學，2017。

9. 鄒彭瑩，道教宮觀養生文化事業研究〔D〕，西南大學，2017。

10. 梁遠東，《太平經》神仙方技研究〔D〕，山東大學，2016。

11. 王雅平，敦煌中醫藥文獻醫方研究〔D〕，南京中醫藥大學，2016。

12. 黃清健，柔性辟穀技術在體重控制的初步應用與相關研究〔D〕，安徽醫科大學，2016。

13. 吳晶晶，「氣功」概念之研究〔D〕，揚州大學，2015。

14. 劉春怡，漢魏六朝小說中神仙形象的原型研究〔D〕，山東師範大學，2016。

15. 錢敏，《歷世真仙體道通鑒》研究〔D〕，華中師範大學，2014。

16. 李潔芳，論唐代詩人對張良形象的接受〔D〕，西南大學，2014。

17. 陳雅嵐，中國道教文化資源開發及產業化研究〔D〕，江西財經大學，2013。

18. 路永照，道教氣論學說研究〔D〕，南京大學，2013。

19. 李偉，譚峭道教思想研究〔D〕，中央民族大學，2013。

20. 王肇鍔，葛洪「氣」思想研究〔D〕，上海師範大學，2012。

21. 張光軍，古樹新枝──道教養生探析〔D〕，廣西師範大學，2011。

22. 趙敏，魏晉至唐宋道教飲食養生思想探析〔D〕，山東大學，2006。

23. 溫茂興，論道教文化對中醫養生思想的影響〔D〕，湖北中醫學院，2005。

24. 王彤江，隋唐五代諸家氣法考略〔D〕，山東大學，2005。

25. 張文安，周秦兩漢神仙信仰研究〔D〕，鄭州大學，2005。

26. 曹娜，中醫養生思想古今文獻整理研究〔D〕，廣州中醫藥大學，2005。

27. 楊雪，熱量限制治療 2 型糖尿病的代謝組學研究及其保護胰島 β 細胞功能的分子機制〔D〕，南京中醫藥大學，2019。

28. 張文安，周秦兩漢神仙信仰研究〔D〕，鄭州大學，2005。

八、英文文獻

1. Cohen HY, Miller C, Bitterman KJ, et al. Calorie restriction promotes mammalian cell survival by inducing the SIRT1 deacetylase. Science, 2004,

305(5682) : 390-2.

2. DiNicolantonio James J, McCarty Mark. Autophagy-induced degradation of Notch1, achieved through intermittent fasting, may promote beta cell neogenesis: implications for reversal of type 2 diabetes.[J]. Open heart, 2019, 6(1).

3. Mukai Risa, Zablocki Daniela, Sadoshima Junichi. Intermittent Fasting Reverses an Advanced Form of Cardiomyopathy.[J]. Journal of the American Heart Association, 2019, 8(4).

4. Martinez-Lopez Nuria, Tarabra Elena, Toledo Miriam, Garcia-Macia Marina, Sahu Srabani, Coletto Luisa,Batista-Gonzalez Ana,Barzilai Nir, Pessin Jeffrey E, Schwartz Gary J, Kersten Sander, Singh Rajat. System-wide Benefits of Intermeal Fasting by Autophagy.[J]. Cell metabolism, 2017, 26(6).

5. Rajesh Chaudhary, Bo Liu, Tim Sargeant, Amanda Page, Gary A. Wittert, Amy T. Hutchison, Leonie Heilbronn. Effect of intermittent fasting on autophagy in human and C57BL/6 mouse muscle[J]. Obesity Research & Clinical Practice, 2019, 13(3).

6. Sun Pengfei, Wang Huihui, He Zhiyong, Chen Xiangyuan, Wu Qichao, Chen Wankun, Sun Zhirong, Weng Meilin, Zhu Minmin, Ma Duan, Miao Changhong. Fasting inhibits colorectal cancer growth by reducing M2 polarization of tumor-associated macrophages.[J]. ONCOTARGET, 2017, 8(43).

7. Zhou Bing, Yang Liu, Li Shoufeng, Huang Jialiang, Chen Haiyang, Hou Lei, Wang Jinbo, Green Christopher D, Yan Zhen, Huang Xun, Kaeberlein Matt, Zhu Li, Xiao Huasheng, Liu Yong, Han Jing-Dong J. Midlife gene expressions identify modulators of aging through dietary interventions.[J]. Proceedings of the National Academy of Sciences of the United States of America, 2012, 109(19).

8. Zhonghua XUE.Explore the Role and Function of Bigu on Taoism Health Preservation[J].Cross-Cultural Communication, 2015, 11[10].

9. Zhonghua XUE.The Operation Method of Air Digestionin Taoism Bigu[J].Canadian Socialscience, 2015, 11[11].

10. David A. Palmer, Qigong Fever: Body, Science and Utopia in China[M]. Columbia University Press, January 2007.

致　謝

　　日月穿梭，斗轉星移。博士生涯，虛歷七載。從午至子，一陽復始。感激感恩，難以言表。

　　楊公吾師，玉出昆岡，輝耀今古，泱泱其學。華夏文化，源遠流長。醫藥養生，同根同源。當今之世，醫養分業。壁壘律規，涇渭分明。中醫西醫，協同發展。傳統康養，雖有術法。學科不立，產業難興。養生之學，亟待確立。養生之道，源於天地。養生之法，傳於古今。養生之術，興於盛世。魚龍混雜，有待規範。吾師大願，建立養學。閱遍古籍，學通中西。四十年功，始成體系。養生學科，有此藍本。養生之學，始於吾師。闡理述法，近百萬言。首開先河，養學講堂。養生養老，養病有方。何其有幸，吾從師學。究天地人，參日月星。聚水火風，養形氣神。學習實踐，相得益彰。先赴臺澎，後歷港澳。又赴英倫，養學傳揚。

　　中國文化，世界眼光。養學之興，無責貸旁。先生待我，如師如父。言傳身教，潤物無聲。學術規範，恪守嚴謹。創新觀點，務求圓滿。立身立業，腳踏實地。創新創業，仰望星空。言人未言，述人未述。何以立題，鎖定辟穀。中曰辟穀，西曰斷食。關聯區別，錯綜複雜。辟穀之術，如今大興。雖言大興，備受質疑。一葉窺豹，錯訛百出。辟穀之術，淵源久遠。發生發展，學界冷門。我有此心，條分縷析。探究辟穀，源流理法。上慰先賢，下應時代。吾師允之，首肯選題。開題至今，又歷三載。期間甘苦，歷歷在目。搜求古籍，遍覽經藏。隻言片語，希求有得。古聖先賢，辟穀養生。代有傳人，歷久彌新。吾師指導，不遺餘力。立綱建目，高屋建瓴。後期修改，字斟句酌。吾有吾師，何其幸哉。文章初成，感激不盡。

　　學院諸師，學界翹楚。深沐其光，吾之大幸。高師秀昌，學貫古今，中國哲學，桃李芬芳。楊師子路，文武兼修。提攜後學，傳道解惑。曾師維加，文通中西。單師正齊，邱師德勝，任醜諸師，吾之楷模。諸師諸友，感激不盡。西大諸師，大愛無疆。任師鄧師，深沐其恩。關懷關愛，無微不至。指點指導，如沐春風。感恩感激，無以言表。師之好友，亦乃吾師。劉師東江，貫通學商。中醫為體，丹道為用。學修一體，陰中求陽。張師超中，學究中外。有學有證，文傳朝野。力主醫養，文化復興。趙師豔霞，早聞其芳。立足英倫，華夏名揚。孔子學院，助理校長。弘揚養生，建立學堂。道通文武，理通陰陽。何其有幸，吾道得彰。靳師宗福，乃吾老鄉。輾轉巴渝，太極武當。小偉引薦，楊師同場，吾得真傳，一拳一方。

　　獨學無友，孤陋寡聞。吾有好友，同學同樂。彭瑩昕彤，開門師姐。首開先河，養生博士。信勤信任，道自武當。亦兄亦友，來日方長。小偉達瑋，交流相長。項目答辯，立柱擔綱。文琴康華，各有所長。通力合作，經歷難忘。學成四海，天各一方。諸兄諸友，山高水長。

　　學藝七載，家人鼎力。感恩父母，生我育我。家族期許，擔於一身。不敢有懈，以報深恩。吾妻易丹，深明大義。為吾後盾，乃有所成。敦敏厚德，兢兢業業。攜手共進，相濡以沫。易喻易經，丹喻丹道。人生所學，無出二字。得妻如此，夫復何求。岳父岳母，伴我左右。衣食家務，關懷備至。無怨無悔，十載春秋。一雙兒女，聰明伶俐。外公外婆，保駕護航。

　　吾何其幸，感恩感激！臨表涕零，不知所言！

薛中華
2020 年 5 月 21 日